D1877640

डेरेक बोस एक वरिष्ठ पत्रकार हैं। उन्होंने प्रेस ट्रस्ट ऑफ़ इंडिया और इंडियन एक्सप्रेस जैसे भारत के शीर्ष समाचार संगठनों के साथ बीस साल से भी अधिक समय तक काम किया है। पत्रकारिता के क्रम में उन्होंने दुनिया भर में यात्राएँ की हैं और उनके आलेख और स्तम्भ अनेक प्रतिष्ठित अन्तरराष्ट्रीय जर्नल में प्रकाशित होते रहे हैं। उन्होंने सिनेमा पर अनेक किताबें लिखी हैं, जिनमें कई बेस्टसेलर रही हैं।

सिनेमा के प्रति अपने लगाव के अलावा बोस एक शौक़िया चित्रकार भी हैं। उन्होंने अनेक शॉर्ट फ़िल्में भी बनायी हैं जिनमें पुरस्कृत वृत्तचित्र 'डांस ऑफ़ दि गॉड्स' शामिल है।

समीर

लफ़्ज़ों के साथ एक सफ़रनामा

डेरेक बोस

अनुवाद

प्रभात मिलिन्द

वाणी प्रकाशन

प्रकाशन के उत्कृष्टतम 62 वर्ष

vaniprakashan.com

पेपरबैक पहला संस्करण : 2025

वाणी प्रकाशन

4695, 21-ए, दरियागंज, नयी दिल्ली-110 002

फ़ोन : + 91 11 23273167, 23275710

शाखाएँ

अशोक राजपथ, पटना-800 004, बिहार

कॉफ़ी हाउस कैम्पस, महात्मा गांधी मार्ग, प्रयागराज-211 001, उत्तर प्रदेश

महात्मा गांधी अन्तरराष्ट्रीय हिन्दी विश्वविद्यालय, वर्धा-442 001, महाराष्ट्र

sales@vaniprakashan.in

vaniprakashan@gmail.com

Sameer (A Travelogue With Words)

by Derek Bose

Translated by Prabhat Milind

ISBN : 978-93-6944-185-3

Biography

© समीर अनजान

मूल्य : ₹ 299

इस पुस्तक के किसी भी अंश का किसी भी माध्यम में उपयोग करने के लिए प्रकाशक से लिखित अनुमति लेना अनिवार्य है।

सिटी प्रेस, दिल्ली-110 095 में मुद्रित

वाणी प्रकाशन का लोगो मक़बूल फ़िदा हुसैन की कूची से

अनजान की चिरन्तन स्मृतियों को

सादर समर्पित

विषय क्रम

आमुख

फ्रांज काफ़्का अगर ज़िन्दा होते तो वे भी अपनी क़मीज़ उतारकर यहाँ नाचने लगते। ओ.वी. विजयन का दीवानापन भी कुछ ऐसा ही होता। और तो और, हम सब के लालन फ़क़ीर भी अपने होशो–हवास खो चुके होते। पूरा दृश्य–समायोजन बिल्कुल उनके ही अनुरूप था– घुमावदार और तंग सीढ़ियाँ, एक लम्बा कॉरिडोर, रेलिंग पर झुकीं कुछ गर्दनें और नीचे की तरफ़ झाँकतीं कुछ जोड़ी निगाहें, क़दमों के बोझ से सीढ़ी के पायदानों से निकलतीं एक चरमराहट की आवाज़, एक औंधे किवाड़ के सामने बेतरतीबी से खोली गयीं चप्पलों की कुछ जोड़ियाँ... आप किवाड़ को धकेलते हुए भीतर दाख़िल होते हैं और भीतर का पूरा नज़ारा पूरी तरह से बदला हुआ–सा दिखायी देता है।

तेज़ रौशनी की चकाचौंध और ऊँची आवाज़ एक–दूसरे से टकराती है गोया रात के वक़्त अरब सागर के पार से चीख़ती हुई पागल हवा का एक झोंका अचानक कमरे में दाख़िल हो गया हो। लेकिन यह हवा का झोंका नहीं है, बल्कि एक ही साथ चार–चार एयर–कंडीशनरों से लगातार आने वाली घरघराहट की आवाज़ें हैं। कमरे के भीतर अलग–अलग की–बोर्ड पर झुके हुए कोई आधे दर्ज़न लोग हैं। उनके माथे पर के बाल बेहद छोटे कटे हुए हैं और उनके चेहरों पर एक अजीब–सी बेनियाज़ी है। उन सबकी उँगलियों में एक ताल पर हरकतें हो रही हैं और वाद्ययन्त्रों से झिम–चक, झिम–चक, झिम–चक की धुन निकल रही है। यह धुन लगातार बजती जा रही है और इसकी आवाज़ धीरे–धीरे तेज़ होती जाती है।

साज़िन्दों के ठीक सामने खड़ा एक नाटे कद का गोल–मटोल आदमी संगीत की धुन पर झूम रहा है। उसकी आँखें तक़रीबन मुँदी हुई हैं और चेहरे पर एक तटस्थ भाव है। उसने अपने एक हाथ में एक काल्पनिक गिटार पकड़ा हुआ है, और अपने दूसरे हाथ में एक माइक्रोफ़ोन पकड़े हुए वह हवाओं से झनकार जैसी कोई आवाज़ निकालने–सा उपक्रम कर रहा है। वह ख़ुद में कुछ बुदबुदा रहा है। वहाँ मौजूद सभी लोग

उसे ही देख रहे हैं–उसके चेहरे की लकीरें, उसका माथे का झटकना, उसके नथुनों की फड़कन...। सबकी नज़रें इन्हीं पर टिकी हैं। और, उसके बाद आख़िरकार एक तसल्ली से भरी मुस्कुराहट उसके चेहरे पर फैल जाती है। वह माइक्रोफ़ोन पर एक पंक्ति गुनगुनाता है और झिम–चक, झिम–चक की धुन और तेज़, और तेज़ होने लगती है।

अगले आधे घण्टे तक वह उस एक पंक्ति को चालीस अलग–अलग तरीक़े से गाता है। हर दफ़ा वह किसी नये शब्द या अक्षर पर ज़ोर डालता है। फिर हठात् वह अपने हाथ को नकारने के अन्दाज़ में लहराता है और अचानक साज़िन्दों को रुक जाने का इशारा करता है।

अब कमरे में एक बेचैन कर देने वाला सन्नाटा पसरने लगा है। यह संगीतकार है।

कमरे की दूसरी तरफ़ एक दीवान रखा है जिस पर तकियों के सहारे तीन लोग अधलेटे बैठे हुए सामने के इस दृश्य को बड़े ग़ौर से देख रहे हैं। ये तीनों बड़े ख़ास लोग हैं। उनमें एक फ़िल्म का निर्माता है, दूसरा निर्देशक है और तीसरा गीतकार है। वे सभी एक फ़िल्म बना रहे हैं जिसका नाम अभी तय नहीं हुआ है। लेकिन उसके संगीत की रिकॉर्डिंग अभी ही होना ज़रूरी है। इससे पहले कि संगीतकार उनकी बातचीत में शामिल हो, वे तीनों उसके दिये गये संगीत की तारीफ़ करने में मसरूफ़ हो गये हैं।

"यह बहुत...। बहुत मुश्किल गाना है,–" निर्माता कहता है।

"बहुत एक्सपेरिमेंटल भी," गीतकार भी टिप्पणी करता है।

"बहुत ज़्यादा एक्सपेरिमेंटल," निर्देशक अपनी तरफ़ से जोड़ता हुआ कहता है।

"आजकल इसी तरह के संगीत की ही ज़रूरत है," उत्साह से भरा संगीतकार कहता है। "और जब इसको रिमिक्स किया जायेगा तब उसका जादू कमाल का होगा। चूँकि जनाब, इस साल मैं यश चोपड़ा के साथ काम नहीं कर रहा हूँ, लिहाज़ा यह संगीत मैं आपको दे रहा हूँ वर्ना यह संगीत वही ले चुके होते।"

"वे पक्का इसे हाथ से नहीं जाने देते," निर्देशक एक गम्भीरता के साथ कहता है।

"क्या यह कोई डांस ट्रैक था?" निर्माता, निर्देशक से पूछता है।

"आप इसका इस्तेमाल दोनों तरीक़े से कर सकते हैं," निर्देशक जवाब में कहता है। "यह पार्टी के मौक़े पर गाया जाने वाला गीत हो सकता है, या फिर मौज–मस्ती से भरा गाना भी।"

"इस गाने में हीरोइन होगी कि नहीं?" गीतकार के सवाल में एक जिज्ञासा है।

निर्माता–निर्देशक को देखता है, लेकिन निर्देशक के पास भी इस सवाल का कोई जवाब नहीं है। "अगर आप हीरोइन को इस गाने में लाना चाहते हैं तो आप ला सकते हैं।" वह कन्धे उचकाता हुआ कहता है।

"लेकिन हमने अभी तक हीरोइन को नहीं चुना है, सिर्फ़ हीरो को ही साइन किया गया है।"

थोड़ी देर के लिए कमरे में एक चुप्पी छा जाती है।

"स्क्रिप्ट के हिसाब से आप क्या चाहते है?" गीतकार आग्रहपूर्वक पूछता है। "क्या आपको कोई रोमांटिक गाना चाहिये? ऐसी हालत में हमें गाने में कुछ रोमांटिक शब्दों का इस्तेमाल करने की ज़रूरत होगी।"

निर्देशक थोड़ी दुविधा में है। अब तक वह गाने में नक़ली अथवा बनावटी शब्द सुनता रहा था। अचानक उसके दिमाग़ में झटके–से एक ख़याल आता है– "क्यों न हम हीरो को यहीं इंट्रोड्यूस करें? वह गाना गाता हुआ पार्टी में दाख़िल होता है?"

"ख़याल बुरा नहीं है," निर्माता एक रटा–रटाया–सा जवाब देता है।

अब गीतकार के दुविधा में घिरने की बारी है, "बॉस, हमारे पास पार्टी में गया जाने वाला एक उम्दा गाना है!...।"

संगीतकार उसे बीच में ही टोक देता है– "मुझे बस 'क्यों मुझे पागल बना के छोड़ा' से मिलती–जुलती एक लाइन दे दो। मेरे पास एक लाजवाब आइडिया है। यह गाना सुपर–डुपर हिट होगा, मैं शर्त लगा सकता हूँ। आप सुनना चाहेंगे?"

झिम–चक, झिम–चक की धुन दोबारा बजनी शुरू हो जाती है।

संगीतकार अपनी जगह पर उठ खड़ा होता है और एक अपरिचित–सा नोट गुनगुनाने लगता है। बड़े–बड़े स्पीकरों पर क्लैरिनेट की आवाज़ गूँजने लगती है। संगीतकार खाँसते हुए अपना गला साफ़ करता है और शुरू हो जाता है–*ना–ना नाना, ना–ना नाना....*। अब साथ में कोई तार वाले वाद्ययन्त्र की आवाज़ भी बजने लगी है। ज़ाहिर बात है कि संगतकारों ने इस धुन का रियाज़ भी किया हुआ है। अलबत्ता उस धुन को गीत का रूप देने के लिए शब्दों का चुनाव होना अभी बाक़ी है।

लेकिन निर्देशक इस धुन को सुनकर बहुत उत्साहित है और संगीतकार को बीच में ही टोकता हुआ कहता है, "मुझे बिल्कुल यही चाहिए। दबे हुए जज़्बात को सफ़र और ताल के ज़रिये बयान करने वाली धुन। आप मेरी बात समझ रहे हैं न? आप एक लड़की से मुहब्बत करते हैं,

लेकिन उससे खुलकर इज़हार नहीं कर पा रहे हैं...। आप यह समझिये कि यह गाना इसी अहसास को जताने का एक ज़रिया है।"

गीतकार अपनी नोटबुक में कुछ नोट करता है। अचानक कमरे का दरवाज़ा खुलता है और ट्रे में चाय की प्यालियाँ लिए एक लड़का कमरे में दाख़िल होता है।

पहले वाले गाने को अब भुलाया जा चुका है। संगीतकार, गीतकार के मन की बात समझ जाता है और उसे दिलासा देता है कि वह फ़िक्र न करे। "हम सही मौक़े पर पहले वाले गाने का भी इस्तेमाल करेंगे," चाय का घूँट भरता हुआ वह कहता है। "आप बस हीरो का कैरेक्टर और स्टाइल अपने दिमाग़ में रखिये, गाने के बोल तो ख़ुद–ब–ख़ुद आपके ज़ेहन में आ जाएँगे। उस गाने का कहाँ इस्तेमाल होगा, यह मसला उन लोगों पर छोड़ दीजिए। अब, आगे क्या करना है?"

"होली का गीत," निर्माता को देखता हुआ निर्देशक बोलता है।

"लेकिन आपने तो कहा था कि वह गाना रात के वक़्त फ़िल्माया जाएगा?" संगीतकार पूछता है।

"रात के वक़्त?" गीतकार चौंकते हुए कहता है।

"यह होली से ठीक पहले की रात है जब सभी लोग एक अलाव की चारों ओर बैठे हुए हैं और उनके बीच हँसी–मज़ाक़ और गपशप चल रही है," निर्माता अपनी बात को साफ़ करता हुआ कहता है। "इस सीन के पीछे आइडिया यह है कि लड़का और लड़की को एक–दूसरे को बेहतर तरीक़े से जानने–समझने का मौक़ा मिल सके। हम सिर्फ़ कुछ अलग दिखाने की कोशिश कर रहे हैं वर्ना होली के दिन को रंगों में डूबा हुआ दिखाना तो सबसे आसान काम है जो हर कोई दिखा सकता है .।"

"तो आपको फिर से एक डांस ट्रैक चाहिये?" गीतकार पूछता है।

"हाँ, एकदम टिपिकल डांस ट्रैक!" निर्देशक जवाब देता है। "लेकिन यह एक डुएट होगा।"

गीतकार अपनी नोटबुक में फिर से कुछ लिखता है। "गाने में लाइनें कुछ ऐसी होनी चाहिये, 'तुम्हारे बग़ैर मैं ज़िन्दा कैसे रहूँगा!' निर्देशक गाने के बारे में इशारे करता है।

संगीतकार एक बार फिर से अपने काम में लग चुका है– "हम कुछ इस तरह से कुछ नहीं कह सकते हैं, 'मेरी महबूबा बन जाओ तुम' या इसी से मिलती–जुलती कोई लाइन, जिसमें सीधे–सीधे अपनी बात कही जा सके?"

"अरे, यह एक डुएट है," गीतकार उसे याद दिलाता है। "'मेरी महबूबा बन जाओ तुम' के जवाब में भी ऐसी कोई लाइन होनी चाहिये।

लड़की क्या कहेगी–'मेरे महबूब बन जाओ तुम?' मेरे आशिक़ बन जाओ तुम? 'मेरे साथी बन जाओ तुम?' यह कुछ जम नहीं रहा है।"

झिम–चक, झिम–चक की धुन दोबारा शुरू हो जाती है।

संगीतकार माइक में एक धुन गुनगुनाता है और फिर रुक जाता है। कुछ पल के लिए वह कमरे में अपनी नज़र दौड़ता है। उसके चेहरे पर एक बेचैनी–सी है गोया उसे नये गाने के लिए एक प्रेरणा की तलाश है। वह अपने बालों में उँगलियाँ फेरता है। "वह कौन–सा गाना है जो *आन मिलो सजना* में राजेश खन्ना आशा पारेख के लिए गाता है?" संगीतकार ने यह सवाल किसी ख़ास आदमी से नहीं किया है। लिहाज़ा, इसका जवाब भी कोई नहीं देता है।

झिम–चक, झिम–चक की धुन जारी है...। संगीतकार धुन पर अपनी उँगली की थाप दे रहा है। वह शायद गाने को याद करने की कोशिश कर रहा है।

" 'इश्क़ पर ज़ोर नहीं' का वह गाना याद है जो धर्मेन्द्र और साधना पर फ़िल्माया गया है?" यह निर्माता की आवाज़ है। उसकी दख़लअन्दाज़ी ने सबकी उलझनें और बढ़ा दी हैं। "अरे, कौन–सा गाना है? उसकी धुन एस.डी. बर्मन ने दी है...। किसी को याद आ रहा रहा है?" वह सबकी तरफ़ देखने लगा है, लेकिन किसी को वह गाना याद नहीं है। संगीतकार निर्माता को देखता है।

"सॉरी, मैं आपके गाने को ख़राब कर रहा हूँ," निर्माता अफ़सोस ज़ाहिर करता है। "आप लगे रहिये।"

झिम–चक, झिम–चक फिर से बजने लगा है।

और इस तरह, दूसरे गाने की धुन भी तैयार हो जाती है। बॉलीवुड की बोलचाल में यह एक 'म्यूज़िकल सिटिंग' है।

•••

पुनःश्च – कुछ ही साल पहले जब फ़िल्मों की धुन बनाने का काम होता था तब संगीतकार एक हारमोनियम वादक, एक ढोलकिये या तबलची और कभी–कभी एक गिटारिस्ट के साथ बैठता था। अक़्सर हारमोनियम वह ख़ुद ही सँभालता था। लेकिन लक्ष्मीकान्त जैसे संगीतकार हारमोनियम की सिर्फ़ स्केल देने के लिए एक ही बार दबाते थे और दूसरे संगीतकार धुन बनाने के लिए उसी नोट का सहारा लेते थे। धुन की विविधता के मुताबिक़ यह गीतकारों का काम था कि वे 'मिलते–जुलते शब्दों' की मदद से उस गीत को पूरा करें। उन दिनों इन दोनों ले साथ अमूमन फ़िल्म का निर्माता भी बैठता था जो गीतकार और संगीतकार दोनों के एक–दूसरे से

सहमत होने तक दोनों के बीच एक पुल की तरह काम करता था। उसके बाद मौजूद साज़िन्दों की मदद से धुन की एक कामचलाऊ रिकॉर्डिंग कर ली जाती थी, और बाद में संगतकारों की पूरी टीम और पार्श्व गायकों के साथ साउंड–प्रूफ़ रिकॉर्डिंग स्टूडियो में उसे अन्तिम रूप से रिकॉर्ड कर लिया जाता था। गीत के बोल तैयार होने के बाद ट्रैक–मिक्सिंग का काम होता था और इस तरह से एक नये फ़िल्मी गाने का जन्म होता था। इस रिकॉर्डिंग के पहले उसके आख़िरी नतीज़े के बारे में कोई भी पक्के तौर कुछ नहीं कह सकता था। धुनों के निर्माण में जब की–बोर्ड्स और सिंथेसाइज़र्स जैसे आधुनिक तकनीक वाले वाद्यों का इस्तेमाल किया जाने लगा, तब रिकॉर्डिंग से सम्बन्धित ज़्यादातर मुश्किलें ख़ुद ही दूर हो गयीं।

कत्थई दिन

ओदार में गर्मियों का मौसम अपने उरूज़ पर हैं। उत्तर प्रदेश की प्रसिद्ध ती. र्थनगरी बनारस से यह छोटा–सा गाँव बहुत दूर नही है। पूरब के आकाश में सूरज के चढ़ने के साथ ही ज़मीन पर एक ख़ामोशी पसरने लगी है। हवाओं में तेज़ तपिश और उमस है। ज़्यादातर लोग अपने–अपने घर में बन्द हैं और इस वक़्त बाहर शायद ही कोई दिख रहा है। आदमी ही नहीं, जानवर भी छाँवों की तलाश में हैं। परिन्दे पेड़ों के घने पत्तों के बीच दुबककर बैठे हुए हैं। खूँटे से बँधी हुई एक गाय जुगाली कर रही है...। ज़िन्दगी एक तरह से ठिठक–सी गयी लगती है। देखते–देखते अचानक आसमान में एक अँधेरा गहराने लगा है और हवाएँ तेज़ चलने लगी हैं। मकई और गन्ने के खेतों और पोखरे तक जाने वाली गाँव की इक़लौती कच्ची सड़क पर धूल उड़ने लगी है। गाँव में एक छोटी–सी नहर है जो गंगा नदी से निकली है। एक बूढ़ी औरत हाथपंखे को अपनी बगल में रखकर थोड़ा चैन की साँस लेती है। उसकी आँखें नींद से बोझिल हैं। ठण्डी–तेज़ हवा के झोंकों से घर के अहाते में लगे नीम और आम के पेड़ झूमने लगे हैं।

इस बात का गुमान किसी को भी नहीं था कि कुछेक साल के बाद ओदार के तीन कमरे वाले इसी मामूली–से घर से हवा का एक और तेज़ झोंका निकलेगा और देखते–देखते पूरे देश को अपनी गिरफ़्त में ले लेगा। उस जादुई बयार के असर में एक रोज मुहब्बत में मुब्तिला सभी नौजवान लड़के–लड़कियाँ आ जायेंगे। उस बूढ़ी औरत को भी तब सपने में भी इस बात का अहसास नहीं था कि उसकी बगल में बैठा वह शरारती बच्चा जो खेलने के लिए अभी–अभी बाहर निकल भागा था, एक रोज़ मीलों दूर बॉलीवुड का एक जाना–माना और बड़ा गीतकार बन जायेगा। शब्दों का एक ऐसा जादूगर जो रुपहले पर्दे पर भारत के नौजवानों की दो लगातार पीढ़ियों के रूमान और ख़्वाहिशों को जुबान देने का काम करेगा। एक दिन वह लड़का समीर के नाम से मशहूर हुआ–समीर...। मतलब, हवा का ठण्डा–सुकूनदेह झोंका। यह इत्तेफ़ाक़ की ही बात थी।

बहरहाल, हिन्दी फ़िल्म उद्योग के उस मौजूदा तौर–तरीक़ों के मद्देनज़र कई लोगों को इस बात का शायद पहले से अन्दाज़ा था। यह सोचने वाले उस हर आदमी के लिए भी, जिसका मानना था कि प्रतिभा विरासत में मिलने वाली चीज़ है। आख़िर समीर के पिता कोई मामूली आदमी नहीं थे, बल्कि जाने–माने और स्थापित गीतकार अनजान थे और जिनके खाते में बॉलीवुड की अनेक क़ामयाब फ़िल्में थीं। अनजान के समकालीनों में शैलेन्द्र, साहिर लुधियानवी और मजरूह सुल्तानपुरी जैसे महान नग़मानिग़ार थे, लेकिन अपने सपने को हासिल करने के लिए अपने बेटे का रास्ता आसान बनाने के बजाय अनजान ने उसे अपने कदमों के निशान पर चलने के लिए भरसक मना किया। बहरहाल, हैरतअंगेज़ तरीक़ से बॉलीवुड के इतिहास की कुछ अचरज भरी और क़ामयाब कहानियों में एक का हासिल भी यही है।

•••

समीर का जन्म 24 फ़रवरी, 1958 को अनजान और इन्दिरा देवी के घर में हुआ था। अनजान का वास्तविक नाम लालजी पाण्डेय था और समीर भी अपने बचपन में 'शीतला' के नाम से बुलाए जाते थे। लोगबाग़ उन्हें प्यार से 'राजन' भी कहते थे। परिवार में उनसे तीन साल बड़े भाई शेखर, सात साल छोटी बहन सपना, तीन दादी और माँ के अलावा उनके दादाजी शिवनाथ पाण्डेय थे जो बनारस एक बैंक में नौकरी करते थे। समीर के पिता बम्बई में कमोबेश एक निर्वासित–सा जीवन गुज़ार रहे थे। ज़ाहिर बात है कि उनका बचपन एक ऐसे परिवार में बीता था जहाँ हर मामले में महिलाओं का पलड़ा भारी था।

"ओदार के हमारे घर में हमारी शुरुआती यादों में वह नीम का पेड़ है जिस पर हम बच्चे 'आती–पाती' (पेड़ पर चढ़ने की प्रतियोगिता) खेला करते थे।" तेज़ी–से गंजे होते हुए गीतों के बेताज बादशाह अपनी यादों में खोये हुए कहते हैं, "हमारे घर के अहाते में एक आम का पेड़ भी हुआ करता था जिसे हम अपनी परदादी की तरह 'आइया' कहते थे। उस पेड़ पर फलने वाले आमों को हम 'आइया का आम' ही कहते थे। उसी तरह एक दूसरे पेड़ पर उगने वाले आमों को हम 'मिठवा आम' कहते थे क्योंकि वे स्वाद में बहुत मीठे थे। दरअसल, यह हमारी आदत में शामिल था कि हम अपने गाँव और उसके पास के सभी पेड़ों को एक अलग नाम दे देते थे।"

ये वे दिन थे जब मध्य भारत के दूर–दराज़ और पिछड़े इलाक़ों में बिजली अभी नहीं पहुँची थी। ओदार में भी लोगों को वक़्त का अन्दाज़ा

धूप के निकलने और शाम के ढलने से होता था। शाम घिरते ही गाँव में बसे कुल सोलह परिवारों के घरों में लालटेन और ढिबरियाँ जल उठती थीं। आज की तरह उस ज़माने में पारिवारिक मनोरंजन के लिए रेडियो, टेलीविज़न और ग्रामोफ़ोन जैसी चीज़ें नहीं हुआ करती थीं। सिनेमा देखने के लिए लोगों को बनारस या किसी और 'बड़े शहर' जाना होता था। टेलीविज़न जैसे माध्यम की अनुपस्थिति में दूसरे ख़र्चीले और ताम–झाम वाले खेलों की तरह लोगबाग़, और ख़ासतौर पर बच्चे क्रिकेट जैसे खेल से भी एक तरह से अपरिचित थे।

लेकिन समीर को इससे कोई फ़र्क़ नहीं पड़ता था। पढ़ाई में उनकी बहुत अधिक रुचि नही थी और न ही वे इस बात पर शर्मिन्दा थे। अपना मन बहलाने के लिए उन्होंने अपने तरीक़े ईज़ाद कर लिये थे। भैंस की पीठ पर सवारी गाँठना बहुत भाता था। भैंस की सवारी गाँठकर पूरे गाँव का चक्कर काटने में वह एक तरह से इतराते थे, जैसे वह कोई बादशाह हों जो वक़्त निकाल कर अपनी जनता का हाल–समाचर पूछने निकला हो। कभी–कभार वह घूमते हुए भैंस की पीठ से उतर जाते और गाँव के दूसरे बच्चों के साथ उनके खेलकूद में शरीक़ हो जाते थे। 'आती–पाती' उन दिनों बच्चों का एक लोकप्रिय खेल हुआ करता था। एक और खेल जो गाँव के बच्चे आमतौर पर खेलते थे, वह लुक्कौल या लुकाछिपी का खेल था। मानसून के दिनों में जब मिट्टी गीली और मुलायम हो जाती थी, वे 'बड्डी' (कबड्डी का अपभ्रंश) खेला करते थे। पढ़ाई से भागने के दूसरे कारण पतंगबाज़ी, फुटबाल और वॉलीबॉल थे। जब इन सभी खेलों से वह उकता जाते थे तो ताज़ादम होने और थकान उतारने के इरादे से पास की नहर में तैरने के लिए चले जाते थे।

एक दिन उस भैंस का मिज़ाज शायद ज़रा उखड़ा हुआ रहा होगा जिसकी सवारी समीर रोज़ाना गाँठा करते थे। लिहाज़ा, समीर जैसे ही उछल कर उसकी पीठ पर बैठे, वैसे ही वह बदहवासी में सरपट दौड़ पड़ी। उसे जैसे यह फ़िक्र ही नहीं थी कि उसकी पीठ पर एक छोटा बच्चा भी सवार था। भैंस की इस हरक़त से छोटे–से समीर की जान सांसत में पड़ गयी। उसे इस तरह बेतहाशा इधर–उधर भागता देखकर गाँव के लोग अपने–अपने घरों से बाहर निकल आये और इस तमाशे मज़ा लेने लगे। कुछ बच्चे तो भैंस के पीछे–पीछे दौड़ने लगे, लेकिन उनके ऐसा करने से भैंस और बिदक गयी और उसकी पीठ पर सवार समीर की जान सांसत में पड़ गयी। घबरायी हुई भैंस अपना आपा पूरी तरह खो चुकी थी। वह अपने रास्ते में पड़ने वाली किसी भी चीज़ की की परवाह किए बिना भागती रही और आख़िरकार रेत की एक ढेर से

जा टकरायी। यह इत्तेफ़ाक़ की बात थी कि रेत पर गिरने के बाद उनको कोई चोट नहीं आयी, लेकिन अगर ग़ौर से सोचा जाय तो यह एक रोंगटे खड़े कर देने वाला हादसा था, जिसमें समीर की जान तक जा सकती थी। बहरहाल, इससे बेपरवाह समीर उस वक़्त भी भैंस की पीठ पर जमे रहे जब भैंस अपने ठिकाने पर दोबारा लौट नहीं गयी।

ओदार में गुज़रे अपने बचपन को समीर अब इन्हीं खट्टी–मीठी घटनाओं के बहाने याद करते हैं। मुम्बई के अपने शानदार वातानुकूलित अपार्टमेंट के अपने कमरे में एक बड़े से आलीशान बिस्तर पर अधलेटे उनकी आँखें उन पुराने दिनों को याद करते हुए भीग जाती हैं– "अपने बचपन के दिनों के बारे में सोचकर मैं अपने आँसुओं को बमुश्किल ज़ब्त कर पाता हूँ। मेरे ज़ेहन में उन दिनों की यादें किसी फ़िल्म के दृश्यों की तरह गुज़रती रहती हैं। मैं सोचने लगता हूँ कि वे कितने सुकून और बेफ़िक्री के दिन थे! कितने मासूम और दुनियादारी से कितने बेसरोकार! आप ज़िन्दगी में दौलत का अम्बार लगा सकते हैं, लेकिन क्या आप अपने बचपन के दिनों को दोबारा ख़रीद सकते है? क्या आप उन दिनों को फिर से जी सकते हैं? फिर भी मैं ख़ुद को ख़ुशनसीब समझता हूँ। मेरे बचपन की ख़ुशगवार स्मृतियाँ मेरे दिलोदिमाग़ में गहरे बैठी हुई हैं। मैं उन्हीं यादों को सहेजते हुए जवान हुआ हूँ और यह दौलत मेरे साथ हमेशा रहेगी।"

उनकी स्मृतियों के ख़ज़ाने के कुछ चमकते हुए और बेशक़ीमती दिन ये थे–

फ़सल की कटाई का मौसम समीर के लिए सबसे मौज से भरे दिन होते थे। मक्के और गन्ने के खेतों में काम करने वाले किसानों के लिए वे हमेशा एक गहरा जुड़ाव महसूस करते थे। खेतों में किसानों के साथ वक़्त गुज़ार–गुज़ारकर वे ख़ुद भी खेती के मामले में इतने अनुभवी हो गये थे कि खेत में खड़ी फसल को सिर्फ़ देखकर वे बता सकते थे कि किस गन्ने का स्वाद मीठा हो सकता है, किसका नमकीन या खट्टा है, और कौन–सा गन्ना बेस्वाद है। जब खेत में मक्के की फसल पक जाती थी तो सभी किसानों के लिए यह उत्सव मनाने की वजह होती थी। किसान अपने पैदावार की रखवाली करने के लिए खेतों में ऊँचे–ऊँचे मचान बनाते थे। उन्हें अपनी फ़सल के चोरी हो जाने या जानवरों द्वारा उसको नुक़सान पहुँचाये जाने का खतरा रहता था। रखवाली के इस काम में छोटे–छोटे बच्चे भी बढ़–चढ़कर हिस्सा लेते थे। समीर को भी इन मचानों पर अपनी रातें बिताना बहुत पसन्द था। उन्हें रात की निस्तब्धता और खुले माहौल में आसमान में तारों को निहारते हुए हवाओं की

ख़ुसफ़ुसाहट सुनना अच्छा लगता था। ये हवाएँ और तारों की टिमटिमाहट उनकी रातों के संगी–साथी थे।

बड़का बाबू उर्फ समीर के ताऊजी हँसी–दिल्लगी में उस्ताद थे, लेकिन इसके अलावा वे क़िस्सागोई के हुनर में बहुत माहिर थे। उनके पास हर मौक़े पर सुनाने के लिए कोई न कोई क़िस्सा ज़रूर था। वे जहाँ कहीं भी दिख जाते थे, गाँव के भर के बच्चे अपना काम–धाम छोड़ कर उनके पीछे पीछे लग जाते जाते थे। बड़का बाबू के क़िस्सों का पिटारा खुल जाता था और बच्चे अचरज में अपना मुँह खोले उनके क़िस्से सुनने में मशगूल हो जाते थे। संयोग से एक दिन बड़का बाबू ख़ुद एक मज़ेदार वाक़ये का शिकार हो गए। गाँव में किसी की अंत्येष्टि हुई थी और मृतात्मा की तेरहवीं का आयोजन किया गया था। बड़का बाबू ने रोज़ की तरह भंग चढ़ा ली और गाँव के बाहर वाली नहर में स्नान करने निकल पड़े। नशे की हालत में नहर में गोता लगाने के बाद ही वे अपनी दिशा भूल बैठे। उस पर हद यह हुई कि किनारे खड़े लोगों के साथ हँसी–ठट्ठा करते हुए वे मज़ाक़–मज़ाक़ में डूबने का नाटक करने लगे। वह तो जल्दी ही किनारे पर खड़े लोगों को स्थिति की गम्भीरता की भनक लग गयी और उनकी हिफ़ाज़त के लिए कुछ लोग नहर में कूद पड़े और उन्हें खींच कर बाहर निकाला।

ओदार में पहला रेडियो समीर के घर ही आया। वह मर्फ़ी का रेडियोसेट था जिसे उनके पिता ने बम्बई से भेजा था। देर शाम पूरा गाँव दिन भर की ख़बरें और नये फ़िल्मी गाने सुनने के लिए रेडियो को घेरकर बैठ जाता था। दिन के वक़्त रेडियो कम सुना जाता था, लेकिन उसके रख–रखाव और साफ़–सफाई में कोई लापरवाही नहीं बरती जाती थी। समीर को रेडियो से ज़्यादा उस नन्हे–प्यारे से 'मर्फ़ी बेबी' से प्यार था जिसकी ठुड्डी गोलमटोल थी। लेकिन उनका सबसे यादगार पल वह था जब उन्होंने उन्होंने रेडियो पर अपने पिता का गाना पहली–पहली बार सुना था। वह मोहम्मद रफ़ी थे जिन्होंने *लम्बे हाथ* (1960) फ़िल्म के लिए प्यार की राह दिखा दुनिया 'को' गीत को अपनी आवाज़ दी थी।

गाँव के सभी लोग उस घने आम के पेड़ के क़रीब अँधेरे में जाने से डरते थे जो रेलवे स्टेशन जाने वाले रास्ते में बीचोबीच खड़ा था। गाँव में यह कहानी फैली हुई थी कि इस पेड़ से लटककर एक आदमी ने अपनी जान दे दी थी और अब उसकी आत्मा वहीं आस–पास भटकती रहती है। कई लोगों ने तो यह दावा किया था कि उन्होंने शाम के झुरमुटे में एक भुतहा साये को उस इलाक़े में घूमते देखा था। लिहाज़ा, दिन

के वक्त भी उस पेड़ के नीचे से गुज़रते हुए समीर की रीढ़ में एक सिहरन दौड़ने लगती थी, ख़ास तौर पर बरसात के मौसम जब वह जगह अधिक शान्त और डरावनी लगती थी तब पेड़ की पतियों की मामूली–सी सरसराहट भी लोगों को डर से जमा देने के लिए काफ़ी थी। इसलिये रात के अँधेरे में उस रास्ते से गुज़रने का कोई सवाल ही नहीं उठता था।

गीतकार समीर के दिलोदिमाग़ में अतीत की वे तस्वीरें मुस्तकिल तौर पर दर्ज़ हो चुकी थीं और उनके लिखे गीतों और नज़्मों में उन तस्वीरों की एक अनायास झलक भी दिखती है। वे ख़ुद भी कहते हैं, "आप उस रात की ख़ामोशी को महसूस किये बग़ैर कैसे बयान कर सकते हैं? प्यार की सच्ची ख़ुशी को आप महसूस किए बग़ैर कैसे बता सकते हैं? कुदरत की जादुई ख़ूबसूरती को, मौसमों के बदलते रंगों को, पहली बरसात में नम हुई मिट्टी की सोंधी महक को अपनी आँखों से देखे और दिल से महसूस किये बिना आप कैसे ज़ाहिर कर सकते हैं? एक शायर इन सबका हिस्सा बनना होगा। मुझे गुलज़ार साहब (मशहूर गीतकार और फ़िल्मकार) की बात बेसाख़्ता याद आती है। उन्होंने कहा है कि अच्छी शायरी करने दो तरीक़े हैं। या तो आप अपने तजुर्बों से लिखें या फिर आप लिखने के लिए कहीं से प्रेरणा हासिल करें। मेरे लिए अनुभव और प्रेरणा दोनों बराबर ज़रूरी हैं।"

•••

बहरहाल, यह कहानी का एक ही पहलू है। कहानी का दूसरा पहलू यह है कि समीर को पढ़ाई में चिढ़ की हद तक अरुचि थी। हालाँकि उनका दाख़िला ओदार की स्थानीय प्राथमिक पाठशाला में करा दिया गया था, लेकिन उनके पास अपने दोस्तों को बेवकूफ़ बनाकर गाँव के पोखर में तैरने और और बेवजह पूरे गाँव में मटरगश्ती करने के हज़ारों 'जायज़' बहाने थे। कक्षाओं में ग़ैरहाज़िर रहने या स्कूल से छिप के भागने की उनकी यह आदत उनके घरवालों के लिए गहरी चिन्ता की वजह थी। लेकिन एक बच्चे के तौर पर समीर पढ़ाई के नाम पर महज़ ख़ानापूरी करने या एक विद्यार्थी के रूप में अपनी ज़िन्दगी को ढालने के तौर–तरीक़ों में किसी तरह की ढील–सिलाई के लिए हरगिज़ तैयार नहीं थे। वे 'ए' फ़ॉर 'एपल', 'बी' फ़ॉर 'बॉल', 'सी' फ़ॉर 'कैट', 'डी' फ़ॉर 'डॉग' को तोते की तरह रटने जैसे शॉर्टकट के बिल्कुल ख़िलाफ़ थे। उनके

मन में हमेशा ऐसे ही नटखट सवाल घुमड़ते रहते थे कि 'ए' से 'ऐस' या 'एप' या फिर 'आती–पाती' क्यों सही नहीं हो सकता। वे पूछ बैठते, 'बी' से 'बफ़ैलो' क्यों नही हो सकता?

हिन्दी में उन्हें 'क' से 'कमल', और 'ख' से 'खरबूज़ा' जैसे शब्द शब्द पढ़ाये जाते थे। उनको इससे ऐतराज़ था, "वर्णमाला सिखाने का भला यह क्या तरीक़ा है?" वे खीज उठते थे। "कमल फूलों का राजा है...। और हमारा राष्ट्रीय फूल भी है। हमारी धार्मिक मान्यताओं में हमें बताया गया है कि कमल की उत्पत्ति भगवान विष्णु की नाभि से हुई है। क्या कच्चे मन के बच्चों को इस वर्णमाला से क्या यह बात समझ में आ सकती है कि 'क' अक्षर 'कमल' की उत्पत्ति की ओर संकेत करता है? अलबत्ता यह आसानी से बताया जा सकता है कि 'क' से 'कबूतर' होता है। इस तरीक़े से बच्चे कम–से–कम एक ऐसे पक्षी के नाम से तो वाकिफ़ हो ही जायेंगे जो ऊँचे–खुले आसमान में किसी भी बन्धन से आज़ाद होकर उड़ सकता है। लेकिन हमारे शिक्षक तो हमें यह सिखाने पर अमादा हैं कि 'क' से सिर्फ़ 'कमल' होता है!"

अपने नन्हे–से दिमाग़ को 'कमल और खरबूज़े के झँझटों' में खपाने के बजाय उन्होंने 'आती–पाती' खेलने और गाँव के तालाब के ठण्डे पानी के साथ खिलवाड़ करने में अपना वक़्त गुज़ारना ज़्यादा बेहतर समझा। कुछ–कुछ गुनगुनाते रहना भी समीर को बहुत पसन्द था। उन्हें क्या गाना अच्छा लगता था, यह तो उन्हें अब ठीक–ठीक याद नहीं है। लेकिन वह भजन से लेकर लोकगीत तक वह कुछ भी भी हो सकता था। गुनगुनाते रहने का यह सिलसिला थोड़ी देर के लिए उसी वक़्त थमता था जब वे अपनी कक्षा में बैठे रहते थे।

फिर एक दिन वे अपने ही जाल में फँस गये। उनके स्कूल के एक मास्टर जी को उनके संगीत–प्रेम की भनक लग गयी। एक दिन उन्होंने समीर से एकान्त में सीधे–सीधे पूछ लिया कि उन्हें क्या करना पसन्द है। "वे बहुत चालाक आदमी थे," समीर बताते हैं, "मुझे आज भी उस मास्टर जी का नाम याद है–रवीन्द्र मिश्र।" उन्होंने मुझसे कहा कि अगर मुझे गाना अच्छा लगता है तो बेहतर है कि मैं स्कूल में ही रहूँ। उनकी कक्षा में सिर्फ़ संगीत सिखाया जाता था। मैंने भी उनकी बात का विश्वास कर लिया। वे तीसरी कक्षा के मास्टर जी थे। बहुत भोलेपन के साथ मैं उनकी कक्षा में दाख़िल हुआ। उन्होंने मुझे अपनी बगल में बिठाया और बच्चों को पढ़ाने में व्यस्त हो गए। मुझे वहाँ बैठना अच्छा लग रहा था, क्योंकि मुझे दूसरे बच्चों की तुलना में बैठने के लिए ऊँची जगह दी गयी

थी, लेकिन जब तक मुझे इसके पीछे का पूरा मामला समझ में आता, तब तक मैं कक्षा में चल रही पढ़ाई में खो चुका था। उसके बाद से कक्षाओं में चलने वाली पढ़ाई में मेरा मन रमने लगा, और मैं नियमित रूप से अपनी कक्षा में हाज़िर होने लगा।

उस दिन के बाद से ओदार में मेरे नियमित स्कूल जाने का एक ख़ुशनुमा सिलसिला शुरू हो गया।''

बनारस का विषाद

ओदार में प्राथमिक पाठशाला के बाद की पढ़ाई की कोई सुविधा उपलब्ध नहीं थी। लिहाज़ा, पाँचवीं पास करने के बाद समीर के पास पढ़ने के लिये बाहर जाने के सिवा दूसरा कोई विकल्प नहीं था। उनके परिवार वालों की नज़र में बनारस से बेहतर कोई दूसरा नज़दीकी शहर नहीं था। यह उनके गाँव से बमुश्किल 20 किलोमीटर दूर था। उनके बनारस जाने की एक बड़ी वजह उनके दादाजी शिवनाथ पाण्डेय भी थे। वे वहाँ सेंट्रल बैंक ऑफ़ इंडिया में नौकरी करते थे। इसलिये वहाँ उनके रहने–खाने की कोई समस्या ही नहीं थी। इसके अलावा बनारस में रहने से ओदार में माँ, घर और दूसरी चीज़ें इतनी क़रीब थीं कि साइकिल पर सवार होकर घण्टे भर के भीतर उन तक पहुँचा जा सकता था। बनारस में समीर का दाख़िला कोतवाली जूनियर स्कूल में करा दिया गया। आठवीं पास कर लेने के बाद उनका नामांकन प्रतिष्ठित बनारस हिन्दू विश्वविद्यालय (BHU) के अधीन इंटर कॉलेज में करा दिया गया। तब उनकी उम्र महज़ 15 साल थी। हालाँकि वे पढ़ाई में बहुत मेहनती नहीं थे, लेकिन बिना किसी दिक्कत के उन्होंने अपना ग्रेजुएशन पूरा किया, और उसके बाद बी.एच.यू. से ही उन्होंने पहले दर्ज़े के साथ अपना 'मास्टर' भी पूरा किया।

जैसा कि बताया जा चुका है कि समीर के दादा बनारस के एक सम्मानित व्यक्ति थे। बैंक की नौकरी के अलावा भी वे अपनी विद्वता और सांस्कृतिक सक्रियताओं के कारण बनारस भर में जाने जाते थे। लोक–रंगकर्म के क्षेत्र में उनकी विशेष रुचि थे। रामलीलाओं में भगवान राम से लेकर रावण तक–ऐसी कोई भी भूमिका नहीं थी जो उन्होंने नहीं निभायी थी। अभिनय कें क्षेत्र में उन्हें अनेक पुरस्कार मिल चुके थे और स्थानीय लोगों में वे 'शिवपुर के हीरो' के रूप में मशहूर थे। शिवपुर बनारस का ही एक बाहरी इलाक़ा था जो अपनी रामलीला–प्रस्तुतियों के कारण अच्छा–ख़ासा मशहूर था। आज समीर का पैतृक घर इसी इलाक़े में है। उन्हें याद है कि अपने बचपन में उन्होंने पचासों रामलीलाओं का

मंचन होते हुए देखा था। उन रामलीलाओं में अलग–अलग भूमिकाएँ निभाने के कारण उनके दादा जी की बड़ी प्रसिद्धि थी।

"मेरे पिता और मेरे भीतर सृजन का बीजारोपण दादाजी ने ही किया था," वे बताते हैं। "उनके पिता रामावतार पाण्डेय भी एक बड़े विद्वान थे। मेरे परदादा जी की विद्वता और बुद्धिमत्ता से प्रभावित होकर उस समय बनारस के राजपरिवार ने उन्हें 52 एकड़ ज़मीन उपहार में दी थी। उस वक़्त का बनारस सांस्कृतिक दृष्टि से बहुत समृद्ध था। दिखने में बनारस आज भी बहुत अधिक नहीं बदला है। वही तंग गलियाँ, जगह–जगह पर बने मन्दिर, छोटी–छोटी मस्जिद...। शहर का पुराना जादुई तिलस्म पिछले 50 सालों में आज भी बिल्कुल वैसे ही कायम है। लेकिन जो बात हमें खटकती है, वह यह है कि शहर की सांस्कृतिक सक्रियता अब पहले जैसी नहीं रही। उस रोमांच और ऊर्जा अनुभव अब नहीं होता जिसके गवाह अपने बचपन के दिनों में हम हुआ करते थे।"

जल्दी ही समीर शहर की रफ़्तार और अन्दाज़ में रम गये। शहर की चकाचौंध, सड़क–चौराहों की गहमागहमी और घाटों पर गंगा स्नान करते लोगबाग़ बनारस के आम नज़ारे थे। शहर में कवि सम्मेलन, मुशायरे और नृत्य और संगीत से जुड़े समारोह साल भर आयोजित होते रहते थे, और पूरा बनारस मोक्ष की कामना लिए आने वाले श्रद्धालुओं और पर्यटकों से साल भर शादाब रहता था। ये दृश्य ओदार जैसी एक शान्त, अलसायी और सादगी से भरी जगह से आये एक ग्यारह साल के बच्चे को विस्मित कर देने के लिए पर्याप्त थे। यह नज़ीर बनारसी, सामता प्रसाद और बिस्मिल्लाह ख़ान का शहर था। ज़ाहिर–सी बात थी कि उस छोटे बच्चे के लिए भी बनारस के उस सांस्कृतिक सम्मोहन की गिरफ़्त से बच पाना मुश्किल था। वैसे भी अपनी उम्र के दूसरे युवाओं की तरह समीर के मन में कोई आकर्षण नहीं था, और न उनका झुकाव अपने दादा जी तरह अभिनय की तरफ़ था। जो चीज़ उनको अच्छी लगती थी, वह कविता थी। पसन्द उनको संगीत भी था। शुरू–शुरू में उन्होंने दो–चार भजन लिखे और उनको संगीतबद्ध भी किया। मिसाल के तौर पर 'कर चलने की तैयारी' और 'सुनीला अरजिया हमार' जैसे भजन थे, जिन्हें उन्होंने अपने अन्दाज़ में संगीत में ढालने की कोशिश की और अपनी बालसुलभ आवाज़ में उनको गाकर दूसरों को कई बार सुनाया भी।

लेकिन कविता की दुनिया में पूरी तरह डूब जाने से पहले एक दूसरा शगल जिसने समीर को सालोसाल उलझाये रखा, वह पतंगबाज़ी थी। पतंगबाज़ी से समीर को आज भी गहरा लगाव है, लेकिन कोई चालीस साल पहले उनका यह लगाव किसी दीवानगी से कम नहीं हुआ

करता था। वे क्या खाते थे, उन्होंने कैसे कपड़े पहने हैं, स्कूल में उन्हें आज क्या–क्या पढ़ाई की, होमवर्क में उनको क्या–क्या मिला–ये तमाम बातें उनके लिए पतंगबाज़ी के उनके नशे के बाद आती थीं। स्कूल से लौटते ही वे सीधे घर की छत पर भागते और अपनी रंग–बिरंगी पतंगों को खुले आसमान में ऊँचे से ऊँचा देखने की होड़ में लग जाते। उन्होंने अपनी पतंगों के अनोखे नाम भी दे रखे थे–मसलन 'चाँद–तारा', 'चॉकलेटी', 'पोछिक' वग़ैरह–वग़ैरह। उन पतंगों की लाटें और गुलाटियाँ और हवा के रफ़्तार के मुताबिक़ उनके तरह–तरह के क़रतब–ये सभी चीज़ें समीर के बचपन के दिनों के साथ ऐसे वाबस्ता थी कि पतंगों के बिना उन्हें अपनी ज़िन्दगी अधूरी और सूनी महसूस होती थी।

"मेरे लिए पतंगबाज़ी आसमान में आज़ाद उड़ते परिन्दे के दिल की खुशियों को महसूस करने का सबसे आसान ज़रिया थी," समीर हँसते हुए बताते हैं, "इस ख़ुशी को हासिल करने के लिए मैं कोई भी सज़ा पाने के लिए तैयार रहता था। मुझे डाँट, लगती थी, कभी–कभी तमाचे भी जड़े जाते थे, और घर के बुजुर्ग मुझे दूसरी तरह से भी दण्डित करते थे, लेकिन मैं पतंग उड़ाने के अपनी आदत से बाज़ आने को तैयार नहीं था, मुझे अच्छी तरह याद है कि मेरी दादी मुझे दुलार से खिलाने बिठाती थीं लेकिन मेरी आँखें खिड़की के बाहर आसमान में दो पंतगों के पेंचों पर अटकी रहती थीं। कई बार तो मेरी लापरवाही और मन की बैचैनी के कारण थाली का खाना गिरकर फ़र्श पर बिखर जाया करता था। आप समझ सकते है कि उन ग़लतियों के एवज़ में मुझे क्या सज़ा मिलती होगी, लेकिन मुझे सीधे तौर पर यही बात समझ में आती थी कि बड़ों का काम ही है बच्चों को डाँटना और बच्चों का काम है, उस डाँट–फटकार को अनसुना कर खेलना–कूदना और बदमाशियाँ करना। पतंगबाज़ी को लेकर मेरा पाग़लपन इस हद तक था एक बार पतंग का माँझा ख़रीदने के लिए मैंने घर से पैसे तक चुरा लिए थे। यह पहला और अकेला ऐसा मौक़ा था जब मैंने अपनी ज़िन्दगी में चोरी जैसा काम किया था। मैंने अपने दादा जी के बटुए से दस रुपये चुराये। उस वक़्त एक ठीक–ठाक रकम थी। बहरहाल 12 साल बाद ही सही, अगर मैंने ख़ुद ही यह नहीं क़बूला होता तो उन्हें इस बात का कभी पता नहीं लग पाता।"

उन दिनों उनका परिवार दालमण्डी के बदनाम इलाक़े के क़रीब रहता था। यह बनारस की लालबत्ती बस्ती थी। साथ ही, यहाँ पतंगबाज़ी के सारे सामानों का थोक बाज़ार भी था। इसलिये वेश्याओं, दलालों और उनको संरक्षण देने वाले दबंगों के बजाय समीर की रुचि वहाँ बिकने वाले पतंगों, धागों और लटइयों में ज़्यादा थी। समीर को मकर संक्रान्ति

का वह पिछला पहर अच्छी तरह याद है जब वे दालमण्डी से एक नयी लटई खरीदकर ख़ुशी और उत्साह में दौड़ते हुए अपने घर की तरफ़ भागे जा रहे थे। मकर संक्रान्ति को पूरे पश्चिमोत्तर भारत में एक पतंगबाज़ी के सालाना उत्सव के रूप में मनाने की परम्परा रही है। बहरहाल, पूरी रफ़्तार से भागते हुए समीर अचानक एक ऐसे आदमी से टकरा गये जो सामने से ट्रे में रबड़ी के कुल्हड़ लिए हुए आ रहा था। टक्कर लगने से उसके हाथ की सारी रबड़ी ज़मीन पर गिर गयी। उसके बाद समीर को बस इतना भर याद है कि उन्हें गिरेबान से पकड़ कर एक सीलनदार छोटे–से कमरे में ले जाया गया और चुपचाप एक कुर्सी पर बिठा दिया गया। कुछ ही पलों के बाद उसके सामने एक लम्बी–छरहरी और सुन्दर औरत हाज़िर हुई। उसने अपने चेहरे पर गाढ़ा मेकअप कर रखा था और उसके बदन से चमेली के इत्र की ख़ुशबू आ रही थी। दरवाज़े में दाख़िल होते ही उस औरत ने समीर को ग़ौर से देखा। समीर के पूरे बदन में एक भय की लहर दौड़ गयी। उस मुस्टण्डे आदमी ने उस औरत को बताया कि कैसे उस बेवक़ूफ़ लड़के की हड़बड़ी की वजह से ट्रे में रखी पूरी राबड़ी गिरकर बर्बाद हो गई। पूरी बात सुनने के बाद वह औरत हौले–से मुस्कुरायी और उस आदमी को चुप रहने का हुक्म दिया। "अगली बार जब सड़क पर चलो तब थोड़ी एहतियात बरता करो," उसने समीर को समझाते हुए कहा था।

एक बाज़ारू औरत से मुख़ातिब होने का यह समीर का पहला मौक़ा था। उन्हें जब उस तंग कमरे से बाहर निकाला गया तो उनको लगा गोया वे किसी जेल से रिहा हुए हों। वे तेज़ी के साथ अपने घर की दिशा में भागे और थोड़ी देर के लिए तमाम खिड़कियों और दरवाजों को बन्द कर खुद को अपने कमरे में क़ैद कर लिया। कई महीनों तक उन्होंने अपने कमरे की खिडकियों को यूँ ही बन्द रखे रखा, और उसके आसपास भी छोटी–से–छोटी चीज़ से ख़ुद को दूर कर लिया। इस बात का ख़ौफ़ लम्बे समय तक उनके मन में बना रहा कि वह औरत कहीं उनको दोबारा न दिख जाये, और उसे यह पता न लग जाये कि वह लड़का उनके पड़ोस में ही रहता है।

•••

समीर के बचपन के साल ऐसी रंग–बिरंगी और खट्टी–मीठी यादों से भरे हुए थे। बड़ी तेज़ी के साथ वे बनारस की स्थानीय संस्कृति में ख़ुद को ढालने लगे थे। बनारस एक ऐसा शहर था जो एक तरफ़ अपनी विशिष्ट

सांस्कृतिक और बौद्धिक गतिविधियों, और दूसरी तरफ़ अपने ख़ास देशज अक्खड़पन और मौज–मिजाज के बीच एक बेहतरीन सन्तुलन बनाये रखने में समर्थ था। इस शहर में संख्या–बल एक बड़ी ताक़त थी और समीर के पास भी कुछ ऐसे दोस्त थे जो आपस में भावनात्मक रूप से बहुत गहरे जुड़े हुए थे। बनारस के दूसरे युवाओं की तरह वे फ़ुर्सत मिलने पर शाम को गौदलिया चौक पर एक–दूसरे से मिलने के लिए इकट्ठा होते थे और मशहूर दश्वमेध घाट के किनारे घंटों चहलक़दमियाँ करते थे। कभी–कभी वे किराये की नाव लेकर नदी के सामने वाले तट पर चले जाते थे जहाँ ज़्यादातर रेत के टीले थे।

भाँग और पान दो ऐसी लतें थीं जिन्होंने मानो पूरे बनारस शहर को एक धागे में पिरो रखा था। भाँग की गोली गटकने के बाद गाल में मगही पान की गिल्लौरी दबाए गंगा के घाटों पर तफ़रीह करना इस शहर में एक फ़ैशन स्टेटमेंट माना जाता था। 'गामा का पान' समीर को भी बेहद पसन्द था। गामा का पान पूरे बनारस में मशहूर था और ख़ुद गामा के बारे में लोगबाग़ यह कहते थे कि सिर्फ़ पान बेचकर वह रोज़ाना कम से कम पच्चीस से तीस हज़ार रुपयों की कमाई करता था। समीर के पिता अनजान ने सत्तर के दशक की मशहूर फ़िल्म *डॉन* (1978) के सुपरहिट गाने *भंग का रंग जमा हो चकाचक, फिर लो पान चबाये...*। खई के पान बनारस वाला!" के ज़रिये भाँग और पान के के लिए बनारस के लोगों की दीवानगी को बहुत ख़ूबसूरती के साथ अभिव्यक्त किया है।

अब समीर दालमण्डी के इलाक़े से बाहर रहने लगे थे, क्योंकि उनके दादाजी सेंट्रल बैंक की अपनी नौकरी से रिटायर हो चुके थे। हालाँकि अवकाश प्राप्त करने से पहले आश्चर्यजनक रूप से तीन बार उनको सेवाविस्तार मिल चुका था। अब उनका परिवार शहर के दारानगर इलाक़े के नवापुरा मोहल्ले में रहने लगा था। इस मोहल्ले में मकान दिलाने में डॉ. काशीनाथ ने पाण्डेय परिवार की बहुत मदद की थी। डॉ. काशीनाथ एक प्रसिद्ध रामलीला आयोजक होने के साथ–साथ शिवनाथ पाण्डेय के अनन्य प्रशंसक भी थे। दारानगर अपने जरायम पेशा वाले बाशिन्दों का कारण एक बदनाम इलाक़ा था। लेकिन वहाँ रहने वाले आपराधिक प्रवृत्ति के लोगों के मन में भी समीर के दादा के प्रति गहरे सम्मान का भाव था। "अपने इलाक़े में वे भले लोगों की तरह ही रहते थे," समीर बताते हैं, "उनकी भी ख़्वाहिश थी कि मुहल्ले के लोग उनकी और उनके घरवालों की इज़्ज़त करें। हम ख़ुद भी उन पर किसी तरह की टीका–टिप्पणी करने से बचते थे और शहर के दूसरे इलाक़ों के गुण्डों से अपनी हिफ़ाज़त के लिए अपने मुहल्ले के इन रंगदारों के मोहताज़ थे।"

गीत–ग़ज़लों की तरफ़ समीर का झुकाव अब धीरे–धीरे एक बृहत् रूप लेने लगा था। समीर ने अपने दोस्तों के साथ मिलकर 'मयूर' नाम से एक कवियों की एक संस्था की स्थापना की और नियमित रूप से शहर के वरिष्ठ कवियों, लेखकों और बुद्धिजीवियों के साथ मिलने–जुलने लगे। उन्होंने युवा रचनाकारों के दृष्टिकोण को नये विचारों से सँवारा और उनकी भाषा को नये मूल्यों, मुहावरों और मानकों से समृद्ध किया। समीर और उनके भाई शेखर के बीच की बहस और मुबाहिसों ने उनके इस शगल को नयी दिशा दी। एक दिन ऐसे ही दोनों भाई किसी बहस में उलझे हुए थे तो समीर के मुँह से जुमला निकला– *"ले गयी दिल नथनिया वाली।"* वे ख़ुद भी नहीं जानते थे कि किस बात पर उन्होंने यह पंक्ति कही, लेकिन इस पंक्ति में छुपी एक शरारत, रोमांस, रोमांच और बेसब्री की वजह से यह पंक्ति उन्हें अच्छी लगी। इन चार शब्दों में कोई हसीन 'गुनाह' कर गुज़रने की हसरत और शरारत की गन्ध में लिपटी एक दिल्लगी की मिली–जुली अभिव्यक्ति होती थी। यह और बात है कि समीर इस मुखड़े को किसी गीत के अंजाम तक नहीं पहुँचा पाये, लेकिन उनके लेखन के सफ़र की शुरुआत के रूप में इस जुमले को बेशक उद्धृत किया जा सकता है।

'मयूर' ने समीर के भीतर की रचनात्मक उर्जा को उस वक़्त अभिव्यक्त होने का एक उपयुक्त माध्यम दिया जब उन्हें अपनी रचनात्मकता को प्रकट करने के लिए एक मंच की ज़रूरत शिद्दत से थी। इस संस्था ने उन्हें अपने मन के उद्‌गारों को प्रस्तुत करने के लिए एक नया आत्मविश्वास और हौसला दिया। अगर समीर जीवन में अपनी सम्भावनाओं की सही मौके पर शिनाख़्त कर पाये और उन्हें क़ामयाबी मिल सकी तो इसका श्रेय 'मयूर' से जुड़े संगी–साथियों के अलावा शिव कुमार 'पराग', गणेश प्रसाद गम्भीर, आलोक श्रीवास्तव, सुरेन्द्र वाजपेयी और हिमांशु उपाध्याय जैसे गुणीजनों और मार्ग दर्शकों को भी जाता है। हर दूसरे हफ़्ते ये गुणीजन किसी नियत जगह पर मिल बैठते और एक–दूसरे को अपनी कविताएँ सुनते–सुनाते थे। कार्यक्रम के संचालन के क्रम में उपस्थित कवियों की कविताओं के बीच–बीच में समीर अपनी लिखी पंक्तियाँ सबको सुनाया करते थे, जिससे कार्यक्रम में एक सरसता और जीवन्तता बनी रहती थी।

'समीर' "मनोरंजन ओर्केस्ट्रा पार्टी' नाम की एक दूसरी सांस्कृतिक संस्था से भी जुड़े हुए थे। विनय शंकर पाठक, विनोद गुप्ता और सतीश चौबे जैसे उनके आत्मीय मित्र इसके मुख्य कर्ताधर्ता थे और संगीत के प्रति अपने लगाव के कारण समीर भी इस संस्था से जुड़े थे। दूसरे सभी ऑर्केस्ट्रा ट्रूपों की तरह 'मनोरंजन' भी अपनी फ़ीस

लेकर स्थानीय जन्मदिन की पार्टियों, शादी–विवाह के मौक़ों और दूसरे पारिवारिक–सामाजिक आयोजनों पर प्रस्तुतियाँ देता था। फ़ीस की रक़म एक सौ और डेढ़ सौ रुपयों के बीच होती थी और हरेक सदस्य को अधिक से अधिक 7 रुपये ही मिल पाते थे। दोस्तों के बीच पैसे के बँटवारे को लेकर कई बार छोटे–मोटे मतभेद, असहमतियाँ और कभी–कभार तीखी झडपें सामान्य बात थी, लेकिन आख़िर में सभी अपने आपसी गिले–शिकवे भूलकर अपने–अपने घर लौट जाते। सभी संगी–साथी एक–दूसरे के साथ राज़ी और ख़ुश थे। समीर को भी उनसे कोई शिकायत नहीं थी। कार्यक्रमों के अच्छे संचालन और अपनी गायिकी के साथ–साथ अनजान के बेटे होने के नाते भी वे ट्रुप में सबके चहेते थे।

"मेरे पिता ने अभी–अभी बम्बई में अपनी नयी पहचान बनायी ही थी। चूँकि उनके लिखे गीत रेडियो पर अक्सर बजते रहते थे, इसलिए बनारस के लोगों के लिए उनका नाम अब किसी परिचय का मोहताज़ नहीं रह गया था, बल्कि यह कहना ज़्यादा मुनासिब होगा कि फ़िल्मों की दुनिया से अपने सम्बन्धों की वजह से बनारस शहर में उनका अच्छा–ख़ासा रुतबा था। शहर के लोग 'बनारस के बेटे' के तौर पर उनका ज़िक्र करते हुए एक गौरव का अनुभव करते थे। ऑर्केस्ट्रा के मेरे साथियों को लगता था कि अपने पिता के मार्फ़त मुझे बॉलीवुड की अन्दरूनी दुनिया की तमाम चटपटी और भीतरी ख़बरों की जानकारियाँ मिलती रहती थीं। वे मुझसे अक़्सर हैरतअंगेज़ सवाल करते रहते थे– मसलन 'मोहम्मद रफ़ी कौन–सा नया गीत गा रहे रहे है?,' या, 'किशोर कुमार सच में क्या वैसे ही सनकी हैं जैसा लोग उन्हें बताते हैं?' बहरहाल उनके कौतुकपूर्ण सवालों में मुझे बॉलीवुड की चकाचौंध से भरी दुनिया को जानने के लिए एक गहरी आसक्ति नज़र आती थी। शायद बरास्ते मेरे, वे उस चमकीली दुनिया में दाख़िल होने की ख़्वाहिश रखने लगे थे।"

लेकिन हैरत की बात यह थी कि समीर ने ऑर्केस्ट्रा ट्रुप और कविताओं की दुनिया, दोनों ही से अपने सम्बन्ध बदस्तूर बनाये रखे, जबकि दोनों ख़ुद में एक–दूसरे से पूरी तरह भिन्न थीं। एक का सम्बन्ध सिर्फ़ अनुकरण और प्रस्तुति से था, जबकि दूसरे का बौद्धिक विकास और रचनात्मकता से था। एक उदीयमान कवि के रूप में समीर अनेक कार्यक्रमों के लिए आमन्त्रित किये जाने लगे थे। उनकी तुलना उस समय के स्थापित कवियों, भैया बनारसी और श्रीकान्त तिवारी जैसे दिग्गजों से किया जाने लगा था। पर्याप्त तालियों के साथ–साथ उन्हें अब तक कुछ पुरस्कार भी मिल चुके थे, और हिन्दी की पत्र–पत्रिकाओं में समय–समय पर उनकी कविताएँ छपने लगी थीं। उन्हें याद है, उनकी सबसे पहली

कविता अपने समय के प्रमुख अख़बार 'आज' में छपी थी–"अजीब कशमकश से गुज़री ये उमर, कभी ज़िन्दगी के सदमे, कभी मौत का डर!" इस गीत के प्रकाशित होने पर उन्हें अख़बार से 11 रुपये का मनीऑर्डर मिला था।

अपनी अभिव्यक्ति की संक्षिप्तता और संवेदनाओं की रहस्यपूर्ण सहजता के कारण समीर अपने समकालीन गीतकारों से पूरी तरह से अलग थे। उन्होंने अपने भीतर की रचनात्मक प्रवृत्ति को यथासम्भव और सायासपूर्ण तरीक़े से शब्दों के जटिल आडम्बर से बचाये रखने का प्रयास किया, ताकि एक आम ज़िन्दगी के सुख–दुःख को आमफ़हम जुबान में कहा जा सके और एक आम आदमी गीतों की वैचारिक गम्भीरता को खोए बिना उनमें व्यक्त जज़्बातों से ख़ुद को जुड़ा हुआ महसूस कर सके। कभी–कभी एक मामूली–सी पंक्ति अपने असर में कोई जादुई बात कह गुज़रती है, मसलन "गर्भवती सड़क पर रेंगता हुआ चाँद...।" बाद के दिनों में यही शैली समीर की पहचान बन गई, और अपनी इसी ख़ूबी की वजह से उन्हें आम जनता का गीतकार होने का दर्ज़ा भी हासिल हुआ।

उस दौर में अपने लेखन से समीर की सोच पर जिस शख़्सियत ने अपनी अमिट छाप छोड़ी, वे दुष्यन्त कुमार थे। नयी कविता आन्दोलन से प्रेरित एक 17 वर्षीय बाग़ी शायर के तौर पर दुष्यन्त ने बनारस के मुशायरे में अपनी विस्फोटक प्रतिभा की झलक दिखाते हुए हिन्दी में लिखी अपनी ग़ज़लों" के ज़रिये अपनी धमाकेदार उपस्थिति का ऐलान किया था और जनता के दिलो–दिमाग़ पर छा गये थे। उस मौके पर पढ़े गये अश'आर जिन्हें सुन कर आदमी के लहू में एक नया जोश भर जाता था, समीर को आज भी जुबानी याद हैं– *"मैं जिसे ओढ़ता–बिछाता हूँ, वो ग़ज़ल आपको सुनाता हूँ/तू किसी रेल–सी गुज़रती है, मैं किसी पुल–सा थरथराता हूँ/कौन कहता है आसमाँ में सूराख़ हो नहीं सकता, एक पत्थर तबियत से उछालो यारो...।"*

अपने अन्दाज़े–बयां में बेशक समीर इतने जोश से भरे हुए नहीं हो सकते हो, लेकिन आम जनता के ज़ेहन पर छा जाने का उनका माद्दा किसी भी सवाल से परे है, बल्कि कॉलेज के ज़माने में भी जब लोगबाग़ ढकी–छुपी ज़बान में उनकी मक़बूलियत को उनके पिता के नाम से जोड़कर देखते थे, तब भी समीर के पास अपनी बात कहने का ख़ुद का अन्दाज़ था। उन्हें आज भी अच्छी तरह याद है कि एक बार कॉलेज के एक आयोजन में कैसे उन्होंने एक अधूरी लिखी हुई क़व्वाली को पेश कर अपनी इज़्ज़त बचायी थी। उनसे पहले जितने भी छात्रों ने अपनी कविताएँ या नज़्में

सुनायी, उन सबको हॉल में बैठे छात्रों ने जमकर माख़ौल उड़ाया था। ज़ाहिर बात थी कि जब समीर का नाम पुकारा गया तब स्वाभाविक रूप से उनको भी यही डर था कि उनका हश्र भी कहीं इतना ही बुरा हो।

सो, ख़ुद को बस आज़माने की गरज़ से मैंने वहाँ बैठे हुए छात्रों से उसी लहज़े में मुख़ातिब होते हुए जिसे वे आसानी से समझ सकते थे। मैंने अपनी बात कुछ इस तरह शुरू की– "क्यूँ लड़कियाँ राज़ हमसे छुपाती हैं...।" पूरे हॉल में एक सन्नाटा फैल गया। "क्यूँ लड़कियाँ राज़ हमसे छुपाती हैं, उमर हो छब्बीस की तो सोलह बताती हैं!" पूरी भीड़ हँसते–हँसते लहालोट हो गयी। लेकिन मेरे सामने असली दुविधा अब पैदा हुई। ये पंक्तियाँ मैंने अपनी एक अधूरी क़व्वाली से ली थीं और उसे पूरा करने के बारे में मैंने सोचा भी नहीं था। दूसरी तरफ़ श्रोताओं में बैठी लड़कियाँ मेरे कहे जुमले को अपनी बेइज़्ज़ती के तौर पर ले रही थीं। पलक झपकते ही मेरे दिमाग़ में एक ख़याल कौंधा और मेरे मुँह से बेसाख़्ता निकल पडा– "क्यूँ लड़के भी हमसे ये राज़ छुपाते हैं...' माहौल में दोबारा एक ख़ामोशी छा गयी और सभी मेरी तरफ़ हैरत भरी नज़रों से देखने लगे। मैंने अपनी बात जारी रखी– "क्यों लड़के भी हमसे ये राज़ छुपाते हैं, शादीशुदा हो के कुँवारे बताते हैं!" श्रोताओं पर एक तरह से हँसी का दौरा पड़ गया था। उन्हें मेरी कही बात ख़ूब पसन्द आयी थी, लेकिन इधर मेरी शायरी की जेब अब पूरी तरह से ख़ाली हो चुकी थी। भीड़ मेरी तरफ़ उम्मीद भरी नज़रों से देख रही थी। मैं भी मैंने आव देखा न ताव और जितनी तेज़ी से सम्भव था, मंच से भाग खड़ा हुआ। उस वक़्त यह बात सिर्फ़ मुझे पता थी कि मेरे पास सुनाने को और कुछ नहीं बचा था।"

यह इत्तेफ़ाक़ की ही बात थी कि बहुत साल बाद समीर ने उन दो पंक्तियों का इस्तेमाल बी.आर. चोपड़ा की फ़िल्म (*कल की आवाज़*–1992) के एक गाने में किया।

•••

समीर के व्यक्तित्व का एक पक्ष उनका यह परिहासपूर्ण व्यवहार भी है, जिससे उनको जानने वाले अधिकतर लोग परिचित नहीं हैं। इन घटनाओं की चर्चा समीर उस लड़की की वजह से भी नहीं करते हैं जिसकी वे बेपनाह इज़्ज़त करते थे। उस लड़की को समीर की क़ाबिलियत पर पूरा भरोसा था और उसे विश्वास था कि एक न एक दिन वे एक गीतकार के रूप में ज़रूर सफल होंगे। वह युवती सही अर्थों में समीर की प्रेरणा और आदर्श का स्रोत थी और उसने ही समीर को उनका यह मौजूदा नाम भी

दिया था। उसने समीर से यह वायदा किया था कि जिस दिन वह समीर का नाम रेडियो पर सुन लेगी, उस दिन उनसे शादी कर लेगी।

बदक़िस्मती से वह अब इस दुनिया नहीं रही, लेकिन, समीर आज भी उसका ज़िक्र छिड़ने पर ख़ामोश हो जाते हैं।

ये बनारस में गुज़रे उनके तरुणाई के दिन थे। पुष्पा श्रीवास्तव मैदागिन में उनके पड़ोस के मकान में रहती थी। वह अपनी तीन बहनों में सबसे बड़ी थी। उनके तीन भाई भी थे। शहर में बने पुराने मकानों के ज़्यादातर बाशिन्दों की तरह पाण्डेय और श्रीवास्तव परिवारों के घर की छतें भी एक–दूसरे से लगी हुई थीं और दोनों छतों के बीच बस नामभर की चारदीवारी थी। यह वही जगह थी जहाँ दोनों के बीच प्यार की कोपलें फूटी थीं। दोनों हमउम्र ही थे और उस वक़्त तक़रीबन बारह–तेरह साल के रहे होंगे। चोरी–छुपी नज़रों से एक–दूसरे को देखते हुए और अप्रत्यक्ष लहज़े में बातचीत की शुरुआत करने के बाद दोनों का प्रेम चाँद–रातों की मुलाक़ातों और ख़तो–क़िताबत तक जा पहुँचा। एक–दूसरे की चाहत में धीरे–धीरे दोनों इस तरह डूब गये कि घड़ी की सूइयों को देखकर पहला यह अन्दाज़ा लगा लेता था कि दूसरा इस वक़्त क्या कर रहा होगा। किसी भी सामान्य प्रेमी की तरह जब समीर को अपने प्रेम पर किसी तरह का संशय या दुविधा होती थी, तो वे दबे पाँव अपनी छत पर पहुँच जाते थे और अपनी आँखें मूँदकर उस लड़की को याद करते थे। दोनों का प्रेम इतना पवित्र और दैवी था कि जब समीर अपनी आँखें खोलते तो तो उनकी प्रेयसी उनके सामने खड़ी मिलती थी। आप भले इस बात को एक अकल्पनीय चमत्कार मान लें, लेकिन उन पलों में उनकी प्रेयसी ने उन्हें कभी नाउम्मीद नहीं किया!

एक दिन हिम्मत जुटाकर हमने फ़िल्म देखने जाने का फ़ैसला किया। "उन दिनों बनारस जैसे शहर में किसी (ग़ैर–शादीशुदा जोड़े के लिए फ़िल्मघरों में जाना, एक साथ कई नयी मुसीबतों को न्योता देने से कम बेवकूफ़ी भरा काम नहीं था। इसके बावजूद हम अपने फ़ैसले पर अडिग थे। अपने लिये जिस फ़िल्म का चुनाव हमने किया था, उसका नाम (*हीरा*–1973) था, जिसमें सुनील दत्त और आशा पारेख जैसे सितारे थे। फ़िल्म का गीत *'मैं तुझसे मिलने आयी, मन्दिर जाने के बहाने..'* मेरा पसन्दीदा था, और इसीलिये मैं वही फ़िल्म देखना चाह रहा था। शायद मुझे भीतर से कहीं यह महसूस होता था कि उस गीत और हमारी ज़िन्दगियों में कहीं न कहीं कोई समानता थी। मुझे तो यह उम्मीद भी नहीं था कि इस हिम्मत भरे फ़ैसले के ख़तरनाक नतीज़े निकलने वाले थे।

उस तमाशे की शुरुआत सिनेमा हॉल में बैठे एक मनचले लड़के की वजह से हुई जिसने समीर के बगल की कुर्सी बैठी पुष्पा को निशाना बनाते हुए बेहूदी फ़ब्तियाँ कसनी शुरू कर दीं। समीर ने बालकनी की सीटें बुक करा रखी थीं और उनके दो दोस्त समीर की बगल में और दो दोस्त पुष्पा की बगल में बैठे थे। समीर इस पहली और दुर्लभ मुलाक़ात को सभी दृष्टि से यादगार बनाना चाहते थे। सिनेमाघर की बत्तियाँ बुझने के साथ ही फ़िल्म शुरू हो गयी। जब उस मनचले की फ़ब्तियाँ असहनीय होने लगीं तो समीर ने पुष्पा की कुर्सी के पीछे अपनी बाद्दह फैला दी ताकि वह बेख़ौफ़ और ख़ुद को महफ़ूज़ कर सके, लेकिन वह मनचला फिर भी अपनी हरक़तों से बाज नहीं आया। समीर ने धीरज बनाये रखने की पूरी कोशिश की, लेकिन वह लड़का मानो बदतमीज़ी पर आमादा था। उसने पीछे से अपना एक पाँव घुसेड़ते हुए दोनों की सीटों के बीच के हत्थे पर रख दिया। समीर के लिए पानी अब सर के ऊपर गुज़र चुका था। उन्होंने आव देखा न ताव और अँधेरे में ही कुर्सी से उठ कर पिछली क़तार में बैठे उस लड़के को ललकारा। देखते ही देखते दोनों एक–दूसरे से भिड़ गए। इस बीच समीर के दोस्तों ने मामले को अपने हाथों में ले लिया और समीर से फुसफुसाते हुए कहा कि पुलिस के आने से पहले वह पुष्पा साथ लेकर चुपके से बाहर निकल जायें और इस तरह फ़िल्म शुरू होने के सिर्फ़ पन्द्रह मिनट बाद ही दोनों सिनेमाघर से खिसक जाना पड़ा।

पुष्पा को लेकर बाहर जाने का दूसरा मौक़ा भी एक नाकाम मुलाक़ात में तब्दील होकर रह गया। इस बार बहुत मनाने और मिन्नत करने के बाद पुष्पा समीर के साथ बाबा विश्वनाथ मन्दिर की धर्मशाला में कुछ पल गुज़ारने के लिए तैयार हुई थी। धर्मशाला का प्रबन्धन सँभालने वाले एक आदमी से समीर की निकटता थी। उसी आदमी ने दोनों को एक–दूसरे से मिलने के लिए एक कमरे में इन्तज़ाम कर रखा था। जैसे ही दोनों कमरे में पहुँचे और उन्होंने बमुश्किल एक–दूसरे से बातचीत अभी शुरू ही की थी, वैसे ही किसी ने दरवाज़े की कुण्डी को ज़ोर–ज़ोर–से पीटना शुरू कर दिया। देखते ही देखते दोनों प्रेमियों के मन का रोमांच क़ाफ़ूर हो गया। दरवाज़े पर समीर का वही दोस्त बदहवास–सा खड़ा था, जिसने उन दोनों की मुलाक़ात की व्यवस्था की थी। उसने हाथ जोड़ते हुए उन दोनों से जल्दी से जल्दी वहाँ से निकल भागने की मिन्नत की। दरअसल, ऐन वक़्त पर ख़बर मिली कि धर्मशाला का प्रबन्धन देखने वाले उस आदमी के चाचाजी वहाँ आने वाले थे! उसके चाचाजी उर्फ श्रीनाथ ही उस धर्मशाला के सर्वेसर्वा थे। वे अपनी अभद्र भाषा और गुस्से के कारण ख़ासे बदनाम थे और उनसे धर्मशाला का हर कर्मचारी डरता था।

समीर और पुष्पा, दोनों वहाँ से जैसे–तैसे अपनी जान बचाकर भागे। उन्हें बाद में पता चला कि चाचाजी उर्फ़ श्रीनाथ के आने की ख़बर मनगढ़न्त थी।

कुछ महीनों के बाद समीर आँखों में फ़िल्मों में एक सफल गीतकार बनने का सपना लिए बम्बई चले गये। पुष्पा बनारस में ही रह गयी, लेकिन ख़तो–क़िताबत के ज़रिये समीर की ज़िन्दगी की मुश्किलों और उनके संघर्षों से उसका रिश्ता बदस्तूर बना रहा। समीर ने भी उससे कभी कुछ नहीं छुपाया। पुष्पा ने अपनी चिट्ठियों में समीर को यह साफ़ लिख दिया दिया था कि जब तक समीर इस काबिल नहीं हो जाते कि उन दोनों की वैवाहिक ज़िन्दगी की ज़िम्मेदारियाँ उठा सकें तब तक वह उनपर बोझ नहीं बनना चाहती थी। दोनों ने एक–दूसरे को जो 117 चिट्ठियाँ लिखीं थीं, उन्हें पढ़ते हुए यह सहज समझा जा सकता था कि फ़िल्म उद्योग में अपनी जगह बना लेने के बाद ही पुष्पा समीर के साथ विवाह–बन्धन में बँधने को तैयार थी।

समीर के लिए यह समय 1990 में आया जब *दिल* के लिए लिखे गये उनके गीत देश के गली–मोहल्ले में बजने लगे। अपनी इस क़ामयाबी का जश्न समीर पुष्पा के साथ मनाना चाहते थे, लेकिन जब वे ट्रेन से बनारस स्टेशन पर उतरे तो उनके भाई शेखर ने उनके जीवन का सबसे हृदय विदारक समाचार उन्हें सुनाया। महज चार महीने पहले ही पुष्पा इस दुनिया से रुख़सत हो चुकी थी। हैज़े ने उसकी जान ले ली थी, लेकिन इससे भी ज़्यादा तक़लीफ़ समीर को इस ख़बर से हुई थी कि पुष्पा ने गोरखपुर के एक युवक से विवाह कर लिया था, लेकिन अपनी किसी भी चिट्ठी में उसने इस बात की ज़रा भी भनक समीर को नहीं लगने दी। दरअसल, उन दोनों के बीच के रिश्तों की बात पुष्पा के घर वालों के सामने खुल चुकी थी और उनके दबाव के कारण ही पुष्पा को विवाह के लिए सहमत होना पड़ा था। उसके अविवाहित रहने की स्थिति में उसकी दो छोटी बहनों की शादियाँ भी टलती जा रही थीं।

बेशक आज बरसों बाद समीर एक खुशहाल पारिवारिक जीवन जी रहे हैं रहे हैं, लेकिन नियति ने उनके साथ जो क्रूर मज़ाक़ किया, उसे विस्मृत कर पाना उनके लिए मुश्किल है।

बम्बई ने बुलाया है

अपने बनारस के दिनों में समीर कवि–गोष्ठियों और ऑर्केस्ट्रा ट्रुप के अलावा एक अन्य सामूहिक गतिविधि में भी ख़ूब सक्रिय रहे। यह उनके साथ सामूहिक पठन–पाठन करने वाले सहपाठियों की मण्डली थी। ऐसा ही था कि समीर पढ़ाई में कमज़ोर थे, लेकिन यह बात ज़रूर थी कि वह पढ़ाई में पर्याप्त समय और ध्यान नहीं देते थे। इसके बाद भी अपनी कक्षा की जाँच परीक्षाओं में उन्हें अच्छे अंक हासिल करने में क़ामयाबी मिलती थी। अपनी फाइनल परीक्षाएँ भी वे अच्छे अंकों के साथ पास करते रहे थे। उन्हें अपनी वास्तविक क्षमता का आभास तब हुआ जब अतिरिक्त मेहनत किए बग़ैर उन्होंने द्वितीय श्रेणी में अच्छे अंकों के साथ बी. कॉम. की डिग्री हासिल कर ली। बहरहाल जब एम. कॉम. की परीक्षाओं की बारी आयी तो समीर को पहली बार यह महसूस हुआ कि अब पढ़ाई को लेकर उनको और भी संजीदा होने की ज़रूरत है।

"मैं यह जानता था कि ये मेरी ज़िन्दगी के आख़िरी इम्तेहान थे और इसका जो नतीज़ा आयेगा, उसे मेरी ज़िन्दगी के अन्तिम पलों तक याद रखा जायेगा," वे बताते हैं। "मैंने श्रीनाथ पावगी और प्रवीण जायसवाल जैसे अपने क़रीबी दोस्तों के साथ मिलकर एक समूह बनाया। वे दोनों ही लड़के पढ़ाई में बहुत अच्छे थे। हमारे दोस्त कैसे हैं, और हम अपना ख़ाली समय कैसे लोगों के साथ बिताना पसन्द करते हैं, यह बात बहुत अधिक महत्त्व रखती है। उन दोस्तों की संगति में मैंने अपना ध्यान सिर्फ़ पढ़ाई पर लगाया। हम रात में देर तक पढ़ने के लिए जागा करते थे और चैप्टरों को दिमाग़ में रखने के लिए नोट्स और सिनॉप्सिस तैयार करते थे। मैंने ख़ुद को पढ़ाई में इस तरह झोंक दिया था कि एम. कॉम. की परीक्षाएँ प्रथम श्रेणी में पास करना मुझे चुटकियों का खेल लगा।"

परीक्षा में क़ामयाबी के उत्साह में समीर ने यह कभी कल्पना भी नहीं की थी कि इन क़ामयाबी की क़ीमत उन्हें एक बड़ी मुसीबत के रूप में चुकानी होगी। उन्होंने यह कभी सपने में दूर–दूर तक नहीं सोचा था कि इस डिग्री का इस्तेमाल उन्हें डॉक्टरेट, चार्टर्ड अकाउंटेंसी या

प्रबन्धन जैसी ऊँची पढ़ाई करने या किसी कॉलेज में प्रोफ़ेसर जैसी कोई ऊँची नौकरी हासिल करने के लिए करनी है। लेकिन नियति ने उनके लिए कुछ और ही तय कर रखा था। एम. कॉम. का रिजल्ट निकलते ही उन्हें उसी सेंट्रल बैंक द्वारा नियुक्ति–पत्र भेज दिया गया जिसमें उसके दादाजी कुछेक साल पहले तक नौकरी करते थे। दरअसल, शिवनाथ पाण्डेय को उनके नियोक्ता बैंक में विशेष सम्मान की नज़र से देखा जाता था। लिहाज़ा, जैसे ही उनके पोते के एम. कॉम. पास करने की ख़बर फैली, वैसे ही सेंट्रल बैंक ऑफ़ इंडिया ने उनसे आवेदन माँगे बिना सीधा नियुक्ति–पत्र ही उनके घर पर भेज दिया। उनके घर–परिवार के बड़े–बुजुर्गों ने भी उनको समझाया कि उन्हें इस प्रस्ताव को मना नहीं करना चाहिए, और उनकी बात का मान रखने के लिए समीर ने बैंक का प्रस्ताव स्वीकार कर लिया।

नौकरी के पहले ही दिन उन्हें जो तजुर्बा हुआ, वह भूलने लायक़ नहीं था। एक रचनात्मक स्वभाव का व्यक्ति, जो एक उभरते हुए युवा कवि के रूप में स्थापित हो चुका था, को बैंक के हिसाब–किताब में रमने में अनेक परेशानियाँ उठानी पड़ रही थीं। उन्हें यह शिद्दत से महसूस हुआ कि बैंक की नौकरी करते हुए वे अपना वक़्त बेकार ज़ाया कर रहे थे। "मैंने कभी यह सोचा भी नहीं था कि एक दिन मुझे दूसरे लोगों के पैसों की चौकीदारी करते हुए इस 'डेबिट–क्रेडिट' के खेल में उलझना पड़ेगा," पुरानी स्मृतियों में डूबे समीर कहते हैं, "अपनी नौकरी के हर पल मैं ख़ुद से मानो यही सवाल कर रहा था कि मैं इस बैंक में आख़िर क्या कर रहा हूँ? यह तो मेरी रुचियों से बिल्कुल अलग काम है। मुझे मेरे पिता के गुरु रुद्र काशिक्ये द्वारा मेरे बारे में कभी की गयी भविष्यवाणी अच्छी तरह से याद थी। एक सम्मानित कवि होने के साथ–साथ काशिक्ये एक प्रसिद्ध ज्योतिषी भी थे। उन्होंने भविष्यवाणी की थी कि कि मैं विद्या (ज्ञान) के माध्यम से पैसे कमाऊँगा। मेरे मामले में यह बात ग़लत सिद्ध हुई। सो, मैंने निर्णय लिया कि अपनी नियति के लिए मुझे ही क़दम उठाना होगा। बैंक की नौकरी का विद्या से कोई सम्बन्ध नहीं था। अपनी नौकरी के पाँचवें दिन ही मैंने अपना इस्तीफ़ा लिखा और एक गीतकार के रूप में अपनी क़िस्मत इस बड़ी–सी दुनिया में निकल पड़ा।"

बनारस जैसे शहर में पाँच दिन के भीतर अच्छी–ख़ासी तनख़्वाह वाली एक सुरक्षित नौकरी छोड़ देना किसी पागलपन से कम नहीं था, लेकिन समीर अपने फ़ैसले पर अडिग थे। पूरे एक दिन उन्होंने दोस्तों और रिश्तेदारों की खरी–खोटी और तानों को चुपचाप बर्दाश्त किया, क्योंकि समीर के लिए अपने दूसरे फ़ैसले से उन सबको सकते में डालना

अभी बाकी था। उनका दूसरा फ़ैसला यह था कि अपनी ज़िन्दगी की बेहतरी के लिए वे अपना घर छोड़ देंगे। उन्होंने अपनी माँ से 500 रुपये उधार लिए और अगली ही सुबह बम्बई जाने वाली पहली ट्रेन पर सवार हो गये।

•••

समीर 6 अप्रैल, 1980 को काशी एक्सप्रेस से बम्बई के दादर स्टेशन पर उतरे। वहाँ उन्हें लेने के लिए उनके फूफाजी शकल नारायण दूबे आये हुए थे। वे एक विनम्र व्यक्ति थे और एक स्थानीय विद्यालय में शिक्षक थे। वे समीर को बेहद पसन्द करते थे। उन्होंने 23 साल के युवा समीर को तत्काल अपने अभिभावकत्व में ले लिया और उत्तर–पश्चिमी उपनगर मलाड के मलवानी के एक कमरे की अपनी खोली में ले आये। उन्होंने यथासम्भव कोई कसर नहीं उठा रखी कि उनके यहाँ रहते हुए समीर को अपने घर की कोई कमी न खले। उन्होंने समीर को भरोसा दिलाया कि वे जब तक चाहें तब तक उनके घर में रह सकते हैं। लेकिन अपने आने वाले कल को सँवारने के लिए समीर को ज़िन्दगी में 'कुछ करना' ज़रूरी था। समीर ने यह पहले ही तय कर लिया था कि अपने बम्बई आने की ख़बर वे अपने पिता को भी नहीं देंगे। आत्मसम्मान से भरा एक नौजवान अपने पैरों पर खुद अपनी बदौलत खड़ा होना चाहता था और अपने मक़सद को हासिल करने में वह किसी के नाम का सहारा लेने को क़तई तैयार नहीं था।

बम्बई समीर के 'सपनों के शहर' से एकदम अलग था। उन्होंने तो यही सोचा था कि यह एक घनी आबादी वाला विशाल शहर है, लेकिन यह उन्होंने कभी नहीं सोचा था कि यहाँ लोगबाग़ अपनी बुनियादी ज़रूरतों को पूरा करने के लिए भी बेतरह जूझ रहे थे। रहने के लिए जगहों की किल्लत हो, कहीं आने–जाने के लिए बसों और लोकल ट्रेनों की भागमभाग हो या पानी या दूसरी बुनियादी सुविधाओं की जद्दोजहद हो–हर तरफ़ लोगबाग़ एक तरह की आपाधापी में मुब्तिला थे।...। ऊँची और रौशनी में नहायी हुई इमारतों के बीच फैली हुई झुग्गी–झोपड़ियों की बस्तियाँ, रेल की पटरियों के किनारे शौच करते लोग, जगह–जगह पर थूक और कचरे का ढेर फैलाती भीड़, ट्रैफ़िक जाम का नाख़त्म होता सिलसिला, लोकल ट्रेनों में कीड़े–मकोड़ों की तरह ठुँसे हुए औरत, मर्द और बच्चे..। शुरू–शुरू में समीर कई ट्रेनों को आँखों के सामने से गुज़रता हुआ जाने देते, फिर जिस लोकल ट्रेन में पाँव टिकाने लायक़ जगह भी मिल जाती उसमें सवार हो जाते। लेकिन इस क़वायद में साँस घोंटने

वाली गर्मी और पसीने के गन्ध से तर–ब–तर इनसानी जिस्मों से पिसकर वह पूरी तरह पस्त हो चुके होते। यह सब उनकी दुनिया के लिए बहुत तक़लीफ़देह और डरावना था।

"मुझे पहला झटका तब लगा जब मुझे अपनी चाल के शौचालय का इस्तेमाल करने के लिए मुझे कतार में एक घण्टे इन्तज़ार करना पड़ा था," वे कहते हैं। "बनारस में बेशक हम कोई अमीर लोग नहीं थे, लेकिन वहाँ हम अपनी इज़्ज़त और बुनियादी सहूलियतों के साथ आराम से ज़िन्दगी गुज़ार रहे थे। ज़िन्दगी के हर मोड़ पर समझौते करने के लिए बम्बई के लोग जिस तरह से मजबूर थे, बनारस में उनके बारे में सोचना भी फ़िज़ूल था। लेकिन यह बात भी थी कि मैं शिकायत करना भी चाहता तो किससे करता? किसी ने मुझे जबरन घर से तो निकाला नहीं था। जब मैंने बम्बई के लिए घर छोड़ा था तो मैं अपने पीछे अपनी सुविधाओं की बनावटी दुनिया, अपना अहंकार, अपने कृत्रिम सपने और अपना नकली गौरव–बोध भी छोड़ आया था। मैं यहाँ एक ख़ास मक़सद से आया था, और मुझे किसी भी क़ीमत पर अपनी मंज़िल हासिल करनी थी।"

इत्तेफ़ाक़ से समीर के बड़े भाई शेखर उनसे पहले एक साल बम्बई में गुज़ार आये थे। वे वहाँ एक फ़िल्म निर्देशक के इरादे से गये थे, लेकिन वहाँ की रोज़मर्रा की भयानक जद्दोजहद, आम आदमी की ज़िन्दगी की तक़लीफ़ें, लोगों की मौक़ापरस्ती, इनसान की भोथरी हो चुकी संवेदनाएँ और हाँफते हुए शहर की आपाधापी ने उन्हें वापिस लौट जाने के लिए मजबूर कर दिया था। समीर के पिता के भाई गोपाल पाण्डेय को भी शहर में बेशुमार मुश्किलें झेलनी पड़ी थीं और आख़िरकार उन्हें अपने गुज़ारे के लिए एक पीआरओ बनकर सन्तुष्ट होना पड़ा था। और फिर ख़ुद समीर के पिता ने सालोंसाल बम्बई में जितना संघर्ष किया था, समीर को यह बात भी बख़ूबी याद थी। यही वजह थी कि अनजान ने अपने बेटों को बम्बई आने से हमेशा रोका। अनजान उन्हें उन तक़लीफ़ों और संघर्षों से बचाना चाहते थे जो उनके हिस्से में आये थे, लेकिन समीर एक ज़िद्दी और धुन के पक्के आदमी थे। "जब तक मैं ख़ुद वहाँ न जाऊँ और अपनी आँखों से वह दुनिया नहीं देख लूँ, तब तक मैं किसी की और की बातों का भरोसा कैसे कर लेता?" उनका तर्क भी अपनी जगह बिल्कुल दुरुस्त था। "ख़ुद आज़माये बिना मैं कैसे हार मान लूँ?"

समीर ने पहले से ही अपने जीवनयापन के लिए पहले से ही ठोस योजनाएँ बना रखी थीं। उन्होंने तय कर लिया था कि शुरू–शुरू में वे सीधे फ़िल्म उद्योग में अपनी क़िस्मत नहीं आजमायेंगे, और अपनी शुरुआत फ़िल्म पत्रकारिता के ज़रिये करेंगे। इस इरादे से वे 'माधुरी' के सम्पादक

विनोद तिवारी से मिले। 'माधुरी' उस ज़माने में हिन्दी मनोरंजन की एक प्रसिद्ध साप्ताहिक पत्रिका थी। समीर ने उनसे अपने लिए काम माँगा और जल्दी ही उन्हें उस ज़माने के मशहूर फ़िल्मी सितारों का साक्षात्कार लेने की ज़िम्मेदारी दे दी गई। सबसे पहले सितारे जिनका उन्होंने इंटरव्यू किया था, शक्ति कपूर थे। उन्हें अच्छी तरह याद है कि किसी घबराये हुए नौसिखिए की तरह जब उन्होंने जुहू बीच के क़रीब बने गजधर अपार्टमेन्ट के दरवाज़े पर दस्तक़ दी थी जहाँ उन दिनों शक्ति कपूर रहा करते थे। ख़ुशक़िस्मती से साक्षात्कार बहुत अच्छा हुआ और बहुत प्रमुखता के साथ वह छपा भी।

धीरे–धीरे समीर अपने काम में रमने लगे। उन्होंने एक–एक कर लीला मिश्रा, शशि कपूर, दीपक पराशर, विनोद मेहरा, वहीदा रहमान जैसी फ़िल्मी शख़्सियतों का साक्षात्कार किया। ये वे नाम थे जो बनारस के दिनों में थियेटरों के रुपहले पर्दों पर नज़र आने वाली हस्तियाँ थीं। आज समीर उन सबको हाड़–मांस के जीव के रूप में आमने–सामने से देख रहे थे, उन सितारों के घरों के भीतर झाँक सकते थे, उनकी निजी ज़िन्दगियों के बारे में लिख सकते थे, उनके आचरण और व्यवहार पर टीका–टिप्पणी कर सकते थे और आम लोगों को उनकी ज़िन्दगी की उन हक़ीक़तों से वाकिफ करा सकते थे जिनसे वे अभी तक नावाक़िफ़ थे। पत्रकारिता ने समीर को एक विस्तृत दुनिया से मिलवाया। जिन सितारों से इनका मिलना हुआ, उनमे से ज़्यादातर मिलनसार स्वभाव के थे। कुछ सितारे ऐसे भी थे, जिन्हें मिलना–जुलना बहुत पसन्द नहीं था। ऐसी ही एक अदाकारा रंजीता थीं। उनसे जब मिथुन चक्रवर्ती के साथ उनके कथित रोमांस के बारे में सवाल किया गया तो वे बुरी तरह से बिफर गयी थीं। कुछ सितारे लगातार कोशिशों के बाद भी हाथ नहीं आते थे। हालाँकि इसकी कोई ख़ास वजह नहीं थी, लेकिन वे ऐसे लटके–झटकों को अपने स्टारडम के लिए ज़रूरी समझते थे। कुछ सितारे ऐसे भी होते हैं जो हालात के मुताबिक़ अपने बयानों से मुकर जाने को ग़लत नहीं मानते हैं। बहरहाल, समीर ने इन सभी स्थितियों को सहज भाव से लिया क्योंकि जिस पेशे में वे थे, उसमें ऐसी दिक्कतों से सामना पड़ना आम बात थी।

उधर, बनारस के समीर के एक मित्र दिनेश भारती ने उन्हें मशविरा दिया कि वे उन्हें फ़िल्मों से सम्बन्धित ख़बरें, लेख और तस्वीरें नियमित रूप से डाक से भेजते रहें ताकि स्थानीय पत्रिकाओं और अख़बारों में उन्हें प्रकाशित किया जा सके। बदले में वे पत्र–पत्रिकाएँ मानदेय के रूप में समीर को अच्छा–ख़ासा पैसा देती थीं। भारती एक जाने–माने नाटककार थे और बनारस के लेखकों–पत्रकारों के द्वारा उन्हें सम्मान की दृष्टि से

देखा जाता था। लेकिन बहुत कड़ी मेहनत के बाद भी महीने के आख़िर में समीर बमुश्किल 500 रुपये ही कमा पाते थे। बहरहाल, सभी बाधाओं के बाद भी समीर ने कभी गीत लिखना नहीं छोड़ा।

समीर के लिए अब अपने काम का विस्तार और गुणवत्ता के स्तर – दोनों पर साथ–साथ ध्यान देना ज़रूरी था। उस ज़माने में प्रथम श्रेणी के साथ एम. कॉम. पास करने वालों की तादाद बहुत ज़्यादा नहीं थी, इसलिए प्राइवेट ट्यूशन पढ़ाकर ठीक–ठाक पैसे कमाये जा सकते थे। बहरहाल, समीर से ट्यशन लेने वाला पहला छात्र अँधेरी के शर्मा डेयरी फार्म के मालिक का बेटा था। गुरु–शिष्य की यह जोड़ी किसी अजूबे से कम नहीं थी। समीर की उम्र तब सिर्फ़ 23 साल थी और उनका क़द महज़ 5′4′ था। दूसरी तरफ़ और उनका नया शिष्य जोकि नौजवान गांगुली था, वह 6′3′ लंबा था और अभी भी उसका क़द बढना रुका नहीं था। किसी भी तीसरे व्यक्ति के लिए यह बता पाना मुश्किल था कि दोनों में छात्र कौन है और शिक्षक कौन है? बहरहाल, दोनों की एक–दूसरे से अच्छी पटरी बैठ गयी और समीर ने उसे छह महीने तक अर्थशास्त्र पढ़ाया।

इस शुरुआत ने समीर के लिए परिचय के नये दरवाजे खोल दिए। शर्मा डेयरी फार्म के मालिक के एक मित्र क़रीब के 'भवन कॉलेज' में पढ़ाते थे। वे स्वभाव से एक साहित्यानुरागी व्यक्ति थे और अपने आवास पर अक्सर काव्य–गोष्ठियाँ आयोजित करते रहते थे। समीर भी उन गोष्ठियों में आने–जाने लगे। किसी ऐसी ही गोष्ठी में उनकी मुलाक़ात अमर चतुर्वेदी से हो गयी जो 'विविध भारती' में उद्घोषक थे। दोनों के सम्बन्ध जल्दी ही प्रगाढ़ हो गये और चतुर्वेदी का घर समीर के लिए अपने ही घर जैसा हो गया। उन्हें उस घर में कमोबेश वैसा ही पारिवारिक माहौल मिला, जिसे वे अपने पीछे बनारस छोड़ आये थे। चतुर्वेदी के जरिये ही समीर का परिचय 'ऑल इंडिया रेडियो' से हुआ जहाँ प्रोग्राम ऑफ़िसर अनुराधा शर्मा ने उन्हें पहली बार रेडियो पर कविता पढ़ने के लिए आमंत्रित किया।

'आकाशवाणी' पर मिले इस अवसर ने समीर के लिए आमदनी का एक नया ज़रिया खोल दिया। अब वे महीने में लगभग 1,000 रुपये कमाने लगे जोकि एक अकेले आदमी की गुज़र–बसर के लिए ठीक–ठाक रकम थी। प्राइवेट ट्यूशन पढ़ाने से पहले उनकी आमदनी इससे आधी यानि सिर्फ़ 500 रुपये प्रति महीने ही थी। अब वे घर के खर्चों में हाथ बँटाने के नाम पर 500 रुपये अपने फूफा जी को देने लगे। बचे हुए पैसे उनके अपने ख़र्च के लिए काफ़ी थे। बड़ी बात यह थी कि अब वे अपने असली

लक्ष्य पर ध्यान केन्द्रित करते हुए फ़िल्म उद्योग में बतौर गीतकार अपनी जगह बनाने की कोशिश कर सकते थे।

•••

उन दिनों समीर के साथ उठने–बैठने वालों में बृजेश तिवारी नाम के एक व्यक्ति भी थे जो कान्दिवली में रहते थे। वे एक्टर बनने का इरादा लेकर ही बम्बई आये थे, और काम पाने की उम्मीद में समीर के पिता से समय–समय पर मिलते रहते थे। समीर के साथ मित्रता के पीछे भी उनकी शायद यही मंशा थी कि समीर अपने पिता अनजान के साथ उनकी नज़दीकी बनाने में मददगार बनेंगे और इससे उनके कॅरियर को एक नयी दिशा मिल सकेगी, लेकिन यहाँ तो समीर ख़ुद ही अपने पिता की नज़रों से बचकर बम्बई में रह रहे थे। उन्होंने तो अपने पिता को जानने वाले हर आदमी को मना कर रखा था कि वे अनजान से यह राज़ छुपाए रखें। अनजान अब उम्रदराज़ हो चले थे और उन्हें यह क़तई गवारा नहीं था कि उनका बेटा बम्बई आकर भटके। इसलिये समीर ने बृजेश को यह बात साफ़–साफ़ समझा दी कि वे उनसे से किसी तरह की उम्मीद नहीं रखें, क्योंकि उनका अपने पिता से मिलने का कोई इरादा नहीं था।

"वे मुश्किलों से भरे दिन थे," समीर याद करते हैं, "मैंने वे सारे काम किए जो फ़िल्मों में काम पाने की उम्मीद में आये किसी नौजवान को करने पड़ते हैं और उनकी तमाम तक़लीफ़ों से भी होकर गुज़रा। कम से कम दो मौक़ों के बारे में मुझे अच्छी तरह याद है कि बेतरह भूखा होने के बाद भी मैं कुछ खा नहीं सका था, क्योंकि मेरी जेब में खाना खाने के लिए पैसे नहीं थे। बस के किराये के पैसे बचाने के लिए मैं तीखी धूप में लम्बी दूर तक पैदल चलता था। मैं सड़क की पटरियों पर लगी दुकानों से बीस रुपये में ख़रीदी गयी सस्ती कमीज़ें पहनता था। बस स्टॉप पर खड़े लोग मुझे कई बार पहचान लेते थे और मेरी तरफ़ इशारा करते आपस में खुसुर–फुसुर करते थे कि मैं अनजान का बेटा हूँ। फिर उसके बाद अपमान का भी एक दौर चला जब लोगबाग़ मुझे एक बेकार और नकारा गीतकार बताते हुए अपनी पीठ फेर लेते थे।

''कभी–कभी उम्मीद की कोई किरण ज़रूर दिख जाती थी। मुझे दाढ़ी वाला लम्बे क़द का वह प्रोड्यूसर अच्छी तरह याद है। उसने मुझे बांद्रा के अपने दफ़्तर में एक सुबह साढ़े आठ बजे मिलने के लिए बुलाया था। मैं उससे मिलने समय से पहले ही पहुँच गया था, लेकिन वह ख़ुद ही साढ़े दस बजे आया और आते ही बहुत मसरूफ़ हो गया। दो घण्टे बाद उसने मुझे अगले दिन ठीक उसी वक़्त बुलाया। उस रोज़ भी मैं वक़्त

से पहले पहुँच गया, लेकिन वह उस रोज भी साढ़े दस बजे आया। उस रोज भी उसने देखने के बाद उसने मेरी अनदेखी की और अगले दिन ठीक साढ़े आठ बजे आने के लिए कहा। यह सिलसिला छह–सात दिन तक चलता रहा। अब मेरे बरदाश्त की हद हो चुकी थी। आख़िरकार मैं उससे पूछ ही बैठा कि वह मेरे साथ ऐसा क्यों कर रहा है? ''देखो बेटे, मैं तुम्हें कोई काम नहीं देने वाला हूँ, लेकिन मैं जानता हूँ कि एक दिन तुम बड़े गीतकार बनोगे। मैं सिर्फ़ तुम्हारा धीरज जाँच रहा था। मैं देखना चाहता था कि तुम्हारे भीतर क़ामयाब होने की प्यास है या नहीं?'' उसने मुझसे साफ़–साफ़ कह दिया। उस दिन के बाद मैं उस आदमी से कभी नहीं मिला।"

काम की तलाश में कई लोगों से मिलने–जुलने के क्रम में बृजेश ने समीर का परिचय संगीतकार श्याम सागर उर्फ़ श्याम शर्मा से कराया। उन दिनों सागर के हाथ में अधिक फ़िल्में तो नहीं थीं, लेकिन कुछ प्राइवेट अल्बमों को रिलीज़ कर उन्होंने अपनी एक ठीक–ठाक पहचान बना ली थी। उन अल्बमों में मोहम्मद रफ़ी के गाये *मैं कब गाता, मेरे स्वर में प्यार किसी का...* और मन्ना डे के गाए *सावन की रिमझिम में, थिरक थिरक नाचे रे, मयूरपंखी रे सपने...*। जैसे गाने ख़ासे लोकप्रिय हुए। जब सागर ने उन्हें मिलने का समय दिया तो समीर उन्हें प्रभावित करने की नीयत से अपने गीतों की डायरी लेकर एकदम सही वक़्त पर उनके दफ़्तर में हाज़िर हो गये। कोई एक घण्टे तक वे अपने अपनी डायरी से चुनिन्दा गीतों का पाठ करते रहे और दिग्गज संगीतकार उन्हें पूरे ध्यान से सुनते रहे। कुछ मौक़ों पर उन्होंने समीर को टोकते हुए पूछताछ भी की जिनका जवाब समीर ने बहुत धैर्य के साथ दिया। तक़रीबन 50 गाने सुनने के बाद सागर ने समीर से उनकी डायरी माँगी। डायरी हाथ में लेते ही सागर ने अगले ही पल उसे खिड़की के बाहर फेंक दिया। "तुम बम्बई में अपना समय क्यों बर्बाद कर रहे हो?" उन्होंने भन्नाते हुए कहा। "क्यों अपने पिता का नाम ख़राब करने पर तुले हो? तुम किसी क़ीमत पर फ़िल्मी गीतकार नहीं बन सकते। इस बारे में सोचना भी छोड़ दो। तुमने एम. कॉम. किया है, अपने घर जाओ और जीवन में कुछ करो। वापसी के टिकट के पैसे मैं तुम्हें दूँगा। बनारस लौट जाओ और बम्बई आने के बारे में दोबारा मत सोचना।"

समीर अवाक् सुनते रहे। उनके बुरे अनुभवों में यह सबसे बुरा था। जीवन में उनका ऐसा अपमान किसी ने नहीं किया था। वे चुपचाप उठ कर खड़े हुए और वहाँ से निकल आये। वे अभी भी सँभल नहीं सके थे। लेकिन सीढ़ी की तीन पायदानों से धीरे–धीरे नीचे उतरते हुए उन्हें ख़ुद

अपने ही भीतर से एक आवाज़ आती सुनायी पड़ी– "बेशक ये तुम्हारे बुरे दिन हैं, लेकिन तुम अभी हारे नहीं हो।" उनके मन के भीतर से आती यह आवाज़ हर पल ऊँची होती जा रही थी। उन्हें अपने पिता की लिखी पंक्तियाँ बरबस याद आ रही थीं– "जग अभी जीता नहीं है, मैं अभी हारा नहीं हूँ, फ़ैसला होने से पहले हार क्यों स्वीकार कर लूँ?" उस पल एक नौजवान गीतकार को हौसला देने के लिए इससे बेहतर कोई दूसरी पंक्ति नहीं हो सकती थी। उन्होंने अपनी डायरी उठाई और उसके पन्नों से धूल झाड़ते हुए आपने आप से वायदा किया कि कुछ भी हो जाये, वे हार नहीं मानेंगे। "मैंने उस घटना को जीवन के एक सबक की तरह लिया...। जब तक आप लड़खड़ाकर गिरेंगे नहीं तब तक आप उठकर सँभलना और दौड़ना नहीं सीख सकते हैं।" समीर जैसे आत्म–विश्लेषण करते हुए कहते हैं। "इस बात ने मेरे इरादे को और मज़बूत किया कि मुझे अपनी मंज़िल हर हाल में हासिल करनी है। मैंने अपने बम्बई आने का लक्ष्य याद किया। मुझे एक क़ामयाब गीतकार बनना था। मुझे सबसे बेहतर गीतकार के तौर पर अपनी पहचान बनानी थी।"

उसी दोपहर की बात है, बिना वक़्त गँवाए वह संगीत निर्देशक उषा खन्ना से मिलने के लिए उनके घर पहुँच गये। उन्हें समीर पिछली किसी मुलाक़ात की वजह से जानते थे। समीर ने उनसे थोड़ा वक़्त देने की गुज़ारिश की ताकि वे उषा खन्ना को अपने लिखे कुछ मुखड़े सुना सकें। समीर शायद यह साबित करने के लिए बेचैन थे कि वे उतने गये–गुज़रे भी गीतकार नहीं थे जितना श्याम सागर ने उन्हें बताया था। बहरहाल, उन्होंने अभी अपने लिखे सिर्फ़ तीन मुखड़े सुनाये थे कि उषा खन्ना ने उन्हें रोक दिया, "मुझे आगे कुछ सुनने की ज़रूरत नहीं है।" उन्होंने कहा, "मैं अपनी फ़िल्म के लिए ये तीनों गाने अगले हफ़्ते रिकॉर्ड करने वाली हूँ।" कोई ऐसा आदमी जिसे फ़क़त घण्टे भर पहले ही कूड़ा–करकट कहकर ख़ारिज कर दिया गया हो, उसके लिए इतनी बड़ी आश्वस्ति ख़ुद को सातवें आसमान पर महसूस करने के लिए काफ़ी थी। समीर को वह ब्रेक मिल चुका था जिसका इन्तज़ार उन्हें एक लम्बे समय से था। वह फ़िल्म 1983 में रिलीज़ हुई 'बेख़बर' थी, और उनका रिकॉर्ड किया गया पहला गाना बाज़ार की भाषा में थोड़ा 'चालू गाना' था– *गोरी परेशान है, काली परेशान है, हर घरवाले से घरवाली परेशान है।* इस गाने को अलका याज्ञनिक ने गाया था।

"ज़िन्दगी कितनी अजीबोग़रीब शै है!" समीर स्मृतियों की भूलभुलैया में खो जाते हैं, "लोग कहते हैं कि नाकामी ही सफलता की बुनियाद है, लेकिन मेरी ज़िन्दगी में जो घटित हुआ, वह किसी चमत्कार से कम नहीं था।

मुझे आज भी अच्छी तरह से याद है कि वह 6 सितम्बर, 1981 की तारीख़ थी। श्याम सागर के घर से निकलकर मैंने जो बस पकड़ी थी, उसका नम्बर 666 था। उषा खन्ना उन दिनों खार में 15 नम्बर की रोड में रहती थीं–1 और 5 को जोड़ने पर भी 6 ही होता है। मैं जिस दिन बम्बई आया था, वह अप्रैल की 6 तारीख़ ही थी। मैंने इस शहर में अपना जो पहला फ़्लैट ख़रीदा, उसका नम्बर भी नंबर 501 था–मतलब फिर से 6। मेरी पहली कार का रजिस्ट्रेशन नम्बर का कुल योग भी 6 था। इन सभी संयोगों की आप क्या व्याख्या कर सकते हैं?"

•••

कहने को 'बेख़बर' समीर की पहली फ़िल्म थी, लेकिन आधिकारिक रूप से यह उनकी पहली फ़िल्म नहीं थी। उनकी पहली फ़िल्म होने का श्रेय 'बैरी सावन' नाम की एक भोजपुरी फ़िल्म को जाता है। हालाँकि सेंसर बोर्ड से इस फ़िल्म को 1984 में रिलीज़ किये जाने की इजाज़त मिली थी, लेकिन इसके गाने 1981 में ही रिकॉर्ड कर लिए गये थे। समीर का पहला गीत था– *मार कटारी मार जइबे, नज़र तोहसे ना मिलइबे*। इस गाने की सबसे विचित्र बात यह थी कि इसे जिस संगीतकार ने रिकॉर्ड किया थे, वे कोई और नहीं, बल्कि श्याम सागर थे–वही श्याम सागर, जिन्होंने समीर के गीतों की डायरी को खिड़की से बाहर फेंककर उनका अपमान किया था और बोरिया–बिस्तर समेटकर उनको वापस बनारस भेजने के लिए अपनी जेब से पैसे ख़र्च करने के लिए भी तैयार थे। समीर के लिए उनके नज़रिए में बदलाव की वजह दरअसल यह थी कि फ़िल्म के निर्माता राजेन्द्र प्रसाद मिश्रा को यह पता चला कि समीर भोजपुरी में भी गीत लिखने की क्षमता रखते थे और और उनके पास भोजपुरी में लिखे गीतों का एक विशाल संग्रह था। उन्होंने समीर को अपनी फ़िल्म के संगीतकार के पास भेज दिया, और इस बार श्याम सागर उनके लिखे गीतों से इतने प्रभावित हुए कि उन्होंने समीर के दो गीतों के लिए फ़िल्म में अलग से गुंजाइश बनायी। 'बैरी सावन' के बाक़ी गाने अनजान पहले ही लिख चुके थे।

ज़ाहिर था कि समीर को एक साथ दो भाषायें जानने का लाभ मिला था बल्कि यह कहना अधिक ठीक होगा कि हिन्दी फ़िल्मों में ठीक से अपना पाँव जमाने से पहले भोजपुरी फ़िल्में ही समीर की इक़लौती पनाहगाह थी और जिस आदमी ने भोजपुरी सिनेमा में उनको अपना पैर टिकाने में सबसे ज़्यादा मदद की थी, वे चित्रगुप्त थे जो उस ज़माने में भोजपुरी फ़िल्म–संगीत के 'सम्राट्' कहे जाते थे। उन्होंने ही समीर के

पिता के पहले सुपरहिट भोजपुरी गीत का संगीत निर्देशन किया था। वह गीत 1979 की फ़िल्म 'बलम परदेसिया' का *गोरकी पतरकी रे मारे गुलेलवा, जियरा उड़ी उड़ी जाए* था। लेकिन हैरत की बात यह थी कि एक नये सम्भावनाशील गीतकार के रूप में समीर का हौसला बढ़ाने के बजाय चित्रगुप्त ने हमेशा उन्हें हतोत्साहित ही किया। उन्होंने समीर से यह साफ़–साफ़ कह दिया था कि हिन्दी फ़िल्म उद्योग में एक गीतकार के रूप में एक सुन्दर और सुरक्षित भविष्य की कल्पना करना बेवकूफ़ी है। "आप एक शौक़ की तरह भोजपुरी फ़िल्मों में गीत लिख सकते हैं, लेकिन हिन्दी फ़िल्मों में गीत लिखकर आप अपना गुज़ारा नहीं कर सकते," उनका तर्क था। "पिछले चालीस–पचास सालों से हम सिर्फ़ शैलेन्द्र, हसरत जयपुरी, मजरूह सुल्तानपुरी, अनजान, इन्दीवर, आनन्द बक्षी जैसे ही कुछ गिने–चुने नाम सुनते आ रहे हैं। उनके मज़बूत गढ़ में तुम अपनी जगह बनाने की कैसे उम्मीद कर सकते हो? उनकी मौजूदगी में किसी नये गीतकार ने बम्बई की फ़िल्मी दुनिया में अपनी जगह बनाने में क़ामयाबी पायी हो, तो मुझे उसका नाम बताओ। लेकिन तुम चूँकि ज़िद पर अड़े हो तो मैं तुम्हें भोजपुरी फ़िल्मों में मौक़े दे सकता हूँ। अलबत्ता मेरे दोनों बेटे –आनन्द और मिलिन्द हिन्दी फ़िल्मों में बतौर संगीतकार अपनी क़िस्मत आज़माने की कोशिश कर रहे हैं, तो तुम उनसे बातचीत कर लो और अगर वे तुम्हारे साथ काम करते हैं तो मेरी शुभकामनाएँ तुम्हारे साथ हैं!"

बहरहाल, चित्रगुप्त के लिए समीर ने 1981 और 1986 के बीच 88 भोजपुरी गाने लिखे। गीतकार और संगीतकार के रूप में इनकी जोड़ी की क़ामयाबी में जिन दो पार्श्व गायकों ने महत्त्वपूर्ण योगदान दिया, वे उदित नारायण और अलका याज्ञिक थे। उन चारों की शानदार टीम ने (*माया महतारी*–1984), (*गंगा मैया तोहार किरिया*–1985), (*घर गृहस्थी* –1986), (*बिटिया चलल ससुराल*–1987), (*सजनवा बैरी भइले हमार*–1987), और (*हमार बेटवा*–1990) जैसे अनेक यादगार हिट दिए। श्याम सागर के संगीत निर्देशन में (*बैरी सावन*–1984) और (*बसुरिया बाजे गंगा तीर*–1986) के गीत भी कम क़ामयाब नहीं हुए। इसी समय एक एक और घटना घटी।

श्याम सागर के मन में समीर के साथ पहली मुलाक़ात के वक़्त किये गये दुर्व्यवहार का गहरा पछतावा था। वे अपने अपराध–बोध को मन से निकाल नहीं पा रहे थे, जबकि समीर उनके साथ ऐसे पेश आते थे मानो दोनों के बीच कभी कुछ घटित ही नहीं हुआ था। वे बार–बार श्याम सागर से पिछली बात भूल जाने की गुज़ारिश भी करते थे, लेकिन

श्याम सागर के दिल में यह बात किसी फाँस की तरह अटकी हुई थी। वे कहते भी थे, "उस घटना के बाद मैंने क़सम खा ली कि मैं ऐसे किसी भी आदमी के साथ बुरा बर्ताव नहीं करूँगा जो मेरे पास काम माँगने आयेगा। मैं किसी का भी हौसला नहीं तोड़ूँगा, क्योंकि मैं अब यह समझ गया हूँ कि हर आदमी यहाँ अपनी क़िस्मत लेकर आता है। मैं किसी को नकारने वाला कौन होता हूँ?"

'बैरी सावन' के गाने लिखने के एवज़ में समीर को अपनी ज़िन्दगी का जो पहला मेहनताना मिला था, वह 500 रुपये था। उन्होंने पहले ही तय कर लिया था कि फ़िल्मों से उनकी जो पहली कमाई होगी, उसे वह बनारस अपनी माँ को भेज देंगे। इसलिये पैसे मिलने के बाद वे अपने मित्र बृजेश तिवारी के साथ लेकर मलाड जाने वाली लोकल ट्रेन में बैठ गये ताकि मनी ऑर्डर से अपनी माँ को पैसे भेज सकें। डाकघर मलाड स्टेशन से नज़दीक था। दोपहर का वक़्त था। उस वक़्त चलने वाली ट्रेनें सवारियों से खचाखच भरी हुई थीं। थोड़ी जद्दोजहद के बाद दोनों को एक ट्रेन के कम्पार्टमेंट में किसी तरह गेट के क़रीब पैर टिकाने लायक़ जगह मिल गयी और सहारे के लिए बीच की रॉड पकड़कर वे खड़े हो गए। समीर का हैण्डबैग, जिसमें उन्होंने अपने काग़ज़ात और पैसे रखे थे उनके हाथ में टँगा झूल रहा था। ट्रेन खुल चुकी थी।

जब ट्रेंन मलाड स्टेशन में दाख़िल होने वाली थी, उसी वक़्त समीर ने अपनी बाँह में एक ज़ोरदार झटका महसूस किया और उनका हैंडबैग उनके हाथ से छूटकर बाहर जा गिरा। संयोग से उनके मित्र बृजेश ने उन्हें थाम लिया नहीं तो वे चलती ट्रेन से गिर भी सकते थे। "अगर बृजेश ने फुर्ती से मुझे नहीं सँभाला होता तो मैं पूरे रफ़्तार में चलती हुई ट्रेन के बाहर जा गिरता और उसी दिन अपनी जान से हाथ धो बैठता," समीर याद करते हुए बताते हैं, "बृजेश एक हट्टा–कट्टा और तगड़ा आदमी है। जब ट्रेन रुकी तब उसने सहारा देकर मुझे उतारा और प्लेटफ़ॉर्म पर बनी एक ख़ाली बेंच पर मुझे बिठाया। उसके बाद वह उन बदमाशों को धर पकड़ने के लिए स्टेशन से वापस भागा, लेकिन अब वे गुण्डे कहाँ हाथ लगने वाले थे? मेरे पैसे या बैग का कोई नामोनिशान भी नहीं था। मेरी पहली कमाई जिसे मैंने जतन से अपनी माँ के लिए बचाये रखा था, लुटेरों के हाथ लग चुकी थी।"

सचमुच, ज़िन्दगी हैरतअंगेज़ अनिश्चितताओं से भरी हुई है।

प्यारे बाबूजी

1980 में बम्बई आने के एक साल के भीतर ही समीर को कुछेक महीने के लिए अपना काम छोड़कर वापस बनारस लौटना पड़ा। उनकी ताईजी एक दुर्घटना में बुरी तरह से चोटिल हो गयी थीं। जब वे अपने घर पहुँचे तो उम्मीद के ख़िलाफ़ उनकी माँ उन्हें देखकर बहुत नाख़ुश हुईं। समीर को पहली बार देखते ही उनकी माँ के चेहरे पर गुस्से और चिन्ता की लकीरें फैल गईं। उनकी माँ ने सपने भी नहीं सोचा था कि बम्बई में कुछ ही महीने गुज़ारने के बाद उनका बेटा इतना कमज़ोर और बीमार दिखने लगेगा। बम्बई में रहकर फ़िल्मों में काम की तलाश करने वाले 'स्ट्रगलरों' के चेहरे पर दिखने वाली हताशा और निराशा समीर के चेहरे पर भी साफ़–साफ़ नज़र आने लगी थी। अपनी ढीली–ढाली और घिस चुकी क़मीज़ और बेतरतीब फ़िटिंग वाली पतलून में वे एक बिजूका ज़्यादा लग रहे थे। ज़ाहिर बात थी कि उन्होंने अपनी मुश्किलों और अभावों को अपनी माँ से छुपा रखा था, लेकिन किसी भी माँ के भीतर यह स्वाभाविक प्रवृति होती है कि वह रोज़गार के लिए एक अजनबी शहर में भटकते फिरते अपने बेटे की दुःख–तक़लीफ़ों को बिना–बताये भी समझ जाये। बम्बई में समीर निश्चित रूप से राज़ी–ख़ुशी नहीं थे, और उनकी माँ से यह बात समझने में कोई चूक नहीं हुई थी.

इस बार समीर बनारस में दो महीने रह गये। इस बीच उनकी अच्छी तरह देखभाल की गयी और उनकी सेहत का ख़ूब ख़याल रखा गया। जब समीर बनारस से विदा हुए तो उनकी माँ ने वही किया जो किसी भी माँ से किये जाने की उम्मीद थी। उन्होंने अपने पति को नाराजगी से भरी एक चिट्ठी लिखी और समीर के हालात के लिए उन्हें सीधे–सीधे ज़िम्मेदार ठहराया। उन्होंने अनजान पर आरोप लगाया कि उनकी लापरवाही की वजह से ही उसी शहर में रहने के बावजूद उनका ख़ुद का बेटा मारा–मारा फिर रहा था। उनके शब्दों में, समीर की सेहत में आयी गिरावट के लिए भी वही अपराधी थे। चिट्ठी मिलते ही अनजान ने ख़ुद को एक विचित्र स्थिति में महसूस किया। उन्होंने अपनी तरफ़ से

सफ़ाई देते हुए चिट्ठी का जवाब दिया कि उन्हें तो समीर के बम्बई में होने की बात पता भी नहीं थी। ऐसे में उनके तक़लीफ़ों की ख़बर उन्हें कहाँ से होती? "अगर कोई अपने बारे में दूसरों से कुछ छिपाना चाहे तो किसी को भला कैसे पता चल सकता है?" उनका रोष भी अपनी जगह बिल्कुल ठीक था।

अब बेचारे अकेले फूफा जी ही थे, जिनके माथे ठीकरा फोड़ा जाना बचा था। अनजान ने उन्हें फ़ोन किया और उनको सूचित किये बिना उनके बेटे को पनाह देने के लिए उनको जमकर फटकारा। "मैं आप लोगों से बेहद नाराज़ हूँ और आगे से आप सब ग़लती से भी मेरे दरवाजे पर पाँव मत रखियेगा।" बुज़ुर्ग गीतकार ने ग़ुस्से से बिफरते हुए चेताया था.

"लेकिन हमारे लिए तो वह हमारा बच्चा है।" फूफाजी ने दलील देने की बहुत कोशिशें की थीं। "आप यह उम्मीद कैसे कर सकते हैं कि हमारा दरवाजा खटखटाने के बाद हम उसे बाहर का रास्ता दिखा देते।"

"बेशक आप उसे बाहर का रास्ता नहीं दिखा सकते थे, लेकिन आप हमें ख़बर तो कर ही सकते थे?" यह एक पिता की दलील थी।

"लेकिन ख़ुद आपका बेटा ही यह नहीं चाहता था कि हम आपको उसके यहाँ होने की भनक भी लगने देते।"

"इसका मतलब तो यही हुआ कि आप उसकी बात सुनेंगे और उसके कहे पर चलेंगे। आप वह नहीं करेंगे जो मैं आपसे करने को कहूँगा। मैं चाहता हूँ कि आप मेरे बेटे को फ़ौरन मेरे सामने लेकर आइये।" यह कहते हुए अनजान ने रिसीवर पटक दिया।

बहरहाल, इस बीच समीर एक बड़ा फ़ैसला लेते हुए अपने फूफा का घर छोड़ चुके थे और पास में ही एक कमरे में किराये पर रहने लगे थे। उन्हें अपने पिता और माँ के बीच होने वाले पत्राचार का थोड़ा भी पता नहीं चला। "फूफा जी का घर छोड़ने की वजह यह थी कि मैं देख रहा था कि उनके दो पोते और एक पोती अर्थात् मेरे भतीजे और भतीजी अब बड़े हो रहे थे और उनको अपने लिए भी थोड़ी जगह चाहिये थी। मेरी सुविधाओं के कारण घर में हर किसी को समझौता करना पड़ रहा था। मुझे यह बात ठीक नहीं लग रही थी कि अगर वे कुछ नहीं कह रहे हैं तो मैं उनकी भलमनसाहत का ग़लत फ़ायदा उठाऊँ बल्कि अब तो मैं इतना ज़रूर कमाने लगा था कि अपने लिए एक अलग कमरे के किराये के तौर पर पचास रुपये का ख़र्च उठा सकूँ। इसके अलावा अब मैं यह भी समझने लगा था कि किसी भी तरह के लेखन या सर्जनात्मकता के लिए एक एकान्त और निजता बहुत ज़रूरी होती है। मेरे जीवन के कुछ

बड़े निर्णय उसी कमरे में लिये गये थे। साथ ही मेरी वैचारिक प्रखरता और उसूलों ने इसी कमरे की चारदीवारी में आकार हासिल किये।"

•••

लेकिन पिता अनजान बिना सोचे–समझे किसी नतीज़े पर पहुँच वाले लोगों में नहीं थे। उन्होंने हालात को ठीक से समझने और ज़रूरी फ़ैसला लेने के लिए थोड़ा वक़्त लेना मुनासिब समझा। उन्हें यह अच्छी तरह पता था कि उनका बेटा इतना ज़िद्दी और अक्खड़ था कि अपने लिए किसी भी तरह की सिफ़ारिश उसे क़ुबूल नहीं होती। साथ ही, वे यह भी जानते थे की उनका बेटा उन्हें किसी भी तरह की तकलीफ़ पहुँचाने के बजाय चुपचाप सारी मुश्किलें और परेशानियाँ ख़ुद झेल लेना पसन्द करेगा, और जब तक सम्भव होगा, तब तक अपने पिता की नज़रों से बचता फिरेगा। अनजान को तो ख़बर तक नहीं थी कि एक बार 1982 में *नमक हलाल* के सेट पर बाप–बेटे एक–दूसरे से टकराने ही वाले थे। यह सेठ स्टूडियो की बात है जहाँ समीर 'माधुरी' पत्रिका के लिए शशि कपूर का इंटरव्यू लेने पहुँचे हुए थे। जब निर्माता–निर्देशक प्रकाश मेहरा के एक सहायक ने समीर को पहचान लिया कि वे गीतकार अनजान के बेटे हैं तो उसने समीर को आदरपूर्वक बैठाते हुए बताया कि उनके पिता भी भीतर के कमरे में बैठे हुए हैं। यह ख़बर मिलते ही समीर वॉशरूम जाने के बहाने वहाँ से उठे और बिना किसी को बताए हुए सेट से ग़ायब हो गए। इंटरव्यू को तो दूसरे दिन के लिए भी टाला जा सकता था।

एक बेटे के रूप में समीर अपने पिता से मिलने से इसलिये नहीं बचना चाहते थे कि उनसे कोई चूक हो गयी थी, बल्कि वे अनजान से इसलिए मिलने से परहेज़ कर रहे थे कि बाप–बेटे के आपसी रिश्ते थोड़ा विचित्र थे। तेईस साल की अपनी ज़िन्दगी में समीर बमुश्किल अपने पिता से चार दफ़ा ही मिले थे। दोनों की पहली मुलाक़ात तब हुई थी जब समीर सात साल के हो चुके थे। दरअसल, अनजान जब भी अपने घर बनारस आते थे तो अपने मित्रों–प्रशंसकों से इस तरह घिरे रहते थे, उन्हें अपने परिवार के साथ समय बिताने का अवसर ही नहीं मिलता था। पिता और पुत्र के रूप में अनजान और समीर के बीच संवादों का आदान–प्रदान गिने–चुने मौक़ों पर ही होता था। यह कहना ज़्यादा मुनासिब होगा कि अनजान अपने ही घर में कोई अजनबी नहीं भी तो एक मेहमान ज़रूर थे, लिहाज़ा घर के दूसरे सदस्यों के साथ भी उनकी बातचीत सहजता के स्तर पर नहीं होती थी। इस भावनात्मक अन्तराल के कारण समीर जीवन भर अपने पिता का स्नेह और मार्गदर्शन पाने से वंचित रहे। इस शून्यता

ने उनके भीतर एक आक्रोश को जन्म दिया। अलबत्ता पिता से अपेक्षित प्यार की भरपाई उनके दादा जी ने करने की कोशिश ज़रूर की। शायद इसीलिए वे अपने दादा जी को 'बाबू जी' कह कर बुलाते थे।

बहरहाल डर, चिन्ता, दुःख, आक्रोश और उपेक्षा के एक मिले–जुले भाव के साथ समीर पहले से एक पूर्वनिर्धारित समय पर अपने पिता से मिलने पहुँच गये। अनजान ने उन्हें बांद्रा के 'पम्पोश रेस्टोरेंट' में मिलने के लिए बुलाया था जो कि उस ज़माने में फ़िल्मी हस्तियों का एक पसन्दीदा ठिकाना हुआ करता था। समीर के फूफा जी ने भी उन्हें काफी समझाया था कि अब समीर के लिए अनिश्चित काल तक छुपे रहने का कोई मतलब नहीं था। अनजान तब किशोर कुमार के साथ (*नमक हलाल*–1984) के लिए *'थोड़ी–सी जो पी ली है, चोरी तो नहीं की है... ।'* गाने की रिकॉर्डिंग कर निकले ही थे। जब समीर अपने फूफाजी के साथ वहाँ पहुँचे, तब वह अपनी पसन्दीदा पान की दुकान पर खड़े थे। समीर ने दोनों के पाँव छुए, फिर तीनों एक साथ रेस्टोरेंट में दाख़िल हो गए। उनके बीच किसी तरह का कोई औपचारिक, भावनात्मक या नाटकीय संवाद नहीं हुआ जैसा अमूमन परिवारिक सदस्यों के मिलने और बिछड़ने के पलों में होता है। दो गम्भीर और शान्त स्वभाव के व्यक्तियों के रूप में बाप–बेटे एक–दूसरे से मिले। वे टेबल पर एक–दूसरे के आमने–सामने बैठे थे। आज भी समीर को उस मुलाक़ात में हुई बातचीत के एक–एक शब्द याद हैं।

"तो, बार–बार आगाह किये जाने के बाद भी तुम आख़िर बम्बई आ ही गये।" अनजान ने बात शुरू की, "चलो, अच्छी बात है। अब तुम इतने बड़े हो चुके हो कि अपने फ़ैसले ख़ुद ले सको। ख़ुद अपने भविष्य के बारे में सोच सको, इस काबिल भी तुम हो चुके हो। लिहाज़ा, तुम जो चाहो, वह कर सकते हो। मैं तुम्हें किसी बात के लिए मना नहीं करूँगा। लेकिन मैं तुमसे कुछ सीधे सवाल पूछूँगा और चाहूँगा कि तुम ईमानदारी के साथ उनके जवाब दो। एकदम दो–टूक जवाब!"

समीर ने अपनी गर्दन हिलायी।

"क्या तुमने कभी किसी से प्यार किया है?" अनजान ने पूछा।

"हाँ," समीर पहले तो झिझके, फिर उन्होंने जवाब दिया।

"तुमने क्या सोचकर प्यार किया था?"

"प्यार कोई सोचकर नहीं करता।" समीर ने सच्चाई के साथ अपनी बात कही।

अनजान को उनके कहे पर भरोसा होता दिखा, "अच्छा जवाब है" वे बुदबुदाते हुए बोले।

"तुम मुझसे पूछ सकते हो कि कि ये सवाल मैंने तुमसे क्या सोच कर किये?"

"आप बताइये।"

"सुनो बेटा, यह जो फ़िल्म नगरी है वह भी एक महबूबा की तरह है। जब तक तुम इससे सच्ची मुहब्बत नहीं करोगे, तब तक तुम इसके दिल में अपनी जगह नहीं बना सकोगे। लेकिन याद रखना, यह तुम्हारे साथ बेवफ़ाई भी कर सकती है। यह किसी भी दिन तुम्हारे साथ अचानक फ़रेब कर सकती है। एक सच्चा प्रेमी उसकी बेवफ़ाई को नज़रअन्दाज़ करेगा और उससे मुहब्बत करना जारी रखेगा। चूँकि तुमने मुझसे कहा है कि तुम बिना शर्त किसी से मुहब्बत कर सकते हो, चाहे इसका नतीज़ा जो हो, इसलिए मैं तुम्हारे भीतर के इस जुनून को समझ सकता हूँ। मुझे इस बात की तसल्ली है, और आज मैं सचमुच तुम्हारे बम्बई आने के फ़ैसले की कद्र करता हूँ।"

हालाँकि उम्मीद के विपरीत बाप–बेटे के बीच की यह मुलाक़ात किसी नाटकीय घटना–क्रम के बग़ैर ही ख़त्म हो गई। लेकिन समीर आज भी जब अपने अतीत में झाँकते हैं तो अनजान के कहे हुए शब्द उन्हें 'विज़डम ऑफ़ सोलोमन' से कम गहरे और अर्थपूर्ण नहीं लगते। वे शब्द ऐसे थे जिनमें एक गुरु का मार्गदर्शन और एक पिता की चिन्ताएँ, दोनों शामिल थीं। समीर अभी तक जिस आदमी के सामने पड़ने से भी डरते थे, इस मुलाक़ात के बाद वही शख़्स कमोबेश उनका दोस्त बन चुका था। उस मुलाक़ात ने बाप–बेटे के बीच गुज़रे हुए सालों की दूरियों को न सिर्फ़ मिटा दिया, बल्कि दोनों के बीच आपसी समझ और संवाद का एक नया पुल बनाने का काम भी किया, लेकिन अनजान के पास अपने बेटे के लिए उसूलों की एक लम्बी फ़ेहरिस्त थी।

पहला, फ़िल्मोद्योग में अकेली स्थायी चीज़ संघर्ष है। संघर्ष के लिए तैयार रहो, क्योंकि तुमको पूरी ज़िन्दगी संघर्ष करना होगा। क़ामयाब होने से पहले तुमको क़ामयाबी हासिल करने के लिए संघर्ष करना है और क़ामयाब होने के बाद तुमको बाक़ी उम्र उस क़ामयाबी को बनाये रखने के लिए संघर्ष करना है।

दूसरा, तुम्हें पैसों की या किसी दूसरी चीज़ की मदद की ज़रूरत होगी तो तुम किसी भी वक़्त मुझे कह सकते हो, लेकिन जिस क्षण तुम मुझे अपना कोई गीत पूरा करने या उसके लिए एक पंक्ति भी लिखने की मदद चाहोगे, मैं तुमसे अपने सभी रिश्ते ख़त्म कर लूँगा।

तीसरा, मुझसे कभी भी यह उम्मीद मत रखना कि मैं किसी संगीत निर्देशक, निर्देशक या फ़िल्म निर्माता से तुम्हारे लिए सिफ़ारिश का एक

शब्द भी कहूँगा। मैं यह सोच–विचार कर कह रहा हूँ, क्योंकि यदि तुमको जन्नत देखनी है तो तुमको मरने के लिए तैयार रहना होगा। कुछ हासिल करने के लिए कुछ खोना होता है। फ़िल्मी दुनिया के अपने कुछ दस्तूर हैं। यह भीतर से उतनी आसान और भली नहीं है जैसी कि यह बाहर से दिखती है। आपको यहाँ बने रहने के दांवपेंच आने चाहिए। अगर आपके भीतर वे हुनर नहीं हैं तो बेहतर है कि आप वापस लौट जाइये।

समीर के लिए अनजान के ये उसूल ज़िन्दगी के आधारभूत मन्त्र से कम नहीं थे। उसके बाद उनके पिता ने उनसे उनकी फ़िलहाल की ज़रूरतों की दरयाफ़्त की। "तुम्हें किसी भी समय कोई भी ज़रूरत पड़े, मेरा घर तुम्हारे लिए हमेशा खुला है। अगर तुम अभी वहाँ आना चाहते हो तो तुम्हारा स्वागत है। तुम जहाँ हो, अगर वहीं रहते हुए अपना संघर्ष जारी रखना चाहो तब भी मुझे कोई ऐतराज़ नहीं। लेकिन यह हमेशा याद रखना, कि अगर मैंने कभी सुन लिया कि तुम परेशानी में हो और तुमने मुझसे अपनी परेशानी छिपायी तो इस बात से मुझे नाराज़गी होगी।"

समीर के लिए निश्चित ही भावुक कर देने पल थे। उन्होंने झुक कर अपने पिता के पैर छू लिये। "आपका आशीर्वाद ही मेरे लिए काफी है," उनके होंठो से इतना भर ही निकल पाया और वह वहाँ से जाने के लिए उद्यत हो गए। उनके फूफा जी बातचीत के बीच में पहले ही उठकर जा चुके थे। संयोग की बात थी कि समीर की जेब में मलाड स्टेशन से मलवानी के अपने कमरे में पहुँचने के लिए बस के लिए ज़रूरी 25 पैसे थे। मलाड तक पहुँचने के लिए उनकी जेब में रेलवे का पास था। एक इत्तेफ़ाक़ यह भी था कि उसी दिन से बस के किराये में बढ़ोत्तरी हुई थी, और समीर को किराए के पैसे कम पड़ रहे थे। यह कहकर कि उनके पास फिलहाल ज़रूरी ख़र्चों के लिए पर्याप्त पैसे हैं, समीर अपने पिता से किसी आर्थिक मदद की पेशकश को पहले ही ठुकरा चुके थे। लिहाजा, उस शाम उन्होंने बस लेने के बजाय रेलवे स्टेशन से अपने घर का रास्ता पैदल ही तय किया। उन्हें अपने पिता का सिखाया बस एक सबक याद था कि अगर उन्हें ज़िन्दगी में क़ामयाब होना है तो उन्हें किसी की मदद कुबूल नहीं करनी चाहिए। भले ही मदद करने वाला शख़्स उसका बाप ही क्यों नहीं हो।

आने वाले दिनों में बाप–बेटे के बीच बहुत–सी मुलाक़ातें हुईं और उन मुलाक़ातों में समीर को 'पापा अनजान' से कई मशविरे मिले जो उनकी व्यावसायिक प्रतिबद्धताओं और नैतिकता को निर्धारित करने में बहुत काम आने वाले थे। "पूरी लगन के साथ अपना काम करो और

बेईमानी के रास्ते पर कभी मत चलो। यह दुनिया ऐसे भी बहुत छोटी है और इस फ़िल्मी दुनिया में छोटी–छोटी बात बहुत तेज़ी–से फैलती है। इसलिए तुम जैसे ही किसी को धोखा दोगे, वैसे ही यहाँ लोग तुम से मुँह मोड़ लेंगे। ऐसे भी मौक़े आयेंगे जब कोई निर्माता या निर्देशक तुमसे किसी संगीत निर्देशक का नाम सुझाने के लिए कहेंगे, लेकिन तुम्हारा जवाब हमेशा यही होना चाहिए कि सभी संगीतकार अच्छे हैं और तुमको किसी के साथ काम करने में कोई परेशानी नहीं है। याद रखना, संगीतकार का नाम तय करना तुम्हारी नहीं, बल्कि फ़िल्म के निर्माता–निर्देशक की ज़िम्मेदारी है। जैसे कोई संगीतकार, निर्माता या निर्देशक किसी गीतकार के लिखे गीत में एक भी पंक्ति की फेर–बदल नहीं कर सकता है, ठीक उसी तरह गीतकार से भी संगीतकार का चयन करने की उम्मीद करना बेमानी है। इस तरह से तुम अपनी व्यावसायिक गरिमा को बनाये रखने में क़ामयाब रहोगे, और व्यर्थ किसी को नाख़ुश करने से भी बचे रहोगे। लोग समीर को उसके ऊँचे नैतिक मूल्यों के कारण याद करेंगे जिसने खेमेबाज़ी और अन्दरूनी राजनीति से ख़ुद को हमेशा बचाये रखा।"

नैतिक मूल्यों के नियमों का पालन करने के लिए अनजान ने समीर को एक और पते की बात कही थी कि एक बार किसी संगीतकार के साथ काम करना पक्का हो जाने के बाद किसी भी दूसरे संगीतकार से अपना वह गीत या उसका मुखड़ा ग़लती से भी नहीं साझा करो। सम्भव है, उस संगीतकार द्वारा उस गीत या मुखड़े का महीनों तक उपयोग नहीं किया जाए, लेकिन चूँकि वह उसके बारे में पहले से जानता है, इसलिए भविष्य में किसी दूसरे संगीतकार को उसकी भनक लगने और फ़िल्म उद्योग में एक साथ काम करने से दो हमपेशा लोगों के बीच किसी तरह का द्वेष–बैर पैदा न होने पाए। इसलिए यह मसला केवल बौद्धिक सम्पदा अधिकार तक ही सीमित नहीं है। आज अगर समीर अलग–अलग संगीतकारों के साथ अपनी भावी योजनाओं के बारे में चुप्पी बरतने के सिद्धान्त को सख़्ती से अपनाते हैं, तो इसकी असल वजह यह है कि उद्योग के दूसरे सहकर्मियों के साथ उनके व्यक्तिगत सम्बन्धों पर कोई असर नहीं पड़े। समीर एक समय पर अलग–अलग गीतकारों के लिए तक़रीबन पच्चीसियों गीतों पर काम कर रहे हैं लेकिन किसी के सामने ग़लती से भी दूसरे का ज़िक्र नहीं करते हैं। यह सिलसिला सालों तक चलता आ रहा है। मिसाल के तौर पर यहाँ 2006 में आयी फ़िल्म *हमको दीवाना कर गये* के गीत *'भुला देंगे तुम्हें सनम धीरे–धीरे, मोहब्बत के सारे करम धीरे–धीरे'* का ज़िक्र किया जा सकता है। अक्षय कुमार और

कैटरीना कैफ़ अभिनीत इस फ़िल्म का यह गाना संगीतबद्ध होकर प्रदर्शित होने से पहले तक़रीबन 25 सालों तक संगीतकार अनु मलिक के पास पड़ा रहा था।

1984 के मध्य की बात है। एक दिन समीर को फ़ोन के ज़रिये ख़बर मिली कि उनके पिता बहुत गम्भीर रूप से बीमार हैं। अनजान अचानक फ़ालिज़ के शिकार हो गये थे, और उन्हें आनन–फ़ानन में विले पारले के नानावटी अस्पताल में दाख़िल कराया गया था जहाँ वे तक़रीबन एक–डेढ़ महीने तक रहे। 55 साल के अनजान पहले से ही कई गम्भीर बीमारियों से जूझ रहे थे। उन्हें सुनायी कम देता था और दमे की भी शिकायत थी। उनकी बढ़ती हुई उम्र के साथ ये तक़लीफ़ें भी बढ़ रही थीं। फ़ाज़िल के दौरे के बाद अनजान उठने–बैठने तक के लिए दूसरों पर निर्भर थे। वे बिना सहारे के अकेले खड़े हो पाने की हालत में भी नहीं थे और न दो क़दम चल ही सकते थे। हर वक़्त उनके सन्तुलन बिगड़ने और गिर जाने का ख़तरा रहता था। नतीजतन, अनजान घर पर हों या बाहर हों, समीर को उनके रोज़मर्रा के कामों में मदद करने के लिए हमेशा उनके साथ ही लगे रहना पड़ता था। संगीतकारों के साथ उनकी बैठकी और रिकॉर्डिंग के लिए स्टूडियो के बीच की भागम–दौड़ में समीर हर पल अपने पिता की मदद के लिए हाजिर रहते थे।

इस तरह बम्बई में समीर के 'दूसरे दौर' की शुरुआत हुई।

•••

पहले दौर की बनिस्बत बम्बई के अपने दूसरे दौर में समीर कई नयी नसीहतें मिलीं। इस बीच पिता और पुत्र अपने ख़ुद के घर में एक ही छत के नीचे साथ–साथ रहने लगे थे जो लोखंडवाला कॉम्प्लेक्स में बना था। बनारस से समीर की माँ भी बम्बई आ चुकी थीं, और बारी–बारी से उनके बड़े भाई और बहन भी। यह वह समय था जब समीर को काम में डूबे अपने पिता को बहुत क़रीब देखने का मौक़ा मिला जिसने गीत लेखन की उनकी प्यास को और अधिक भड़काने का काम किया। बाप और बेटे–दोनों एक–दूसरे के साथ सिनेमा, धर्म, संगीत, साहित्य, दर्शन और कला के क्षेत्र में स्थापित और प्रचलित परम्पराओं और गीत लिखने के विषय और तकनीक आदि विषयों पर ख़ूब गहरा और लम्बा विमर्श किया करते थे। इस बातचीत में अनजान ने समीर को कभी यह महसूस नहीं होने दिया कि वे अपने बेटे की कमियों को तराशने की कोशिश कर रहे हैं और उन्हें गीत–लेखन की बारीक़ कारीगरी सिखा रहे हैं। वह तो इस तरफ़ इशारा करने से भी बहुत परहेज़ करते थे। उन्हें यही उम्मीद थी कि समीर अपने

पिता के किसी भी असर से पूरी तरह मुक्त होकर अपनी ख़ुद की समझ और शैली विकसित करने में क़ामयाब होंगे। इसलिये उन्होंने कभी भी समीर के कामों को सुधारने और उन पर किसी तरह की टीका–टिप्पणी करने की कोशिश नहीं की।

अनजान जब कल्याणजी–आनन्दजी, लक्ष्मीकान्त–प्यारेलाल, राजेश रोशन, बप्पी लाहिरी या अन्य संगीतकारों के साथ संगीत–निर्माण के लिए बैठे होते और समीर भी वहाँ मौजूद होते तो उनके लिए कुछ बुनियादी नियम–क़ायदों का पालन करना ज़रूरी था। अनजान तो अपने बेटे से इतनी समझदारी की उम्मीद भी ज़रूर रखते थे कि उसे यह पता हो कि किस वक़्त उनकी निजी गपशप में उसकी उपस्थिति ज़रूरी नहीं है या उसे अपने सीनियरों के साथ किस तरह का व्यवहार रखना चाहिये या किस वक़्त उन्हें बातचीत के लिए अकेला छोड़ देना चाहिये... वग़ैरह–वग़ैरह! कई बार समीर हालात को ठीक से समझ नहीं पाये और उनसे चूकें हुईं। उन्हें इन चूकों के लिए टोका भी गया। ऐसा एक मौक़ा लक्ष्मीकान्त–प्यारेलाल की एक रिकॉर्डिंग के वक़्त आया। स्टूडियो में आनन्द बक्षी के अलावा लता मंगेशकर, सुरेश वाडकर और कविता कृष्णमूर्ति भी मौजूद थे। लक्ष्मीकान्त ने बहुत विनम्रता के साथ समीर से बाहर बैठने के लिए कहा ताकि वे बक्षी और अनजान से एकान्त में किसी ऐसे मसले पर बातचीत कर सकें जिसे किसी और को नहीं जानना चाहिये।

"दूसरे बार जब ऐसा हुआ तो मुझे पता था कि मुझसे कमरे से जाने के लिए क्यों कहा गया था," समीर याद करते हुए कहते हैं। "संगीतकार जी.एस. कोहली को पिताजी से पैसे उधार लेने थे, लेकिन यह बात वे मेरी मौजूदगी में नहीं कह सकते थे। और मैं एक बेवक़ूफ़ की तरह उनको देखे जा रहा था जबकि उनकी नज़रों से साफ़–साफ़ लग रहा था कि उन्हें कमरे में मेरा बैठा होना पसन्द नहीं था। उस घटना के बाद मेरे पिता ने मुझसे कहा कि किसी जगह पर अपने अवांछित होने की बोझिलता को भी समझना उतना ही ज़रूरी है जितनी अपनी उपस्थिति से पैदा हुई ख़ुशी को समझना। इस फ़िल्मी दुनिया में आपको यह ठीक–ठीक पता होना चाहिये कि कहाँ, कब और कब तक आपकी ज़रूरत है। आपको अपने भीतर ऐसे गुण पैदा करने होंगे। तभी लोग आपने आने का इन्तज़ार करेंगे और आपके साथ होने का लुत्फ़ भी उठा सकेंगे।"

बहरहाल, समीर के लिए ये सलाह निहायत महत्त्वपूर्ण और उपयोगी थी, लेकिन उनके समक्ष अभी सबसे बड़ा ख़तरा इस बात का था कि एक ही पेशे से जुड़े होने के के कारण जिस आदमी के वे सबसे बड़े प्रशंसक

थे, उसकी नक़ल करते हुए वे जाने–अनजाने में एक अहंकार के शिकार न हो जायें। अनजान के व्यक्तित्व का दुर्बल और सस्ता संस्करण बनने से बड़ी त्रासदी समीर के जीवन में दूसरी नहीं हो सकती थी। लेकिन जब भी समीर अपनी लिखी पंक्तियों की तुलना अनजान के लिखे किसी गाने से करते थे तो अनजान की कल्पनाशीलता और अनुभवों में डूबी हुई दृष्टि उनका भ्रम तोड़ देती थी। यहाँ यह ग़ौरतलब है कि कई बार समीर को आज़माने की नीयत से अनजान उनके के साथ पहले से तैयार की गयी किसी धुन पर गीत लिखने की प्रतियोगिता रखते थे। "मैं अचम्भित रह जाता था कि उनके ज़ेहन में ऐसे विचार कहाँ से आते है!" समीर बताते है। "इनकी पंक्तियाँ पढ़ने में बिल्कुल सीधी–सपाट हुआ करती थीं, लेकिन वे गीत अपनी सहजता के कारण सुनने वालों की जुबान पर चढ़ जाते थे। इसके बावजूद वे गीत कितने मायनेखेज़ होते थे!" एक तरफ़ मैं चाहता था कि उनकी क़ाबिलियत का कम–से–कम पचास फ़ीसदी अपने भीतर पैदा कर सकूँ, और दूसरी तरफ़ मेरे ऊपर इस बात का भी ज़बर्दस्त दबाव था कि मैं उनकी नक़ल करने के झूठे–सच्चे आरोपों से ख़ुद को बचाये रखकर फ़िल्मी दुनिया में अपनी प्रतिभा की बदौलत अपनी जगह बना सकूँ।"

दुनिया ने समीर से जो उम्मीदें बाँध ली थीं, उन उम्मीदों ने उनके मन की उधेड़बुन को कई गुणा बढ़ा दिया था। उनके युवा कन्धों पर अब ज़िम्मेदारियों का पहाड़ था। यह बात हर एक आदमी जानता था कि वे अनजान के बेटे हैं, इसलिये इस बात का अब कोई अर्थ नहीं था कि वे अच्छा लिखते हैं या बुरा। दुनिया की दिलचस्पी अब सिर्फ़ बाप–बेटे की तुलना करने में रह गयी थी। श्याम सागर ने उन पर कुछ साल पहले जो तोहमत लगाई थी कि वे अपने पिता की प्रतिष्ठा को नष्ट कर रहे हैं, अभी भी समीर के कानों में रह–रह कर गूँजते थे। उनके लिए सबसे बड़ी चुनौती अपनी विशिष्ट पहचान बनाने की थी, जो उनके पिता ही नहीं, बल्कि दूसरे नामवर गीतकारों से भी बिल्कुल भिन्न हो। समीर के पक्ष में एक बड़ी बात यह थी कि जीवन के शुरुआती दिनों से ही वे गीत–संगीत के परिवेश में पले–बढ़े। युवावस्था में बनारस के मनोरंजन ऑर्केस्ट्रा पार्टी से उनके जुड़ाव ने उनके भीतर लोकप्रिय गीत और संगीत की बारीक़ियों को सीखने की सलाहियत को बढ़ाया। धुन, सिचुएशन और मूड के हिसाब से किसी गीत को रदीफ़ ढालने की समझ की बुनियाद भी यहीं पड़ी। इसीलिए उस दौर में बॉलीवुड में अनेक बेहतरीन गीतकारों की मौजूदगी के बावजूद अगर समीर अपनी पीढ़ी के सबसे क़ामयाब गीतकार के तौर

पर उभर सके तो इसकी एक वजह संगीत के प्रति उनका स्वाभाविक रुझान था।

समीर को पिता अनजान से, गीतों की एक सहज और जादुई अदायगी विरासत में मिली थी। यह नहीं हुआ होता, लेकिन पिता–पुत्र के रक्त सम्बन्ध, पिता के प्रति पुत्र का अप्रतिम प्रशंसा–भाव और एक–दूसरे के निकट होने के दुर्लभ क्षण ने ही इस बौद्धिक रचनात्मकता के हस्तान्तरण को सम्भव किया। समीर की नज़र में उनके पिता अपने समय के सर्वश्रेष्ठ गीतकारों में सर्वोत्तम थे। यह कहते हुए वे कवि प्रदीप को उद्धृत करते हैं। दिवंगत प्रदीप के अनुसार अनजान, भरत व्यास और इन्दीवर अपने वक़्त के तीन ऐसे गीतकार थे जिन्हें हिन्दी भाषा के साथ–साथ उसकी अर्थ बहुलता की बारीक समझ थी। "दूसरे गीतकारों की तरह मेरे पिता भी (*मदर इंडिया*–1957), (*मुग़ल–ए–आज़म*–1960), (*सरस्वतीचन्द्र*–1968)...। जैसी कालजयी फ़िल्मों के लिए गीत लिखना चाहते थे, लेकिन उन्हें ऐसा अवसर कभी नहीं मिला.," समीर थोड़ी तल्ख़ी के साथ कहते है।

इस विडम्बनापूर्ण स्थिति के भी कई कारण थे। लेकिन सभी कारणों के मूल में अनजान के व्यक्तित्व की नैसर्गिक ईमानदारी और उनका प्रपंचमुक्त और सहज स्वभाव था। 'हर बड़ी मछली छोटी मछली को खाती है' जैसी मानसिकता वाली इस फ़िल्मी दुनिया के लिए वे उपयुक्त व्यक्ति नहीं थे। वे इतने चालाक नहीं थे कि अपनी चारों तरफ़ एक ग़ैरज़रूरी चकाचौंध रच सकें, या इस मक़सद के लिए मीडिया का इस्तेमाल कर सकें, या ख़ुद को व्यावसायिक तौर पर बेचने की जुगत लगा सकें। उन्हें अपने आत्मसम्मान से गहरा लगाव था। उनके स्वभाव की दृढ़ता में इतनी ताक़त थी कि बहुत–से शीर्ष संगीतकार स्टूडियो में सिर्फ़ उनकी मौजूदगी से आतंकित रहते थे। मसलन एक बार तो ओ.पी. नैयर ने उनसे साफ़ लफ़्ज़ों में कह दिया था– "मैं आपकी शराफ़त की वजह से आपके साथ कभी काम नहीं करूँगा, क्योंकि मेरे लिए अपनी ज़ुबान पर क़ाबू रख पाना मुश्किल है। दूसरों से गाली–गलौज किये बिना काम कर पाना मेरे लिए सम्भव नहीं है, और आपकी शख़्सियत ऐसी है, जिसके स्टूडियो में रहते हुए बदज़ुबानी करना मेरे लिए बहुत मुश्किल है!"

हालाँकि इसके बाद भी दोनों ने एक साथ काम किया और (*बहारें फिर भी आयेंगी*–1966), के लिए '*आप के हसीन रुख़ पे आज नया नूर है, मेरा दिल मचल गया तो मेरा क्या क़सूर है*', जैसे सदाबहार गाने दिये। एक समय में किसी एक पसन्दीदा संगीतकार के साथ काम करना

अनजान के व्यावसायिक सिद्धान्त की एक प्राथमिकता हमेशा से रही। 1960 में उन्होंने फ़िल्म 'लम्बे हाथ' के लिए जी.एस. कोहली के साथ जोड़ी बनायी और *'प्यार की राह दिखा दुनिया को, रोके जो नफ़रत की आँधी, तुम में ही कोई गौतम होगा तुम में ही कोई होगा गाँधी'* जैसा प्रेरक और लोकप्रिय गीत लिखा। हालाँकि दोनों की जोड़ी बहुत दिनों तक साथ नहीं चल पायी और दो–तीन फ़िल्में एक साथ करने के बाद दोनों के रास्ते अलग गए। इस अलगाव का कोई स्पष्ट कारण भी नहीं था। कोहली जल्दी ही हमेशा के लिए गुमनामी के अँधेरे में खो गए। उसके बाद 1963 में मशहूर सितारवादक पंडित रविशंकर ने 'गोदान' के लिए अनजान के लिखे शब्दों को अपने सुरों में ढालने का काम किया। गीत तो सुपरहिट साबित हुआ, लेकिन फ़िल्म नाकाम हो गयी।

बाद में 1969 में राजेश खन्ना और मुमताज़ अभिनीत 'बन्धन' के लिए कल्याणजी–आनन्दजी ने अनजान के लिखे गीत *'बिना बदरा के बिजुरिया कैसे चमकी'* को अपनी धुन से सँवारा। यह गाना ज़बरदस्त क़ामयाब हुआ, लेकिन इसका भी कोई ख़ास फ़ायदा नहीं हुआ। उसके बाद राजकमल, कमलकान्त और हेमन्त भोंसले, आशा भोंसले के बेटे, जैसे संगीतकार भी आये और कोई अमिट छाप छोड़े बिना ग़ायब भी हो गए। बहरहाल, अनजान को एक ऐसे संगीतकार का इन्तज़ार था जिसके साथ वे अपनी जोड़ी बनाकर एक लम्बी पाली की शुरुआत कर सकें–जैसी जोड़ी बाद का सालों में समीर संगीतकार नदीम–श्रवण के साथ बनाने में क़ामयाब रहे थे। अनजान जानते थे कि एक संगीतकार के रूप में किसी टिकाऊ जोड़ीदार के साथ के बिना फ़िल्म उद्योग में ठोस क़ामयाबी नहीं मिल सकती है। इसलिये 1975 में जब लक्ष्मीकान्त–प्यारेलाल ने उन्हें 'अपने रंग हज़ार' के लिए गाने लिखने का न्योता दिया और उनकी जोड़ी ने *'गंगा में डूबा न जमुना में डूबा, डूब गया रे मेरा मन सजन तेरी दो आँखियन में...।'* जैसा क़ामयाब गीत तैयार किया तब अनजान ने यह अनुमान लगा लिया था कि उनका वक़्त अब आने ही वाला है। लेकिन इस बीच परिदृश्य में आनन्द बक्षी का प्रवेश हुआ और उनके बीच के व्यावसायिक सम्बन्ध फिर से एक शिथिलता की बलि चढ़ गये।

बहरहाल तीन साल बाद 1975 में पूरा देश जब डॉन के सुपरहिट गाने *'खई के पान बनारस वाला'* की धुन पर झूम रहा था तब अमिताभ बच्चन, अनजान और कल्याणजी–आनन्दजी–तीनों बॉलीवुड की एक नयी विजेता टीम के रूप में ख़ुद को स्थापित करने में क़ामयाब हो चुके थे, लेकिन अनजान के लिए अब शायद थोड़ी देर हो चुकी थी। इस टीम में बेशक आने वाले दिनों में नयी बुलन्दियों को छुआ, लेकिन अनजान

का मन अब थोड़ा ऊबने लगा था। बाहर से उनको देखकर भले ही यह महसूस होता था कि उन्हें 200 से अभी अधिक फ़िल्मों के गीत लिखने की अपनी इस उपलब्धि पर गर्व है, और कुछेक बार उन्होंने अपनी सार्वजनिक टिप्पणियों में यह माना भी अपनी एक ख़ास जगह बनाने का सपने लेकर बम्बई आने वाले सैकड़ों गुमनाम और मर–खप चुके लोगों की तुलना में वे बहुत ख़ुशनसीब थे, लेकिन ऐसा कहकर वे शायद ख़ुद को ही दिलासा दे रहे थे। देर से मिली क़ामयाबी ने उनके भीतर ऊब के इस अहसास को मज़बूत किया था कि वे फ़िल्मी गीतों की दुनिया को उतना कुछ नहीं दे पाए जितना उन्होंने सोच रखा था। 1986 में उनके गीतों का संकलन 'मैं गंगा तट का बंजारा' के शीर्षक से आया। यह संकलन उनके भीतर की रचनात्मक गुणवत्ता का पता देने के साथ–साथ यह भी बताता है बम्बई में सालों गुज़ारने के बाद भी उन्होंने अपने भीतर की सर्जनात्मक छटपटाहट को बाज़ार के चकाचौंध के हाथों बिकने नहीं दिया। लेकिन अब अनजान केवल मन से ही रिक्त नहीं होने लगे थे, बल्कि दिन–ब–दिन उनकी सेहत भी गिरती जा रही थी.

"उनके साथ रहना शुरू करने के बाद से ही मैं उनके मन की यह पीड़ा समझने लगा था," समीर कहते हैं, "शायद पहली बार उन्हें यह महसूस हुआ था कि परिवार के साथ होने का सुख क्या होता है। उस समय तक मेरा विवाह भी हो चुका था। मेरी पत्नी और मेरे पिता की आपसे में बनती भी बहुत थी। वे अक्सर मेरी पत्नी से कहते भी थे कि उन्हें जीवन में जिस–जिस चीज़ की कामना की थी, उसका 70 फीसदी उन्हें हासिल हो चुका था, और अब उनकी रही–सही इच्छाएँ उसके पति (मेरी) की क़ामयाबी के जरिये हासिल होनी थी। दूसरी तरफ, मेरी मसरूफ़ियतें अब रोज–ब–रोज बढ़ती जा रही थीं। अपनी गिरती हुई सेहत की वजह से अब उनका ज़्यादातर वक़्त घर पर ही गुज़रने लगा था। मेरे जीवन का सबसे बड़ा सन्तोष यही था कि अपने पिता के अन्तिम दिनों में मैं उनकी देखभाल करने के लिए उनके पास मौजूद था।"

आत्मगौरव के जिस पल का समीर को इन्तज़ार था वह पल 1991 में आया जब समीर को फ़िल्म 'आशिक़ी' के गीतों लिए अपना पहला फ़िल्मफ़ेयर अवार्ड मिला। जब मंच पर से उनके नाम की घोषणा की गयी तब उन्होंने गुज़ारिश की थी कि यह अवार्ड उन्हें अपने पिता के हाथों दिया जाये। उस दिन अनजान बेहद बीमार थे। इसके बावजूद वे किसी भी क़ीमत पर कार्यक्रम से ग़ैरहाज़िर होने को राज़ी नहीं थे। जो बीमार आदमी बिना किसी का सहारा लिए एक क़दम भी चल पाने की स्थिति में नहीं था, अपने बेटे का भावुक अनुरोध सुनकर वह न सिर्फ़ अपने पैरों

पर खड़ा हो गया, बल्कि धीरे–धीरे ही सही, लेकिन सधे हुए क़दमों से मंच पर भी चढ़ गया। उनके मन के इस उद्गार को देखकर दर्शकों ने खड़े होकर तालियाँ बजायीं और उनका अभिनन्दन किया था। अनजान ने माइक्रोफ़ोन थमते हुए भावुक और अवरुद्ध गले से बस इतना भर कहा, "मेरे लिये अपने बेटे के साथ इस मंच पर खड़े होना बड़े गर्व और ख़ुशी की बात है। आज मेरे बेटे ने वह पुरस्कार हासिल किया है जिसका सपना मैंने हमेशा देखा, लेकिन फ़िल्म उद्योग में 35 साल काम करने के बाद भी उसे कभी हासिल नहीं कर पाया...। मेरी ज़िन्दगी का यह सबसे बड़ा तोहफ़ा है...।" उन्होंने आगे जो कुछ भी कहा, वह दर्शकों की तालियों की जोरदार आवाज़ में दबकर रह गई। अनजान की आँखों में आँसू थे। समीर की आँखें भी छलक आयी थीं। इस दृश्य को देखकर दर्शक देर तक तालियाँ बजाते रहे।

छह साल बाद 3 सितम्बर, 1997 को एक लम्बी बीमारी के बाद अनजान ने दुनिया को अलविदा कह दिया। जब उनका देहान्त हुआ तब उनकी अवस्था केवल 64 की थी।

एक सफ़र लफ़्ज़ों के साथ

अगर समीर से किसी ऐसे आदमी का नाम पूछा जाए जिसने उनके लेखन पर गहरा असर डाला तो उनके जेहन में साहिर लुधियानवी, शैलेन्द्र, मजरूह सुल्तानपुरी, आनन्द बक्षी जैसे कई दिग्गजों के नाम उभरते हैं। ये वे मशहूर नाम हैं जिन्होंने उन्हें बतौर गीतकार गहरे रूप से प्रेरित किया, लेकिन जब उनसे पूछा जाता है कि उनके जीवन के वास्तविक गुरु और पथप्रदर्शक कौन हैं तो अपने पिता अनजान का नाम लेने में उन्हें थोड़ी–सी भी देरी और हिचक नहीं होती है।

सच यही है कि समीर ने कभी किसी के पदचिन्हों पर चलने की कोशिश नहीं की और वे अपने रहनुमा ख़ुद ही रहे। लेकिन साठ के दशक के हिन्दी फ़िल्म संगीत के असर में पले–बढ़े अधिकांश युवाओं की तरह समीर के भी कुछ आदर्श गीतकार हैं। इनमें जाँ निसार अख़्तर *'आँखों ही आँखों में इशारा हो गया'–सीआईडी* (1956), शैलेन्द्र *'खोया खोया चाँद'–काला बाज़ार* (1960), कैफ़ी आज़मी *'धीरे–धीरे मचल ऐ दिल–ए–बेक़रार'–अनुपमा* (1966), साहिर *'मैं ज़िन्दगी का साथ निभाता चला गया'–हम दोनों* (1961), साहिर *'बाबुल की दुआएँ लेती जा'–नीलकमल* (1968), राजा मेहदी अली *'नैना बरसे रिमझिम रिमझिम'–वो कौन थी* ((1964), नीरज *'फूलों के रंग से'–प्रेमपुजारी* (1970) जैसे नामों का ज़िक्र किया जा सकता है। इनके गीतों के जादुई असर से बचना आसान नहीं था, लेकिन समीर ने भरसक यह कोशिश की कि अपने लेखन में वे उनकी शैली, विचारों और कल्पना–बोध से ख़ुद को यथासम्भव मुक्त रखें। पिछले पच्चीस सालों की लम्बी अवधि में फैला उनका विस्तृत लेखन उनकी वैचारिक स्वतन्त्रता का जीवंन्त प्रमाण है।

यदि पाँच–छह साल की बहुत छोटी–सी उम्र में भी वे देर रात रेडियो पर अपने पिता का नाम सुनने के लिए जागे रहते थे तो इसका मतलब यह नहीं था कि बड़े होकर वे भी गीतकार बनना चाहते थे। वे तो बस इस रौब के साथ अपने छोटे–से गाँव में घूमना चाहते थे कि वे किसी मामूली आदमी के बेटे नहीं हैं। लेकिन गीत लेखन की बुनियादी

समझ उन्हें इसी समय हुई। किशोरावस्था के दिनों में अगर किसी गाने की ऊटपटाँग–सी लगती किसी पंक्ति पर वे अपने भाई से बहस करने लगते थे, तो इसके पीछे एक गम्भीर कारण होता था। शुरुआत में तो उनके बीच की यह नोंकझोंक सिर्फ़ हँसी–मज़ाक़ तक ही सीमित रही, लेकिन जल्दी ही उनकी ये बहसें शब्दों के अर्थ और महत्त्व को समझने की एक दिलचस्प शौक़ में बदल गयीं। कहा जा सकता है कि व्याकरण, छंद और कविता में उनकी रुचि की शुरुआत भी यहीं से हुई।

कविताओं और गीतों में इस सामान्य रुचि ने उस वक़्त एक जुनून का रूप ले लिया जब समीर अपने गाँव से बनारस आकर रहने लगे और एक इंटर–कॉलेज कविता प्रतियोगिता उन्हें पहला पुरस्कार मिला। उनकी रचना अपने शिल्प और तेवर की दृष्टि से बहुत हद तक साहित्य में अभी–अभी प्रचलन में आई 'नयी कविता' से प्रभावित थी। यह मानने वाले पाठकों और श्रोताओं की कोई कमी नहीं थी कि नयी कविता वैचारिक रूप से आमजनों को प्रेरित–उद्वेलित करने के बजाय उन्हें चौंकाने का काम अधिक करती थी। उनकी पुरष्कृत कविता की शुरुआती पंक्ति कुछ ऐसी थी–'गर्भवती सड़क पर रेंगता हुआ चाँद'। नयी पहचान और पुरस्कार ने समीर को नयी कविता में वर्णित पीड़ा और व्यथा पर ठिठककर सोचने के लिए मजबूर किया। इस दरमियान उन्हें किसी मुशायरे में दुष्यन्त को सुनने का अवसर मिला। दुष्यन्त की विचारोत्तेजक शायरी ने उनके भीतर की वैचारिकता को एक धार देने का काम किया। समीर ने दुष्यन्त का ग़ज़ल संग्रह 'साये में धूप' खरीद लाने में थोड़ी भी देर नहीं की और उसे शुरू से आख़िर तक दो–तीन दफ़ा पढ़ गये। "दुष्यन्त एक ऐसे शायर थे जो उस जीवन के अनुभवों से प्रेरित होकर लिखते थे जो जीवन उन्होंने जी थी। उन्होंने हो कुछ भी लिखा, दिल से लिखा और उनके लिखे ने मेरे विचारों पर गहरा असर डाला।" समीर उस ज़माने को याद करते हुए कहते हैं, "इसमें कोई शक नहीं कि उनकी शायरी गहरे रूप में मायनेख़ेज़ थी, लेकिन चिन्ता की बात यह थी कि नयी कविता की तरह ही उसमें भी विचारों की एक अमूर्तता थी। यह आत्मग्लानि को अभिव्यक्त करती हुई शायरी थी। समीर की दृष्टि में वैचारिक पक्षधरता में अन्तर्विरोधों के कारण उनकी शायरी उच्चस्तरीय साहित्यिक रचना और नयी कविता के बीच के भटकाव में परिणत होकर रह गयी थी। लिहाज़ा, मुझे उनकी शायरी पढ़ने में तो अच्छी लगती थी, लेकिन एक पाठक के तौर पर उनसे मेरी घोर असहमति थी।"

समीर के लिए यह एक गहरे आत्मचिन्तन का समय था। कविता के बारे में अपने विचारों के प्रति वे अब अधिक सचेत और गम्भीर हो

चुके थे, लेकिन अभी भी अनजान का पुत्र होने के नाते शब्दों और भाषा से परिचय के सिवा उनके खाते में बहुत कुछ नहीं था। वे कॉमर्स के छात्र थे और पढ़ाई के नाम पर उन्होंने जो किताबें पढ़ी थीं वे, एडवांस अकाउंटेंसी और इंटरनेशनल लॉ जैसे विषयों पर हुआ करती थीं। कॉलेज के पाठ्यक्रम में भाषा और गद्य के लिए कोई गुंजाइश नहीं थी, लिहाजा हिन्दी साहित्य का उनका अध्ययन कुछ ख़ास नहीं था। मिर्ज़ा ग़ालिब, मीर तक़ी 'मीर' और उर्दू के कुछ दूसरे बड़े नामों से उनके परिचय का अकेला ज़रिया एक निहायत पतली–सी किताब थी जिसका नाम 'चुनिन्दा ग़ज़लें' था। वह एक ऐसे सम्मानित परिवार से आते थे जिसका सम्बन्ध बनारस शहर की सांस्कृतिक विरासत से था। हालाँकि वह यह साबित कर चुके थे कि वह अपने दम पर एक उभरते हुए गीतकार थे। गीतकार बनने की उनकी इस यात्रा में मयूर कवि–गोष्ठी और उनके साथियों की बड़ी भूमिका थी। समीर एक प्रतिभाशाली गीतकार थे और उनकी कविताएँ और गीत आज समेत उस समय के नियमित दैनिक समाचार–पत्रों और अन्य नियतकालीन पत्रिकाओं में छपते रहते थे। इसके साथ ही मनोरंजन ऑर्केस्ट्रा ने हिन्दी सिनेमा संगीत, ख़ास तौर पर गीत–लेखन के बारे में उनकी जानकारी को समृद्ध करने महत्त्वपूर्ण भूमिका निभायी थी।

उनकी समझ अब इतनी परिपक्व हो चुकी थी कि वे आनन्द बक्षी के लिखे गाने *'ए.बी.सी.डी. छोडो, नैना से नैना जोड़ो'* (*राजा जानी*–1972) जैसे गाने के हल्के–फुल्के मनोरंजन और राजा मेहँदी अली ख़ान की *'लग जा गले कि फिर ये हसीं रात हो न हो, शायद फिर इस जनम में मुलाक़ात हो न हो'* (*वो कौन थी*–1964) की अनुभूत गहराइयों में फ़र्क़ कर सकें। जल्दी ही वे यह भी समझ गये कि साहिर लुधियानवी जैसे कुछ विरल गीतकार में ही यह माद्दा था कि वह *रंग और नूर की बरसात किसे पेश करूँ, ये मुरादों की हसीं रात किसे पेश करूँ* (*ग़ज़ल*–1964) जैसा संजीदा गीत लिख सके। शैलेन्द्र उस ज़माने के एक और दुर्लभ प्रतिभाशाली गीतकार थे, जिन्होंने (*संगम*–1964) के लिए *'कितनी सदियाँ बीत गयी हैं तुम्हें यह समझाने में, मेरे जैसा धीरज वाला है कोई और ज़माने में'* जैसी पंक्तियों वाला गीत *'बोल राधा बोल संगम होगा कि नहीं'* जैसा सादगी भरा लेकिन मार्मिक गीत लिखा। मजरूह सुल्तानपुरी भी उसी उसी दौर के गीतकार थे जिन्होंने सिनेमा के दीवानों को *'बड़े मियां दीवाने' शागिर्द* (1964) से लेकर *'सी.ए.टी. कैट, कैट माने बिल्ली'* (*दिल्ली का ठग*–1958) और *'पापा कहते हैं बड़ा नाम करेगा'* (*क़यामत से क़यामत तक*–1988) जैसे गाने दिये। आमतौर पर अपने शीश महलों में रहने वाले और ख़ुद को बुद्धिजीवी समझने वाले अभिजात्यों के उलट ये वे शायर

और गीतकार थे जो आम जनता के बीच से आये थे और उनका ही प्रतिनिधित्व करते थे। ये शब्दों के वे जादूगर थे जिनके बोल गाँव–क़स्बों के गली–कूचों में सुने और गुनगुनाये जाते थे। ये गीतकार जनता की भावनाओं के असली दुभाषिये और प्रस्तुतकर्ता थे। इनकी विशेषता यह थी कि इनमें सब के अपने–अपने अन्दाज़ और अपना–अपना नज़रिया था, और उनकी आपस में तुलना करना एक मुश्किल काम था। लेकिन उनके बीच एक बात बहुत सामान्य थी–अकेले या एक–दूसरे के साथ मिलकर भी वे जनता के दिल को छूने की कुव्वत रखते थे। उनकी लोकप्रियता का यह भी एक कारण था। समीर को भी अपनी मंज़िल तक पहुँचने के लिए इन्हीं राहों से होकर गुज़रना था।

•••

"जब मैं मुम्बई आया तो मेरे ज़ेहन में यह बात पूरी तरह से साफ़ हो चुकी थी कि सम्प्रेषणीयता का क्या महत्त्व है, और यह क्यों ज़रूरी है कि जो कुछ भी मैं लिखूँ, वह लोगों के दिलों को छुए। यह बात मैं किसी पूर्ववर्ती या समकालीन गीतकार को छोटा ठहराने की नीयत से नहीं कह रहा हूँ, लेकिन मुम्बई में काम करने के अपने कुछ ख़ास तौर–तरीक़े हैं। फ़िल्म उद्योग में आप पूरी तरह शुद्धतावादी होकर नहीं ज़िदा रह सकते हैं, क्योंकि ऐसा करके आप एक आम आदमी तक नहीं पहुँच पाएँगे। आप बेशक भीमसेन जोशी या पण्डित जसराज जैसे माहिर गायक हो सकते हैं, लेकिन मोहम्मद रफ़ी, किशोर कुमार। या मन्ना डे की तरह लाखों लोगों की आवाज़ कभी नहीं बन सकते हैं। अपनी कला को आम जनता के बीच लोकप्रिय बनाने के लिए आपको कुछ रचनात्मक समझौते करने ही होंगे। संगीत और दूसरी कलाओं को बहुत सारे फलों से लदी डाली की तरह झुकना ही होगा। सीधी तनी डाल अपनी फलविहीनता और ठूँठ होने का प्रतीक है। यही बात एक कमोबेश गीतकार पर भी लागू होती है। इस बात को नीरज से बेहतर कोई दूसरा नहीं समझ सकता है। उन्होंने अनेक लाजवाब गीत लिखे, लेकिन चूँकि उनकी लेखन की पृष्ठभूमि साहित्यिक थी और वे अपने लेखन की शर्तों में समझौते करने को तैयार नहीं थे, लिहाजा यह बात उनकी समझ में जल्दी ही आ गयी कि सिनेमा में गाने लिखना उनके वश की बात नहीं और पूरी गरिमा के साथ उन्होंने सिनेमा से अपना नाता तोड़ लिया। कमोबेश यही स्थिति आप शास्त्रीय संगीत में प्रशिक्षित संगीतकारों के साथ भी देख सकते हैं। पण्डित रविशंकर ने हिन्दी अनेक भाषाओं की फ़िल्मों में अनेक हिट गाने दिये, लेकिन एक संगीतकार के रूप में वे सिनेमा जगत् में कोई बड़ी क़ामयाबी इसलिये

हासिल नहीं कर पाये, क्योंकि उन्होंने संगीत के बुनियादी सिद्धान्तों के साथ समझौते करने में ज़रा भी दिलचस्पी नहीं दिखलायी और घोर शुद्धतावादिता का रास्ता कभी नहीं छोड़ा।''

कला और व्यवसाय के बीच का यह द्वन्द्व कोई नया नहीं है, लेकिन माँ लक्ष्मी को ख़ुश करने के लिए कोई किस हद तक झुक सकता है कि माँ शारदा की कृपा उस पर बनी रहे? समीर के लिए यह क़िस्मत की बात थी मजरूह सुल्तानपुरी के रूप में उन्हें एक ऐसा उस्ताद मिल गया जो 1950 के दशक से ही हिन्दी फ़िल्मों में गाने लिख रहा था। इस दिग्गज से समीर की मुलाक़ात चित्रगुप्त के घर पर हुई थी। उन दिनों समीर सिनेमा जगत् में अपनी जगह बनाने के लिए संघर्ष कर रहे थे। मजरूह उस नये लड़के से मिलकर बहुत प्रभावित हुए और उसे अपनी तरफ़ से हर मुमकिन मदद करने का भरोसा दिया। मजरूह की सबसे बड़ी विशेषता उनके भीतर की स्वाभाविक विनम्रता थी। हिन्दी और उर्दू शब्दों पर अपने हैरतअंगेज़ नियन्त्रण के बावजूद उनके भीतर घमण्ड नाम की चीज़ दूर–दूर तक नहीं थी। वे सबके साथ बहुत ख़ुलूस से मिलते थे। समीर के लिए तो वे पितातुल्य ही थे। मजरूह पर समीर को इतना अधिकार था कि उनकी बुजुर्गियत के बावजूद एक बार समीर उन्हें आधी रात को भी नींद से जगा देने से नहीं हिचकिचाये थे, क्योंकि उन्हें उर्दू के दो अलग–अलग शब्दों–जज़्बात और 'जस्बात' का फ़र्क़ समझना था। मजरूह भी इन बातों का कभी बुरा नहीं माना.

"वे दुर्लभ मनुष्यता से भरे मनुष्य थे," समीर बताते हैं। नैसर्गिक रूप से सुरुचि सन्पन्न और मिज़ाज से बेबाक़ होने के बाद भी उनकी इन्सानियत सवालों से परे थी। लखनऊ और सुल्तानपुर के आस–पास के इलाक़े से आये लोगों के लिए उनके मन में अद्‌भुत इज़्ज़त और मुहब्बत थी। वे जिस जुबान में बात करते थे, वह बेदाग़ थी और उनका उच्चारण पूरी तरह से दोषरहित था। उनके लफ़्ज़ों का चुनाव और उनकी अदायगी...। सब कानों के लिए किसी संगीत–सा सुरीला था। भाषा पर इसी तरह का पूरा नियन्त्रण रखने वाला कोई व्यक्ति ही *'ग़म दिये मुस्तक़िल, कितना नाजुक है दिल'* (*शाहजहाँ*–1946) से लेकर *'दिल विल प्यार व्यार मैं क्या जानूँ रे'* (*शागिर्द*–1967), *'क्या हुआ तेरा वादा, वो क़सम वो इरादा'* (*हम किसी से कम नहीं*–1977) और *'पत्ता पत्ता बूटा बूटा' एक नज़र* (1972) जैसे अलग–अलग तरह के गाने लिख सकता था।" इतनी सादगी भरीं और साधारण दिखतीं पंक्तियाँ आप तब तक नहीं लिख सकते हैं जब तक आपको गम्भीर साहित्य को समझने की सलाहियत नहीं आ जाये। क्या कोई ऐसा गीतकार है जो विषयों की विविधता की दृष्टि से उनकी

बराबरी कर सके? मजरूह साहब ने प्रेमगीत लिखे, बच्चों के लिए गीत लिखे, भजन, ग़ज़लें, लोरियाँ और चालू–सभी तरह के गाने लिखे। उन्होंने प्रार्थनाएँ लिखीं, उन्होंने कव्वालियाँ लिखीं...। ऐसा कोई गीत बताइये जो उन्होंने नहीं लिखा हो!"

जिस तरह समीर मजरूह सुल्तानपुरी गीतों की विविधता से प्रभावित थे, ठीक उसी तरह एक दूसरे गीतकार की सादगी ने भी उन्हें मोहित कर रखा था। वे कोई और नहीं, बल्कि आनन्द बक्षी थे जिन्होंने *'मेरे नैना सावन भादों'* (*महबूबा*–1976), *'वादा तेरा वादा'* (*दुश्मन*–1971), *'चिंगारी कोई भड़के तो सावन उसे बुझाये'* (*अमर प्रेम*–1971), *'देखो देखो देखो बाइस्कोप देखो'* (*दुश्मन*–1971), *'आदमी मुसाफ़िर है'* (*अपनापन*–1977)। और भी बहुत से सीधे–सरल लेकिन लोकप्रिय गाने लिखे। पिछले 30 सालों से उन्होंने हिन्दी सिनेमा के बेताज बादशाह के रूप में अपनी जगह बचाए रखी है और आज भी उनके लिखे गीतों के बिना देश भर के शादी समारोह या दूसरे निजी उत्सव, कॉलेजों के आयोजन, जन्मदिन की पार्टियाँ, रेस्टोरेंट और टी–स्टॉल्स अधूरे और सूने लगते हैं। उन दिनों रेडियो पर गीतों के लोकप्रिय कार्यक्रम बिनाका गीतमाला में बजाये जाने वाले दस में से आठ गाने आनन्द बक्षी के लिखे होते थे।

समीर के पिता अनजान उन्हें पहली बार लक्ष्मीकान्त–प्यारेलाल की रिकॉर्डिंग पर आनन्द बक्षी से मिलाने ले गये थे। "यह मेरा बेटा है, लेकिन इत्तेफ़ाक़न आपको ज़्यादा पसन्द करता है," अनजान ने आनन्द बक्षी से समीर का परिचय कराते कहा था। समीर को आज भी उनके बीच हुई बातचीत याद है। आनन्द बक्षी ने उन्हें मुस्कुराते हुए देखा तौर उनकी आँखों में एक शरारती चमक थी। उन्होंने चुटकी लेते हुए कहा– "अनजान, आप भी अजीब इनसान हैं! आपने मेरे ही प्रतिद्वन्द्वी को मेरे सामने लाकर खड़ा कर दिया, और उस पर यह भी कह रहे हैं कि वह मेरा बहुत बड़ा प्रशंसक है?" ज़ाहिर बात थी कि बक्षी ने उस मुलाक़ात से पहले समीर को अगर पढ़ा नहीं भी था तो उनके बारे सुन ज़रूर रखा था। अनजान ने भी फ़ौरन उनकी बात काटते हुए कहा– "यहाँ वह सिर्फ़ आपका आशीर्वाद लेने आया है।" समीर ने झुककर बक्षी साहब के पैर छू लिए। दोनों के बीच काफी देर तक बातचीत होती रही, लेकिन उस संवाद की प्रकृति किसी गुरु–शिष्य संवाद के जैसी ही थी। समीर ने अपने मन के वे सभी सवाल पूछ डाले जो उन्होंने सालों से अपने मन में ऐसे मौक़े के लिए इकट्ठे कर रखे थे। जिस प्रश्न का उत्तर जानने के लिए समीर सबसे अधिक बेसब्र थे, वह यह था कि बक्षी साहब ने इतनी तादाद में गीत कैसे लिखे?

बहरहाल, समीर को अपने सवाल का जवाब उस दिन नहीं मिला। बक्षी साहब की बेमिसाल क़ामयाबी का राज़ जानने के लिए उन्हें थोड़ा इन्तज़ार करना पड़ा। दरअसल उनके काम करनें का तरीक़े में ही इस सवाल का जवाब भी था। अपने अधिकांश समकालीन गीतकारों की तरह वे अपने गीतों को लफ़्ज़ों में नहीं बाँधते थे, बल्कि उन गीतों को काग़ज़ पर उतारने से पहले उन्हें अपने ज़ेहन में गुनगुनाते थे। नतीजे के तौर पर बिल्कुल धुन के मुफ़ीद गाने तैयार होते थे। इससे संगीतकारों का काम बहुत आसान हो जाता था और आख़िरकार जो गीत तैयार होकर सामने आता था, वह सम्मोहक संगीत और लोकप्रियता, दोनों ही मानकों पर खरा उतरता था। आनन्द बक्षी यह काम इसलिये कर पाये, क्योंकि इसके लिए उन्होंने गीत लिखना शुरू करने से पहले संगीत के क्षेत्र में भी ख़ासा हाथ आज़माया था। वे बढ़िया हारमोनियम बजाते थे और उन्होंने लता मंगेशकर के साथ दो–एक गाने भी गाए थे। *'मैं ढूँढ़ रहा था अपनों में'* और *'बागों में बहार आयी, होठों पे पुकार आयी, आजा, आजा, आजा'*..., दोनों फ़िल्म (*मोम की गुड़िया*–1972) के गाने थे। ज़ाहिर बात थी कि संगीत की सम्राज्ञी के साथ डुएट का हिस्सा बनने के लिए संगीत की बुनियादी जानकारी होनी ज़रूरी थी।

समीर कहते हैं– "बक्षी जी की आलोचना अक्सर इसलिए की जाती थी कि एक गीतकार के रूप में उनमें कल्पनाशीलता की कमी थी, उनके गानों में बौद्धिकता के तत्व कम थे और वे ख़ुद को ही बार–बार दोहराते थे। लेकिन जो लोग भी यह इल्ज़ाम लगाते थे, उनमें गीत–लेखन की बुनियादी समझ नहीं थी। गीत–लेखन का पहला बुनियादी नियम यह है कि गीतों का कर्णप्रिय होना सबसे आवश्यक है। गाने के बोल ऐसे हों जो सहजता से आपकी जुबान पर चढ़ जायें। गाने की लोकप्रियता की सबसे बड़ी शर्त यही है। क्या कोई भी मुझे आनन्द बक्षी के लिखे किसी भी गीत के बारे में बता सकता है जो सुनने में बेसुरा और बेतुका लगता हो? यह आरोप भी उतना ही निराधार है कि उनमें कल्पनाशीलता का अभाव था या दोहरावों के कारण उनके गीत चलताऊ लगते थे। आज भी जब मैं पंकज उधास का गाया गीत–*'चिट्ठी आयी है, आयी है, चिट्ठी आयी है...''* (*नाम*–1986) सुनता हूँ तो अपने आँसुओं को मुश्किल से काबू कर पाता हूँ। ज़रा *दुश्मन* (1971) के गीत की उन पंक्तियों के बारे में सोचिये, *'सबने माफ़ किया मुझको, पर मैं हूँ जिसका दोषी, कब टूटेगी उसके घायल होठों की ख़ामोशी, वो भी माफ़ करे तो जानूँ, मन को साफ़ करे तो जानूँ, इन्साफ़ करे तो जानूँ...'* या, *'वादा तेरा वादा'* गाने की पंक्तियों को ही ले लीजिये। मत भूलिये कि इन्हें एक ट्रक ड्राइवर चला रहा है– *'तुम्हारी*

ज़ुल्फ़ है, या सड़क का मोड़ है ये।' एक लड़की की सुन्दरता का बख़ान इससे बेहतर तरीक़े से कर पाना क्या उसके लिये मुमकिन है? आप उससे सूरज, चाँद या किसी फूल से तुलना करने की उम्मीद तो नहीं ही कर सकते हैं न! बतौर एक ट्रक ड्राइवर वह सड़क पर बोली जाने वाली भाषा ही बोलेगा। आनन्द बक्षी अपने इन्हीं नज़रियों के कारण दूसरों से अलग खड़े दिखते हैं। मेरे विचार से हिन्दी सिनेमा में उनसे बेहतर कोई दूसरा गीतकार नहीं हुआ जिसने स्थितियों के अनुसार गीत लिखे हों।"

जब शैलेन्द्र और साहिर लुधियानवी जैसे पुराने दिग्गजों की बात निकलती है तो समीर उनके बारे में भी अपनी राय देने से नहीं चूकते हैं। वे कहते हैं कि शैलेन्द्र के लिखे गीतों का सबसे मज़बूत पक्ष यह है कि स्थितियाँ जैसी भी हों, उनके गीतों में एक गहरे जीवन–दर्शन की झलक हमेशा दिखती है। वे प्रेमगीतों को भी एक दार्शनिक अन्दाज़ में प्रस्तुत करने का हुनर जानते हैं। मिसाल के तौर पर हम *'सवेरे वाली गाड़ी से चले जायेंगे, न कुछ ले के जायेंगे, न कुछ दे के जायेंगे'* (*लाट साहब*–1967) जैसे गाने लिए जा सकते हैं। एक वामपन्थी विचारों वाले आदर्शवादी होने के नाते वे बोलचाल की भाषा में गीत लिखते थे, जिनमें एक आम आदमी के सुख–दुःख, भावनाओं, सपनों और ख़्वाहिशों को अभिव्यक्ति मिलती थी। लेकिन इस उपक्रम में वे जीवन की व्यावहारिक कठिनाइयों और संघर्षों से कहीं भी दूर भागते हुए नहीं दिखते हैं। *'घर आया मेरा परदेसी'* (*आवारा*–1951), *'मेरा जूता है जापानी, ये पतलून इंग्लिस्तानी'* (*श्री 420–1955*), *'सब कुछ सीखा हमने, ना सीखी होशियारी'* (*अनाड़ी–1959*), *'मेरा नाम राजू, घराना अनाम'* (*जिस देश में गंगा बहती है–1960*), *'सजन रे झूठ मत बोलो, ख़ुदा के पास जाना है'* (*तीसरी क़सम–1966*) और राज कपूर की फ़िल्मों के कई दूसरे गाने इस बात का जीता–जागता सबूत हैं कि शैलेन्द्र के लिखे हुए गीत आम जनता के बीच कितने लोकप्रिय थे।

"जहाँ तक मेरी बात है, तो मेरी नज़र में *'जीना यहाँ, मरना यहाँ, इसके सिवा, जाना कहाँ'* उनका सर्वश्रेष्ठ गीत है।" समीर अपनी पसन्द की बात बताते हैं। यह गीत राज कपूर की फ़िल्म *मेरा नाम जोकर* (1970) का है। इस एक पंक्ति ने शैलेन्द्र ने जीवन के सबसे बड़े विरोधाभास को रेखांकित कर दिया है। बचपन से हमें यह बताया जाता रहा है कि अगर हम ज़िन्दगी में नेक काम करेंगे तो सीधे स्वर्ग जायेंगे और वहाँ हमें जीवन के सभी शानो–शौक़त मिलेंगे। वहाँ हमारे इन्तज़ार में हूरें और अप्सराएँ होंगी। ठीक उसी तरह अगर हम ज़िन्दगी में बुरे काम करेंगे तो सज़ा के तौर पर हमें नरक भेज दिया जाएगा जहाँ हमें बहुत दुःख दिये जायें

शैलेन्द्र इस मिथक को अपनी एक पंक्ति से तोड़ देते हैं– हमको यहीं जीना हैं और यहीं मर भी जाना हैं। जिस स्वर्ग और नरक की हम बात करते हैं वे कहीं और नहीं, इसी धरती पर और इसी जीवन में हैं। वे सभी सुख और सुविधाएँ, और अप्सराओं–सी सुन्दर लड़कियाँ भी यहीं हैं। और नरक जैसी ज़लालत और दुःख भी इसी धरती पर हैं। इन दुःखों से बचने के बचने का कोई रास्ता नही है। पूरी क़ायनात में ऐसी कोई जगह नहीं है जहाँ इस जमीन को छोड़कर हम जा सकें। शैलेन्द्र ने जीवन की इन वास्तविकताओं का निचोड़ सिर्फ़ एक पंक्ति में रख दिया है–*जीना यहाँ, मरना यहाँ।* इस बात की कई दूसरी मिसालें दी जा सकती हैं। जैसे, *जिस देश में गंगा बहती है* (1960) फ़िल्म के टाइटल गीत के उस बन्ध को ही ले लीजिए– *'कुछ लोग जो ज़्यादा जानते हैं, इनसान को कम पहचानते हैं।'* यह पंक्ति उन सभी कथित बुद्धिजीवियों और पढ़े–लिखों के चेहरे के नक़ाब उतार देती है जो इनसानी फ़ितरत को अच्छी तरह से समझने का दावा करते हैं। इसलिए इसमें कोई अचरज की बात नहीं है कि शैलेन्द्र के गीतों से आम आदमी एक निजी जुड़ाव महसूस करता है। वे जनता की भाषा में लिखते थे–यही उनके दिल की भी भाषा थी। मुझे नहीं लगता कि शैलेन्द्र के मुक़ाबले कोई दूसरा गीतकार आम जनता के दिल के इतने क़रीब रहा होगा।"

जहाँ तक साहिर लुधियानवी के गीत–ग़ज़लों की बात है, तो समीर की नज़रों में उनकी लेखन–शैली में उर्दू काव्य का रूमान अपने पूरे शबाब पर दिखता है। लेकिन इसके बावजूद उनके भीतर का शायर सामान्य सुनने वालों के संशय से परे अपनी बात को अव्यक्त करता नहीं प्रतीत होता है बल्कि इसके विपरीत आम श्रोता उनके गीतों के प्रवाह में ख़ुद भी बहने लगता है। चाहे वे *'चलो इक बार फिर से अजनबी बन जायें हम दोनो'* (*गुमराह*–1963) जैसे गाने हों, या फिर *'वो सुबह कभी तो आयेगी'* (*फिर सुबह होगी*–1958), या *'कभी–कभी मेरे दिल में ख़याल आता है कि जैसे तुझको बनाया गया है मेरे लिये'* (*कभी–कभी*–1976), या *'आपकी महकी हुई ज़ुल्फ़ को कहते हैं घटा, आपकी मदभरी आँखों को कँवल कहते हैं'* (*त्रिशूल*–1977) जैसे साहिर के लेखन और कथ्य की बारीक बुनावट को साफ़–साफ़ देखा जा सकता है। निश्चित रूप से साहिर के गानों में बिम्ब के चुनाव, दृश्य के अनुसार बातों को कहने का तरीक़ा और लफ़्ज़ों के इस्तेमाल में उनकी सजगता अद्भुत थी। मिसाल के रूप में मोहम्मद रफ़ी का गाया हुआ उनका गीत– *'रंग और नूर की बारात किसे पेश करूँ, ये मुरादों की हसीं रात किसे पेश करूँ'*–(*ग़ज़ल*–1964) में 'मुराद' शब्द को 'चाहतों' या 'तमन्नाओं' जैसे ज़्यादा आसान पर्यायों से

आराम से स्थानापन्न किया जा सकता था, लेकिन साहिर को मुराद ही जँचा। इस गीत ने हिन्दी फ़िल्म–संगीत में एक इतिहास रच दिया, यह बात किसी से छिपी नहीं है।

"आप उनके गानों के अर्थ की गहरायी और कथ्य की अन्तर्वस्तु से ख़ुद को किसी कीमत पर मुक्त नहीं कर सकते हैं।" समीर कहते हैं। "वे हरेक लफ़्ज़ को नाप–तौलकर और बहुत सतर्कता के साथ इस्तेमाल करते थे, गोया हर शब्द को कागज़ पर उतारने से पहले उन पर बड़े ग़ौर से सोचते थे। यहाँ मुझे एक गीत की याद आती है। यह गीत था *'मेरे दिल में आज क्या है, तू कहे तो मैं बता दूँ'* जिसे फ़िल्म *दाग़* (1973) के लिए किशोर कुमार ने गाया था। गाने के बीच में एक पंक्ति आती है, *'तुझे देवता बना कर मेरी चाहतों ने पूजा, मेरा प्यार कह रहा है, मैं तुझे ख़ुदा बना दूँ ...'* इस पंक्ति में 'देवता' और 'ख़ुदा' शब्दों की पारस्परिकता पर ग़ौर कीजिये, दोनों शब्दों का एक मक़सद है और इनका इस्तेमाल एक ही शायर ने किया है। मैं किसी दूसरे मुसलमान गीतकार को नहीं जानता जो क़ाफ़िर ठहराये जाने की फ़िक्र किये बग़ैर अपने जज़्बात को इस लहज़े में कहने की हिम्मत जुटा सके, लेकिन साहिर तो साहिर थे! सबसे जुदा और सबसे ख़ास! मुझे बताया गया था कि वे अपने नज़रिये में पूरी तरह से धर्मनिरपेक्ष थे। वे अज्ञेयवादी थे और ईश्वर में उनकी बहुत अधिक आस्था नहीं थी। यह बात उनके लेखन में भी दिखती है।

•••

ऐसे चमकीले सितारों के बीच अनजान भला कहाँ फिट बैठते? लेकिन समीर मानते थे कि उनके पिता अपने आप में विशिष्ट थे। अपने गीत–लेखन में उन्होंने गीतों और कविताओं के सुन्दर पक्षों का समावेश किया और यह कोशिश की कि लोकप्रियता और शास्त्रीयता के बीच एक सुन्दर सन्तुलन बनाया जा सके। एक तरफ़ उन्होंने *'चलती–फिरती मृगतृष्णाएँ, हमसे अपना अहम पूजाएँ'* और *'चल मुसाफ़िर तेरी मंज़िल दूर है तो क्या हुआ, आज तेरा पाँव थक कर चूर है तो क्या हुआ'* जैसे गीत लिखे, तो दूसरी तरफ़ *'आँख लड़ी हमसे तो आँख लड़ी तो, धन्नो रानी तेरी नानी मर जायेगी'* (*गंगा की सौगन्ध*&1978) जैसे हल्के–फुल्के और लोकप्रिय गाने भी लिखे। कई बार उन्होंने गम्भीरता और मनोरंजन जैसे दोनों तत्वों को एक ही गाने में सफलता के साथ आज़माया। उदाहरण के रूप में *मुक़द्दर का सिकन्दर* (1978) के शीर्षक गीत को लिया जा सकता है। यह गीत एक हल्के–फुल्के अन्दाज़ में शुरू होता है और देखते–देखते *'जिन्दगी तो बेवफ़ा है, एक दिन ठुकरायेगी...'* जैसे फ़लसफ़े में दाख़िल हो

जाता है। जीवन के ये भावनात्मक व्यतिरेक और विषमताएँ बाद के सालों में अनजान के गीतों का विशिष्ट तत्व बन गये। *'आप के हसीन रुख़ पे आज नया नूर है, मेरा दिल मचल गया तो मेरा क्या क़सूर है'* (*बहारें फिर भी आयेंगी*–1966), या बड़े अद्‌भुत अन्दाज़ में लिखा गया डुएट *'तेरी जुल्फ़ों की महक होश उड़ा देती है, ये घटा घिरती है तो आग लगा देती है'* फ़िल्म *'ज़ीनत'* जो रिलीज़ नहीं हो सकी, जैसे गीत इसके उदाहरण हैं.

"उनके लिखने का अन्दाज़ पूरी तरह से उनकी शख़्सियत की तरह ही था," समीर कहते हैं–"वे दिल के बहुत अच्छे और नेक इनसान थे, और उन्होंने अपने भीतर की कस्बाई निष्कलुषता को हमेशा बचाये रखा। उन्हें अपनी जड़ों पर गर्व था। उनकी ज़िन्दगी में गंगा और उसके तट पर बसे बनारस की ख़ासी अहमियत थी। इसी बात ने शायद उनको *'मानो तो मैं गंगा माँ हूँ, ना मानो तो बहता पानी, जो स्वर्ग ने दी धरती को, मैं हूँ प्यार की वही निशानी'* (*गंगा की सौगन्ध*–1978) जैसा गीत लिखने के लिए प्रेरित किया। अमिताभ बच्चन और रेखा की सुपरहिट जोड़ी वाली इस फ़िल्म ने बॉक्स ऑफ़िस पर भी क़ामयाबी के झण्डे गाड़ दिये थे। गंगा के प्रति उनके लगाव की एक और मिसाल *'गंगा में डूबा न जमुना में डूबा, डूब गया रे मेरा मन सजन तेरी अँखियन में ...'* जैसा गीत भी है जो 'अपने रंग हज़ार' (1975), गाने से लिया गया है। सनद रहे कि अनजान की कविताओं के संकलन का शीर्षक था–*'मैं गंगा तट का बंजारा।'* यह वही नज़रिया था जिससे अनजान आजीवन ख़ुद को देखते रहे– गंगा के किनारे बसने वाला एक कवि।"

अगर फ़िल्म उद्योग के भीतर और बाहर के लोग अनजान को पूर्वी उत्तर प्रदेश के लोकाचारों को जन–मानस में प्रस्तुत करने वाले एक प्रतिनिधि कवि होने का श्रेय देते हैं, तो इसकी मुख्य वजह *डॉन* (1978) का गीत *'खई के पान बनारस वाला। खुली जाये बन्द अक़्ल का ताला'* है। निश्चित रूप से इस गाने में हम भोजपुरी संस्कृति की एक अनूठी और सोंधी गन्ध महसूस करते हैं, लेकिन समीर हमारा ध्यान अनजान के लिखे उस पक्ष की तरफ़ खींचने की कोशिश करते हैं, जिन पर आम तौर पर एक सामान्य श्रोता का ध्यान नहीं जाता है। अनजान अपने गानों में अपने शब्द–चयन को लेकर बहुत सतर्क थे। मिसाल के तौर पर उनकी एक पंक्ति है, *'काहे पैसे पे इतना गुरूर करे है, यही पैसा तो अपनों से दूर करे है..।* (*लावारिस*–1981)' समीर कहते हैं कि अनजान चाहते तो इस पंक्ति को 'है' के साथ ख़त्म कर सकते थे, लेकिन इसके बजाय उन्होंने 'हे' का चुनाव किया और किशोर कुमार से ज़िद कर गाने में इस शब्द का उच्चारण भी यही कराया। गीत–लेखन के ये ऐसे छोटे–छोटे

पक्ष हैं जिन पर कोई अमूमन ध्यान नहीं देता है, लेकिन इस तरह की डिटेलिंग के मामले में मेरे पिता किसी तरह का समझौता नहीं करते थे।" समीर बताते हैं।

अनजान के शब्दों में प्रेम को अभिव्यक्त करने का सबसे बेहतर तरीक़ा क्या हो सकता था? जवाब में समीर हँस पड़ते हैं– "इसके कई तरीक़े हैं, लेकिन मेरे फ़िलहाल जो मेरे जेहन में आता है, वह है–'*जब जब तू मेरे सामने आये, मन का संयम टूटा जाये...*' (*श्याम तेरे कितने नाम*–(1977)। हिन्दी सिनेमा में आदमी की भावनाओं की अभिव्यक्ति का यह सबसे स्वीकृत और प्रचलित तरीक़ा है। इसकी एक और बेहतर मिसाल '*गंगा में डूबा ना जमुना में डूबा, गया रे मेरा मन सजन तेरी दो अंखियन में...*' जैसा गीत है। ये वे दिन थे जब सिनेमा का पर्दा हो या समाज, प्रेमियों के मन में इतना संकोच हमेशा मौजूद होता था कि वे अपने प्रेम की गरिमा का निर्वहन कर सकें। उनके चेहरे की अभिव्यक्तियाँ उनके मन की भावनाओं को प्रकट करने के लिए पर्याप्त थीं। अब तो ये हदें टूट चुकी हैं। मुझे नहीं लगता कि साहिर, शैलेन्द्र या मज़रुह ने अपने गीतों में कभी 'मैं तुमसे प्यार करता या करती हूँ' जैसा जुमला लिखा होगा। वे अपने गीतों में मानवीय भावनाओं की मर्यादा को बचाये रखना अच्छी तरह से जानते थे। किसी ने कभी ऐसा कुछ नहीं लिखा जिससे उस मर्यादा का अतिक्रमण हो या जो अश्लीलता के दायरे में आता हो। मेरे पिता का सम्बन्ध भी उसी पीढ़ी से था–सुसंस्कृत, गरिमापूर्ण, नियन्त्रित और परिष्कृत। उनके लिए अधिक से अधिक यही कह पाना सम्भव था कि 'इज़हारे मोहब्बत करता हूँ' या फिर 'ये आँखें जो मेरी ज़बाँ बोल रही हैं.' अपनी मुहब्बत को तो साफ़–साफ़ ऐसे भी ज़ाहिर किया जा सकता है।"

बीते सालों के क़ामयाब गीतकारों के रोमांटिक गीतों की विशेषताओं का तुलनात्मक अध्ययन करते हुए समीर जो ख़ुशनुमा तस्वीर पेश करते हैं, वह हमें अनायास गीत–संगीत की एक लम्बी और रूमानी अतीत–यात्रा में ले जाता है। शैलेन्द्र का ख़ास लहज़े में लिखा गया यह बन्ध '*मुझे तुमसे कुछ भी न चाहिये, मुझे मेरे हाल पे छोड़ दो*' (*कन्हैया*–1959), जब अर्थ की दृष्टि से शैलेन्द्र के सदाबहार गाने '*मेरे मन की गंगा और तेरे मन की जमुना का, बोल राधा बोल संगम होगा कि नहीं* (*संगम*–1964) के साथ अपनी साम्यता प्रकट करता है तो गीत–लेखन में क्राफ़्ट की एक विरल साम्यता की झलक देखी जा सकती है। '*कितनी सदियाँ बीत गयी हैं हाय तुझे समझाने में*' और फिर '*मेरे जैसा धीरज वाला है कोई और*

ज़माने में' जैसी पंक्तियों में प्रेमी (राज कपूर) का धैर्य अपनी पराकाष्ठा पर दिखायी देता है।

इस धैर्य में एक हल्की–सी अधीरता तब दिखायी देती है जब सायरा बानो जय मुखर्जी से गाती हुई कहती हैं– *'दिल विल प्यार व्यार, मैं क्या जानूँ रे, जानूँ तो जानूँ बस इतना कि मैं तुझे अपना मानूँ रे* (*शागिर्द*–1967)। शर्मो–हया और अधीरता का यह भाव तब भी दिखता है जब फ़िल्म (*राजा जानी*–1972) में हेमा मालिनी धर्मेन्द्र से गाती हुई कहती है–*'ए.बी.सी.डी. छोड़ो, नैना से नैना जोड़ो...'* लेकिन (*गुलाम*–1998), आते–आते सारी बन्दिशें और हदें टूटती हुई दिखने लगती हैं जब हीरो हीरोइन से खुल्लमखुल्ला कहता है–*'ऐ क्या बोलती तू? ऐ क्या मैं बोलूँ, सुन, सुना, आती क्या खण्डाला!'* गीतकार– नितिन रायकवार,। आज के गीतकार तो इतने भर में भी रुकते हुए नहीं दिखते हैं। वे अपनी बात कुछ और खुले अन्दाज़ में कहते हैं– *'जस्ट चिल, चिल, चिल, जस्ट चिल, सोनिया दिल से मिला ले दिल...'* यह ख़ुद समीर का ही लिखा गीत है जिसे उन्होंने (*मैंने प्यार क्यों किया*–2005, के लिए लिखा था।

ज़ाहिर–सी बात है कि *'गंगा में डूबा'* (*अपने रंग हज़ार–1975*) *से लेकर 'क्या बोलती तू?'* (*गुलाम*–1998) और *'जस्ट चिल'* (*मैंने प्यार क्यों किया*–2005) तक गंगा में बहुत पानी निकल चुका है।

धन्धे का सलीका

बम्बई में अपने शुरुआती दिनों में ही समीर ने मजरूह सुल्तानपुरी से गीत–लेखन के बारे में एक बेहद क़ीमती सबक सीखा था। दोनों की. जुटाव चित्रगुप्त के घर पर हुआ था। वहीं पर समीर ने बुज़ुर्ग गीतकार से पूछा कि वे धुनों के मुताबिक़ इतने अच्छे बोल कैसे लिख लेते हैं। चित्रगुप्त अपनी धुनों को लेकर बेहद सख़्त थे। मीटर से बाहर एक शब्द तो दूर की बात है, उन्हें एक अक्षर भी गवारा नहीं था। दूसरी तरफ़ मजरूह थे जो अपने गीतों की विविधताओं के लिए मशहूर थे। उन्हें प्रेमगीत से लेकर भजन और क़व्वाली तक एक–सी सहजता के साथ लिखने में महारत हासिल था। मीटर की क़सौटी पर भी वे कभी समझौता करते नहीं दिखे। इसीलिये चित्रगुप्त और मजरूह सुल्तानपुरी की जोड़ी हिन्दी सिनेमा में इतनी मुकम्मल मानी जाती थी कि सुनने वालों के लिए यह तय कर पाना मुश्किल था कि पहले धुन बनायी गयी होगी और उसके हिसाब से गीत लिखा गया होगा, या पहले गीत लिखा गया होगा और बाद में उसे धुन में ढाला गया होगा।

बहरहाल, समीर का सवाल सुनकर मजरूह ने उन्हें गीत–लेखन का एक बड़ा राज़ बताया। उस दौर से कुछ ही पहले जब कोई संगीतकार फ़िल्म किसी सिचुएशन के हिसाब से धुन तैयार करता था तब गीतकार को पहले पूरे परिवेश का सन्दर्भ समझना ज़रूरी होता था, फिर गाने की धुन को ध्यान में रखते हुए गीत के बोल लिखने होते थे। इस पूरी प्रक्रिया में सबसे महत्त्वपूर्ण हिस्सा गीत के धुन को याद रखना था। ज़ाहिर बात थी कि पहले गीतकार धुन के मुताबिक़ कुछ कामचलाऊ शब्द लिखते थे और बाद में उन्हें वास्तविक शब्दों के साथ स्थानापन्न कर देता था। छोटे टेप रिकॉर्डर के आगमन के साथ ही गीतकारों को अपने कामों में सहूलियत हो गई, लेकिन यहाँ एक दिक़्क़त थी। गीतकार गीत लिखने के क्रम में बार–बार धुनों को सुनने पर निर्भर हो गये ताकि वे धुन में फिट बैठ सकने वाले शब्द लिख सकें। इस तरह एक के बाद दूसरी पंक्ति लिखने की क़वायद ने पूरी संगीत रचना को उसके स्वाभाविक और

स्वछन्द प्रवाह से वंचित कर दिया और गीत–लेखन एक यान्त्रिक उपक्रम बन कर रह गया।

"हरेक संगीत रचना की अपनी एक स्वाभाविक ऊर्जा होती है, अपना एक स्पन्दन होता है," मजरूह साहब कहा करते थे, "एक अच्छा गीतकार वही है जो अपने शब्दों के उपयुक्त चयन से गीत के इन तत्वों में दोबारा जान फूँक दे, क्योंकि शब्दों के अर्थ और ऊर्जा और संगीत के असरकारक समन्वय से ही एक अच्छे गीत की रचना हो सकती है। इसलिये धुनों के आधार पर सिर्फ़ शब्दों की क़रतबबाज़ी ही काफ़ी नहीं है। यह काम तो कोई भी गीत लिखने वाला कर सकता है। मेरा मानना है कि कोई भी संगीत रचना जिन भावनाओं को अभिव्यक्त करना चाहती है, उन भावनाओं को समग्रता से आत्मसात् कर लेना उस रचना के गीतकार के लिए बहुत आवश्यक है। संगीत रचना की शाश्वतता में डूबे बिना गीतकार के लिए यादगार गीत लिख पाना बहुत कठिन है। इसलिए गीत लिखते हुए हड़बड़ाइये मत, और उनके अलग–अलग अन्तरों को टेपरिकॉर्डर में बार–बार मत सुनिए। कोशिश कीजिये और संगीत की सम्पूर्णता के साथ तब तक बने रहिये जब तक आप ख़ुद को प्रेरित न महसूस करने लगें। आप हैरान रह जायेंगे, क्योंकि जल्दी ही आप ख़ुद को ऐसी मनःस्थिति में घिरा हुआ पाएँगे कि शब्दों की तलाश करने में आपको कोई मशक्कत नहीं करनी पड़ेगी। गीत की ज़रूरत के हिसाब से शब्द ख़ुद–ब–ख़ुद आपके ज़हन में दस्तक देने लगेंगे। एक बार जब यह आपकी आदत बन जाएगी, धुनों के आधार पर गीत लिखना आपको बच्चों का खेल–सा आसान लगने लगेगा।"

संयोग की बात कह सकते हैं कि जिस गीत से समीर का बॉलीवुड में प्रवेश हुआ, उस गीत को रचनात्मकता और संगीतात्मकता– दोनों ही कसौटियों पर खरा उतरना था। यह वाक़या फ़िल्म बेख़बर (1983) का है। गाने के मुखड़े–*'गोरी परेशान है, काली परेशान है, हर घरवाले से घरवाली परेशान है'*–से संगीतकार उषा खन्ना सहमत थीं। तब तक समीर ने इतना भर ही लिखा था। अन्तरे के लिए उषा खन्ना ने एक धुन तैयार कर ली थी, और अब समीर का काम था कि धुन के हिसाब से शब्दों का चयन कर गीत लिखें। इस गाने की पहली चुनौती तो यह थी कि अन्तरों को ऐसे लिखा होना चाहिये था ताकि वे मुखड़े के विचारों को आगे ले जाते हुए प्रतीत हों और साथ–साथ इसका ख़याल भी रखा जाना ज़रूरी था कि अन्तरों का शब्द–चयन धुन की निरन्तरता के प्रतिकूल न लगे। "किसी भी गीत का अन्तरा लिखना उस गीत के मुखड़े को लिखने से बहुत जटिल काम है।" समीर बताते हैं। "मुखड़ा दिमाग़ में आये किसी

अकस्मात् विचार की तरह होता है, लेकिन अन्तरे में आपको ख़ुद को पूरा झोंक देना होता है ताकि गीतों की ध्वन्यात्मक आन्तरिकता को बचाए रखने के साथ–साथ उनके वैचारिक निरन्तरता को भी सुरक्षित रखा जा सके। इस उपक्रम में सिचुएशन और मीटर की दृष्टि से गाने और उसकी धुन–दोनों की पारिभाषिक शुद्धता का ख़याल भी रखना होता है। एक सफल संगीत रचना में इन सभी तत्वों का समानुपातिक सम्मिश्रण इस प्रकार होना चाहिये ताकि दर्शक उस गीत–संगीत के साथ चेतना के आधार पर एक जुड़ाव अनुभव कर सकें और फ़िल्म की कहानी को आगे बढ़ाने में भी वह सहायक हो सके। किसी भी गीतकार को सफल होने के लिए इसका विशेष ध्यान रखना चाहिये।"

समीर को याद है, गीत लेखन के क्षेत्र में अभी नये होने के कारण वे जब उषा खन्ना से मिले थे तब उनके पास गाने के अन्तरे के रूप में छह–सात विकल्प थे। दो–तीन मुलाक़ातों के बाद आख़िरकार दोनों ने गीत के लिए एक 'कट–एंड–पेस्ट' संस्करण आज़माने का फ़ैसला किया। जब ताड़देव के फ़ेमस स्टूडियो में गाने की रिकॉर्डिंग हो रही थी, तब एक दिलचस्प तजुर्बे के साथ–साथ समीर के जीवन में वह भी कुछ सीखने का अवसर था। अलका याज्ञनिक को वह गीत गाना था और उसके रिकॉर्डिस्ट भंसाली बाबा थे। समीर इससे पहले भी अपने पिता के साथ दो–एक बार गाने की रिकॉर्डिंग पर जा चुके थे, लेकिन यह थोड़ा अलग अवसर था। यह उनके ख़ुद के लिखे गाने की पहली रिकॉर्डिंग थी और इसलिए यह एक ख़ास बात थी। 60 से 70 साज़िन्दों की एक साथ मौजूदगी समीर के लिए एक अनोखा नजारा था। इन साजिंदों में लगभग दर्ज़न भर तबलावादक और ढोलकिये थे जबकि वायलिन बजाने वालों की तादाद उससे भी ज़्यादा थी। सभी साज़िन्दे अपने वाद्यों के साथ रिहर्सल करने में मसरूफ़ थे, और अपने–अपने स्केल को चेक रहे थे। जब अलका ने अपनी आवाज़ बड़े–बड़े स्पीकरों के पर गाने की रिकॉर्डिंग शुरू की, तब मॉनिटर रूम में बैठे समीर एक अद्भुत ख़ामोशी के साथ इस दृश्य को देख रहे थे। उनका लिखा पहला गीत रिकॉर्ड हो चुका था। यह किसी सपने के सच होने जैसा था। उसके बाद स्टूडियो में रिकॉर्डिंग पूरी होने का जश्न मना। लोगों ने एक–दूसरे को मुबारक़बाद दी, मौक़े की तस्वीरें ली गयीं, मिठाइयाँ बाँटी गयीं और चाय–नाश्ते के साथ गपशप का दौर चला। कई सालों तक वे तस्वीरें समीर के पास सुरक्षित रहीं जो हिन्दी फ़िल्म उद्योग में उनके प्रवेश की यादगारें थीं।

•••

एक और बहुत पुरानी घटना है। समीर को चित्रगुप्त के बेटों आनन्द और मिलिन्द के लिए *अब आयेगा मजा* (1984) में काम करना था। फ़िल्म के डायरेक्टर पंकज पराशर थे और फारूक शेख और अनिता राज की केन्द्रीय भूमिकाएँ थीं। इस गाने की रिकॉर्डिंग भी फ़ेमस स्टूडियो में ही हो रही थी, और सबसे बड़ी बात यह थी कि पहली बार लता मंगेशकर समीर के किसी गीत को अपनी आवाज़ दे रही थीं। गाने के बोल थे–*'राजा तेरे रस्ते से हट जाऊँगी, गाड़ी के नीचे जाके कट जाऊँगी।'* यह भी पहली–पहली ही बार हो रहा था, कि समीर का सामना भारतीय सिनेमा की इस सुर–सम्राज्ञी से हो रहा था। लेकिन लताजी के आने में हो रही असामान्य देरी की वजह से सबके चेहरों पर चिन्ता की लकीरें खिंची हुई थीं। स्टूडियो की बुकिंग का समय भी सुबह 9:30 बजे दोपहर 1:00 बजे तक ही था, और समय खिंचने का सीधा असर फ़िल्म के बजट पर पड़ने वाला था। किसी भी छोटे बजट की फ़िल्म के लिए कोई भी फ़िज़ूलख़र्ची भारी पड़ सकती थी।

लताजी कोई 11:00 बजे पहुँची। हमेशा की तरह मुस्कुराती हुईं और चेहरे पर एक निश्चन्तता का भाव लिए। इस फ़िल्म की संगीतकार जोड़ी आनन्द–मिलिन्द चित्रागुप्त जी के बेटे थे जो अपने बचपन से ही लता जी के स्नेहभाजन थे। किसी स्नेहसिक्त माँ की तरह स्टूडियो में आने के बाद माइक्रोफ़ोन के सामने जाकर नष्ट हुए समय की भरपाई करने के बजाय वे आनन्द और मिलिन्द से बोलने–बतियाने लगीं। उन्होंने तक़रीबन डेढ़ घण्टे से भी अधिक समय दोनों संगीतकारों और उनके पिता के साथ अकेले में बातचीत करते हुए गँवा दिया। बाहर बैठे संगतकार और यूनिट के दूसरे लोग उकताते रहे। बीच में उन्होंने मिलिन्द से वह गीत गाने के लिए भी कहा जिसकी रिकॉर्डिंग उन्हें करनी थी। यूनिट के सारे लोग जब पूरी तरह से हताश हो गये तो 12:45 बजे के क़रीब वे अचानक उठ खड़ी हुईं और बिना किसी ताम–झाम के बड़े आराम से रिकॉर्डिंग का काम निबटा दिया। पूरा गीत 'सिंगल टेक' में रिकॉर्ड कर लिया गया था, और 1:00 बजने तक पूरा काम ख़त्म हो चुका था।

समीर के लिए यह एक अचम्भित कर देने वाली घटना थी। एक ही टेक में लता ने जिस आत्मविश्वास से पूरे गीत को निभाया था, उनकी इस क्षमता से अधिक समीर इस बात से चकित थे कि एक साधारण प्रतीत होते गीत को लताजी कैसे अपनी असाधारण आवाज़ से उदात्तता के चरम पर ले जाने वाली विरल प्रतिभा रखती थीं। लता जी की महानता पर कोई चिन्ह लगाना कठिन था, लेकिन उनके व्यक्तित्व के दूसरे पक्ष भी कम चमत्कृत कर देने वाले नहीं थे। जब किसी ने उनसे प्रश्न किया

कि रिकॉर्डिंग से पहले उन्होंने मिलिन्द से उस गीत को क्यों गवाया, तो उनका उत्तर था– "मैं चाहती थी कि ये बच्चे इस गीत की भीतर से महसूस कर सकें। किसी मशीन की तरह संगीत की रचना करना एक बात है, लेकिन उस गीत की भावनात्मक आन्तरिकता को अनुभव करना और गीत एक एक–एक शब्द और मुहावरों के अर्थ और महत्त्व को समझना बिल्कुल अलग बात है।"

ऐसी ही बात किशोर कुमार ने भी हँसी–मज़ाक़ के अपने ख़ास अंदाज में कही थी। मौक़ा भी इत्तेफ़ाक़ से *अब आयेगा मज़ा* की रिकॉर्डिंग का था जब किशोर कुमार को आशा भोंसले के साथ एक डुएट–'सोलह बरस की कमसिन उमरिया, उमरिया जीने ना दे, चुनरिया जीने न दे' गाना था। किशोर कुमार के मूड और लेटलतीफ़ी के क़िस्सों से बॉलीवुड में हर कोई वाक़िफ़ था। उस रोज़ भी पूरी रिकॉर्डिंग यूनिट उनके आने इन्तज़ार में साँस रोककर बैठी हुई थी। आख़िरकार वे अपने पसन्दीदा पहनावे–चाइना सिल्क की लुँगी और ढीले–ढाले सफ़ेद कुरते में वे आये और पहुँचने के साथ ही अपनी चुहुलबाज़ियों में व्यस्त हो गये। उन्होंने साज़िन्दों और टेक्नीशियनों के साथ–साथ आशा जी को भी हँसा–हँसाकर दोहरा कर दिया। आख़िरकार आशा जी को उन्हें कहना पड़ा कि अगर वे अपनी शरारतों से बाज़ नहीं आएँगे तो उनकी आवाज़ बेसुरी हो जायेगी और रिकॉर्डिंग पर बुरा असर पड़ेगा। समीर ने ग़ौर किया कि अपनी तमाम सनक भरी और मज़ाकिया हरकतों के बावजूद किशोर कुमार भीतर से एक बेहद संजीदा इंसान थे। जैसे ही वे माइक्रोफ़ोन के सामने खड़े हुए, उन्हें लग गया कि मुखड़े में कुछ गड़बड़ी है। उन्होंने फ़ौरन समीर को बुलाया और उनसे पूछा– "इसका मतलब क्या हुआ, 'चुनरिया जीने न दे?' यह बात तो समझ में आती है कि उमरिया किसी को जीने नहीं दे सकती, लेकिन चुनरिया उसे जीने से कैसे रोक सकती है?" समीर यह समझ गये कि यह सवाल एक गीतकार के विवेक को चुनौती देने के लिए नहीं, बल्कि यह किसी शब्द के उपयोग के पीछे के तर्क को समझने के लिए किया गया था। लेकिन किशोर ने जिस पल 'चुनरिया' शब्द के औचित्य को लेकर प्रश्न किया, उसी क्षण उन्होंने उत्तर की प्रतीक्षा किये बिना उस औचित्य को सिद्ध करते हुए गीत की रिकॉर्डिंग शुरू कर दी।

"यही बात उन्हें दूसरों से अलग करती थी," समीर बताते हैं, "मैंने उन लोगों को बहुत नज़दीक से परखने की कोशिश की हैं, जिन्होंने अपनी ज़िन्दगी में क़ामयाबी हासिल की है। वे सिर्फ़ अपना काम ईमानदारी के साथ नहीं करते, बल्कि दूसरे क्षेत्र में काम करने वालों उन लोगों के लिए भी बेपनाह इज़्ज़त से भरे होते हैं जो अपना काम पूरी ईमानदारी और

क़ाबिलियत से करते हैं। अच्छे पेशेवर लोगों के बीच एक–दूसरे के लिए सम्मान का अर्थ और आधार यही पारस्परिकता होती है। हमारे फ़िल्म उद्योग के साथ दिक़्क़त यह है कि यहाँ दो तरह के लोग काम करते हैं। पहली तरह के लोग निहायत क़ाबिल, मेहनती और अपने काम के प्रति बेहद ईमानदार होते हैं, लेकिन ऐसे लोग बहुत कम हैं। दूसरी तरह के के लोग जो बदक़िस्मती से तादाद में ज़्यादा हैं, वे ऐसे लोग हैं जो अपने काम को ठीक से नहीं जानते, लेकिन संयोग से वे क़ामयाब हो गये हैं। ऐसे लोग आपके पास आयेंगे और आपसे एक 'हिट' गाने की माँग करेंगे। वे इस बात को नहीं समझते हैं कि हिट गाने पेड़ों पर नहीं उगते। उनको शायद लगता है कि मैं एक जेब में हिट गाने और दूसरी जेब में फ़्लॉप गाने लेकर घूमता हूँ। उनकी असल दिक़्क़त यह है कि वे ख़ुद भीं जानते कि उनको क्या चाहिये।"

मिसाल के तौर पर समीर एक निर्माता का हवाला देते हैं और बताते हैं कि एक बार वह उनके पास आया और उनसे गुज़ारिश की कि मैं उनके लिए बरसात पर कोई गीत लिख दूँ। उनकी ख़्वाहिश के मुताबिक़ एक ऐसा गीत लिखा गया बारिश के रूमान, गीली मिट्टी की ख़ुशबू के सोंधेपन और प्रेमियों की तड़प भरी चाहत जैसे मुहावरों की भरमार थी। लेकिन गीत की पंक्तियों को पढ़ने के बाद निर्माता ने एक अजीब पलटी मार दी– "लेकिन इस गाने में *पापा कहते हैं बड़ा नाम करेगा* (क़यामत से क़यामत तक–1988) गाने जैसी बात नहीं है," उसकी शिकायत थी। समीर हक्के–बक्के रह गये। बहुत दिमाग़ लगाने के बाद भी वे 'पापा' और 'बारिश' के बीच का समीकरण नहीं समझ पा रहे थे। समीर ने उनको बहुत समझाने की कोशिश की कि उनका गीत सिर्फ़ बारिश और पानी पर केन्द्रित है, लेकिन निर्माता इस बात पर अड़े रहे कि उन्होंने शुरू में ही यह साफ़ कर दिया था कि उनको एक पापा कहते हैं 'टाइप गाना' चाहिये था!

"अगर अब इसकी तुलना यश चोपड़ा, सुभाष घई और संजय लीला भंसाली जैसे गाढ़ी कमाई करने वाले फ़िल्म–निर्माताओं से की जाए तो उनके विचार इतने स्पष्ट होते थे कि एक बार यह बता देने के बाद कि दरअसल उनको क्या चाहिये, वह नतीजा अच्छा हो या बुरा लेकिन उसका दोष आपके माथे पर नहीं मढेंगे," समीर बताते हैं। "मुझे याद है कि मैं करण जौहर की 'कुछ कुछ होता है' (1998) का टाइटल गीत– *'तुम पास आये, यूँ मुस्कुराये, तुमने ना जाने क्या सपने दिखाये, अब तो मेरा दिल, जागे ना सोता है, क्या करूँ हाय, कुछ कुछ होता है'* लिख रहा था। जब मैंने ये पंक्तियाँ लिखीं तो मैंने करण से कहा कि मैं इनसे बेहतर लिख

सकता था, लेकिन करण का जवाब यह था कि अच्छा और ख़राब में उनकी कोई दिलचस्पी नहीं थी। ''मुझे पता है, मुझे क्या चाहिये,'' उन्होंने कहा, ''और मुझे जो चाहिये था, वह मुझे मिल गया।'' नज़रिये की यह स्पष्टता बतलाती है कि वे आज की तारीख़ में इतने क़ामयाब क्यों हैं। कोई दूसरा निर्माता होता तो वह मेरी पेशकश पर उछल पड़ता और मुझे दूसरा गीत लिखने के लिए कहता, क्योंकि उसे यह पता ही न था कि उसे दरअसल क्या चाहिये था, और न वह यही जानता था कि मैं उसे क्या देने वाला था। ऐसी स्थिति में बेहतर यही है कि आदमी अपने मन की बात को सुने और अपनी सोच के हिसाब से फ़ैसला ले।"

कुछ ऐसे भी निर्माता होते हैं जो भाषा के अच्छे जानकार नहीं होने के बावजूद एक ऐसे गीत की अटपटी माँग करते हैं जिसे अभी तक किसी ने नहीं सुना हो। फ़ाइट मास्टर रह चुके पप्पू वर्मा ने जब सुदेश बेरी, प्रियंका और कादर ख़ान को लेकर 1992 में 'वंश' फ़िल्म बनायी तो उनकी शर्त भी ऐसी ही अजीबोग़रीब थी। अपने ऊपर के दवाब को देखते हुए समीर यह समझ चुके थे कि गीत के रूप में क्या निकलकर आएगा। ऐसी स्थिति में उन्होंने व्यावहारिक रास्ता चुनना मुनासिब समझा, क्योंकि वे अपनी मेहनत को ज़ाया होता नहीं देखना चाहते थे। उन्होंने एक बुनियादी नियम बनाया और पप्पू से कहा, "इससे पहले कि हम काम शुरू करें, हमें एक बात पर सहमत हो जाना चाहिये। या तो आप मुझे बता दीजिये कि मैं क्या लिखूँ ताकि मैं आपके हिसाब से गीत लिख सकूँ, या फिर मैं जो लिख दूँ तो आप भी उसे बिना कोई सवाल–जवाब किये कुबूल कर लें। हम दोनों में से एक का पूरी तरह से तसल्ली कर लेना ज़रूरी है। गीतों की रिकॉर्डिंग हो जाने के बाद मैं किसी मुद्दे पर कोई असहमति नहीं चाहता हूँ जिसका असर हमारे सम्बन्धों पर पड़े।"

पप्पू को उनकी बात ठीक लगी और उन्होंने गीत लिखने का काम पूरी तरह से समीर की मर्ज़ी पर छोड़ दिया। ठीक वक़्त पर समीर ने उनके लिए *'आके तेरी बाँहों में हर शाम लगे सिन्दूरी, मेरे मन को महकाये तेरे तन की कस्तूरी'* जैसा गीत लिखा। 'सिन्दूरी' और कस्तूरी' जैसे शब्द पप्पू के लिए बिल्कुल नये थे, और उन शब्दों की रुमानियत और अभिव्यक्ति की सहजता की तारीफ़ करने के बजाय उनको लगा कि समीर उनके साथ मज़ाक़ कर रहे हैं। वे समीर से मिलने फ़ौरन जा धमके और उन शब्दों के इस्तेमाल पर ऐतराज़ जताया, जिन्हें उन्होंने कभी सुना भी नहीं था। समीर ने उन्हें ठण्डे दिमाग़ से समझाया कि गीत की पंक्तियाँ पूरी तरह से सिचुएशन के हिसाब से लिखी गयी थीं। पप्पू में मन का संशय तब भी बना रहा, लेकिन समीर ने उन्हें गीत में लिखे हर एक

शब्द और मुहावरे के बारे में समझाते हुए उनकी वजह से गीत के असर में होने वाले इज़ाफ़े के बारे में भी बतलाया। साथ ही साथ समीर ने उनको शुरुआत में ही दोनों के बीच होने वाले समझौते की भी याद दिलायी। फ़िल्म का म्यूज़िक रिलीज़ होने के बाद वह डुएट जिसे आनन्द–मिलिन्द ने अपने संगीत से सँवारा था और जिसको एस.पी. बालासुब्रमण्यम और लता मंगेशकर ने गाया था, ज़बरदस्त रूप से क़ामयाब हुआ।

"गीतकारों के बारे में लोगों में एक सबसे बड़ी ग़लतफ़हमी यह है कि वे समझते हैं कि गीतों की क़ामयाबी की चाबी गीतकारों के ही हाथों में होती है। कुछ हद तक यह सच है कि लेखकीय पक्ष किसी गीत का एक महत्त्वपूर्ण हिस्सा हैं, लेकिन यही उस गीत का इक़लौता हिस्सा नहीं हैं। संगीत, गायक, संगतकार, रिकार्डिस्ट... यहाँ तक कि वे अभिनेता जिन पर उस गीत को फ़िल्माया जाना है और गीत का छायांकन–ये सभी कारण साथ मिलकर किसी गीत की सफलता में अपना योगदान देते हैं। ऐसी सैकड़ों मिसालें मिलती हैं जब एक बढ़िया गीत एक या कई दूसरे कारणों से ख़राब हो जाता है, और गीतकार की इसमें कोई ग़लती नहीं होती। ठीक इसके विपरीत, एक अच्छी संगीत–रचना या उम्दा गायिकी की वजह से कई बार एक निहायत मामूली गीत भी ज़बर्दस्त तरीक़ से क़ामयाब हो जाता है। मिसाल के तौर पर *आशिक़ी* (1990) के लिए लिखे गये मेरे गाने बेहद मामूली थे। *नज़र के सामने जिगर के पास* जैसी पंक्ति में कोई ख़ास बात तो नहीं थी, लेकिन नदीम–श्रवण के संगीत की ताक़त ने इन पंक्तियों को उन बुलन्दियों पर पहुँचा दिया कि ये गाने चार्टबस्टर बन गये। ये गीत घर–घर में गाये जाने लगे और इन्होंने क़ामयाबी के नये कीर्तिमान बनाये। इसी गीत ने मुझे मेरा पहला फ़िल्मफ़ेयर पुरस्कार भी दिलवाया।

•••

अब तक समीर हिन्दी सिनेमा में अपनी एक स्थायी जगह बना चुके थे और अब उस जगह को और मज़बूत करने का समय आ गया था। वे अपने जीवन की पहली रिकॉर्डिंग, पहले फ़ोटो सेशन, पहले साक्षात्कार, पहले रेडियो प्रसारण, पहले नागरिक अभिनन्दन, पहले बड़े फ़िल्म पुरस्कार जैसी उपलब्धियों और यूफ़ोरिया को पार कर चुके थे और अब एक नामी–गिरामी गीतकार थे। वे उषा खन्ना से लेकर आनन्द–मिलिन्द, जतिन–ललित, अनु मलिक, दिलीप सेन–समीर सेन और बेशक नदीम–श्रवण जैसे सभी दिग्गज संगीतकारों के साथ काम कर चुके थे। उनके भीतर काम तलाशने की वह पुरानी ललक अब धीरे–

धीरे घटती जा रही थी, लेकिन वे जानते थे कि यह आत्मसन्तोष उनके लिए ठीक नहीं है। अनुभवों ने उन्हें तपाकर दूसरों की पहचान करने का सलीका सिखा दिया था, और वे अब अपने अस्तित्व को बचाये रखने की तरक़ीबें भी जानने लगे थे। उन्होंने यह महसूस किया कि संगीतकार हों, फ़िल्म के निर्देशक या निर्माता हों, जब तक वे उनकी ज़रूरतों को नहीं समझेंगे तब तक बतौर एक गीतकार उनका काम कर पाना मुश्किल है। किसी तरह की असहमति की स्थिति में काम की गुणवत्ता के लिए कोई कसौटी तय कर पाना आसान नहीं होता। समीर की ख़ुशनसीबी थी कि वह बहुत तेज़ी के साथ उस मुकाम तक पहुँच गये जहाँ उनको चुन पाने और फ़ैसला लेने की आज़ादी हासिल थी। इसीलिये उन्होंने अपनी पसन्द के लोगों के साथ काम किया।

इसके बावजूद बॉलीवुड के काम–काज के स्वछन्द तौर–तरीक़ों, आदर्शविहीन व्यावसायिक सिद्धान्तों और कई बार तो मामूली ग़लतफ़हमियों की वजह से ऐसे अनेक मौक़े आये कि उन्हें ठोकर खाने को मजबूर होना पड़ा। अच्छे गीत लिखे जाने के बावजूद यह सामान्य बात थी कि गीत फ़िल्म की सिचुएशन के मुताबिक़ फिट नहीं बैठते थे। ऐसी स्थिति में गीतकार और संगीतकार फ़िल्म के निर्माता और निर्देशक के साथ मिल–बैठकर विस्तृत बातचीत करते थे और सभी की रज़ामन्दी से गीतों में ज़रूरी बदलाव किये जाते थे। आमतौर पर एक समूह के रूप में किसी रचनात्मक काम को अंजाम तक पहुँचाने का सही तरीक़ा भी यही है। आपसी बातचीत और सलाह–मशविरे से किसी निष्कर्ष तक पहुँचना हमेशा आसान होता है, लेकिन उन निर्माता और निर्देशकों का भला क्या किया जा सकता है जो या तो ठीक से यह जानते नहीं कि दरअसल उनको क्या चाहिये या फिर ख़ुद अपनी नाक़ाबिलियत को छुपाने के लिए दूसरों को अक्षम और अयोग्य बताने जैसी ओछी हरक़त करते हैं? फ़िल्म उद्योग में सामान्यतः अपनी शिष्टता और शान्त स्वभाव के लिए जाने वाले समीर के साथ भी एक बार ऐसी घटना घट चुकी थी, जब क्रोध में उन्हें एक घमंड से भरे अड़ियल स्वभाव के निर्देशक को उसकी असल जगह बताना ज़रूरी महसूस हुआ। बाद में उन्होंने ख़ुद को उसकी फ़िल्म से भी अलग कर लिया। दरअसल, बात तब बिगड़ गयी जब उस निर्देशक ने एक साथ कई लोगों को अपने इन्तज़ार में दो घण्टे से भी अधिक समय के लिए बिठाये रखा था। बाक़ी लोग तो उसकी इस अशिष्टता पर चुप्पी साधे रहे, लेकिन समीर को उसका यह तरीक़ा पसन्द नहीं आया और उन्होंने साफ़ लफ़्ज़ों में उससे अपनी नाराज़गी भी ज़ाहिर कर दी। इस

बात की खीज उसने समीर के गानों को 'बेकार' कहकर ख़ारिज करते हुए निकाली। इस पूरे तमाशे के पीछे कुछ ठोस वजह नहीं, बल्कि सिर्फ़ प्रतिशोध लेने की भावना थी।

इसी से मिलते–जुलते एक दूसरे वाक़ये को याद करते हुए समीर कहते हैं– '*दिल*' (1990) के निर्माण का काम अपने अन्तिम दौर में था। इन्द्र कुमार और अशोक ठाकरिया को फ़िल्म के गीत *'ओ प्रिया प्रिया'* के साथ थोड़ी दिक़्क़त महसूस हुई। शुरू में दोनों मुझसे एक उदास गीत लिखवाना चाहते थे। फिर न जाने क्यों, दोनों ने अपना मन बदल दिया। अब उनको एक रोमांटिक गीत चाहिए था। मैंने उन दोनों की पसन्द को ध्यान में रखते हुए उन्हें फिर से एक नया गीत लिखकर दिया, लेकिन इस बीच दोनों ने फिर से अपने विचार बदल लिये थे। उन्होंने बताया कि उन्हें एक ऐसा गीत चाहिए जो उदासी और रूमानियत–दोनों को एक साथ व्यक्त करता हो। उन्हें इन दोनों मनःस्थितियों का साथ–साथ अभिव्यक्त करने वाला एक गीत चाहिये था। नतीज़ा यह हुआ कि अन्तिम रूप से रिकॉर्डिंग होने से पहले गीत को तीन बार लिखा जा चुका था। मैं इसी तरह की संशयग्रस्तता की बात कर रहा हूँ। यदि फ़िल्म–निर्माता को यह स्पष्ट पता हो कि उन्हें वास्तव में क्या चाहिए तो इससे हम सबके वक्त, ऊर्जा और पैसा–तीनों की बचत तो होती ही है, साथ ही किसी बेकार के विवाद की सम्भावना भी समाप्त हो जाती है।"

बहरहाल 'दिल' से जुड़ीं मुश्किलें अभी ख़त्म नहीं हुई थीं। फ़िल्म के गीतकार आनन्द–मिलिन्द थे। उन्होंने ही *'मुझे नींद न आये, मुझे चैन न आये'* गीत के लिए संगीत दिया था, लेकिन जब ठाकरिया ने गीत की पंक्तियाँ सुनीं तो उनको पसन्द नहीं आयीं। उनके मुताबिक़ गीत बहुत बोझिल और बासी था। समीर ने गीत की पंक्तियों को सिचुएशन के लिहाज़ से सही बताने के पक्ष में तर्क भी दिया और ज़ोर देते हुए कहा कि उससे बेहतर कुछ और लिखना मुश्किल था। लेकिन ठाकरिया गीत में 'कुछ नया और अलग' होने की अपनी माँग पर अड़े रहे। दोनों के बीच की यह खींचतान कई दिनों तक चलती रही। अपने पक्ष को सही ठहराने करने के लिए ठाकरिया ने उन्हें 1995 में प्रदर्शित बोनी कपूर की फ़िल्म 'प्रेम' का गीत–*'हमने जी लिया, मर लिया, प्रेम कर लिया'*...। गीत सुनाते हुए कहा, "इसे सुनिये, इसके बोल कितने ताज़ा और दूसरे गीतों से कितने अलग हैं।" समीर को अब भीतर ही भीतर एक चिढ़ होने लगी थी, "मैं मानता हूँ," उन्होंने कहा, "लेकिन इस धुन और फ़िल्म के सिचुएशन को देखते हुए मैं इससे बेहतर नहीं लिख सकता हूँ। गीत और धुन पूरी

तरह से एक–दूसरे के अनुकूल हैं। अगर आप फिर भी इस बात को नहीं मानते हैं तो बेहतर होगा कि आप किसी और गीतकार से गीत लिखवा लें।"

चूँकि समीर आदतन ऐसे व्यक्ति नहीं हैं जो सामने वाले को अपनी शर्तों से बाँधें, लिहाज़ा उनके इस कड़े रुख़ के कारण ठाकरिया को अपना फ़ैसला बदलने को मज़बूर होना पड़ा। वे यह समझ गये कि गीत में कोई बात ज़रूर होगी तभी समीर उसमें कोई तब्दीली नहीं करने की ज़िद पर अड़े हुए हैं, इसलिये थोड़ा अनमने भाव से सही, वे अन्ततः रिकॉर्डिंग के लिए राज़ी गये। उन्होंने सोचा कि रिकॉर्डिंग के बाद गीत अगर पसन्द आया तब इसे फ़िल्म में रख लिया जायेगा, नहीं तो उसे हटा दिया जाएगा। गीत को उदित नारायण और अलका याज्ञनिक ने अपनी आवाज़ें दीं और रिकॉर्डिंग के बाद यह हर किसी को पसन्द आया और जब इसे आमिर ख़ान और माधुरी दीक्षित जैसे लोकप्रिय सितारों की जोड़ी पर फ़िल्माया गया तो इसमें और अधिक निखार आ गया। फ़िल्म का संगीत जब रिलीज़ हुआ तब इस गाने ने ऐसी धूम मचायी कि पूरा देश इसकी धुन पर झूम उठा। यह गीत फ़िल्म की क़ामयाबी की सबसे बड़ी वजह साबित हुआ। बाद में ठाकरिया ने गरिमापूर्ण उदारता का परिचय देते हुए सार्वजनिक तौर पर यह बात मानी कि अपने गीतकार की बात नहीं मान कर वे कितनी बड़ी ग़लती कर रहे थे!

कई दफ़ा यह भी होता है कि पहले दृश्य को विस्तारपूर्वक समझाया जाता है, फिर उस दृश्य के हिसाब से गीत लिखा जाता है, जिसके एक–एक शब्द से निर्माता और निर्देशक सहमत होते हैं। संगीतकार उस गीत की धुन तैयार करते हैं और पार्श्व गायक और साज़िन्दे अपने–अपने हिस्से की रिहर्सल भी कर चुके होते हैं, लेकिन ठीक रिकॉर्डिंग के समय निर्माता या निर्देशक अपने विचार बदल देते हैं और गीत की पंक्तियाँ बदलने की स्थिति पैदा हो जाती है। ऐसी स्थितियाँ आती ही रहती हैं। मिसाल के तौर पर, समीर सलमान ख़ान और नग़मा अभिनीत *'बाग़ी'* (1990) फ़िल्म का नाम लेते है। इस फ़िल्म को आनन्द–मिलिन्द की जोड़ी ने ही अपने संगीत से सजाया था। निर्देशक दीपक शिवदासानी के हस्तक्षेप के कारण से *'चाँदनी रात है, तू मेरे साथ है'* गीत के दोनों अन्तरों को रिकॉर्डिंग के ठीक पहले बदलना पड़ा। दोनों गायक अपना–अपना माइक्रोफ़ोन सँभाल चुके थे कि दीपक शिवदसानी ने फरमाया कि चाँदनी रात के बरअक्स किसी ऐसे अन्तरे को फ़िल्माया जाए जिससे सुबह की पौ फूटने जैसी उम्मीद की तरफ़ इशारा हो सके। ज़ाहिर गीतकार को सलाह दी गयी कि वह इस बात को दिमाग़ में रखकर गीत के अन्तरों में

ऐसी पंक्तियाँ शामिल कर जिसमें चाँद के ढलने की बात कही गयी हो। समीर के पास दोनों अन्तरों को बदलने के लिए सिर्फ़ कुछ मिनटों का ही समय था, ताकि स्टूडियो को कोई अतिरिक्त भाड़ा चुकाए बिना रिकॉर्डिंग का काम पूरा किया जा सके।

यहाँ तक बात फिर भी समझ में आती है, लेकिन जब निर्देशक कोई और सिचुएशन सुनाये और शूटिंग के क्रम में कोई ऐसा दृश्य फ़िल्माये जिसका सिचुएशन से कोई लेना–देना ही न हो तो एक अजीबोगरीब हालत पैदा हो जाती है। मजरूह सुल्तानपुरी ने समीर को पहले ही ऐसी स्थिति के बारे में आगाह कर दिया, क्योंकि एक बार गीत में बदलाव करने के लिए निर्देशक ने उनको आधी रात को जगा दिया था। वे चाहते थे कि उस गीत को कश्मीर की कुदरती ख़ूबसूरती में फ़िल्माया जाये ताकि हरी–भरी वादियों और बाग़–बग़ीचों का लुत्फ़ दर्शक भी उठा सकें। निर्देशक ने उनको जल्दीबाज़ी में समझाने की कोशिश की। यूनिट को सुबह–सुबह ही कश्मीर के लिए रवाना होना था, सो ज़ाहिर–सी बात थी कि उससे पहले ही गीत में फेर–बदल कर देने की ज़रूरत थी। मजरूह बाकी की रात एक पल के लिए भी नहीं सोये। उन्होंने नयी सिचुएशन के मुताबिक़ गीत की हर एक पंक्ति में ज़रूरी बदलाव किए और सुबह यूनिट के कश्मीर के लिए निकलने से पहले गीत को दोबारा लिख दिया। फ़िल्म जब तैयार हो गई, और जब मजरूह ने उसे ट्रायल शो के दौरान देखा तो वे आवाक् रह गए। जिस गीत को उन्होंने रात भर जाग कर लिखा था, वह एक नेपथ्य गीत (साउंडट्रैक) के रूप में पर्दे पर बज रहा था और गीत के साथ जो दृश्य था, उसमें कुछ गदहे एक पुल को पार करते हुए दिखाये जा रहे थे।

इस मामले में खुद समीर का तजुर्बा भी ज़्यादा अलग नहीं रहा। उनके साथ यह फ़िल्म *'जीत'* (1996) में हुआ जब फ़िल्म के निर्देशक राज कंवर उनसे एक 'उत्तेजक गीत' लिखने के लिए कहा, जिसे फ़िल्म में सलमान ख़ान और करिश्मा कपूर की सुहागरात के मौके पर फ़िल्माया जाना था। निर्देशक ने दोनों के बीच की दैहिक अन्तरंगता, बेडरूम के रूमानी माहौल और मद्धिम रौशनी से लेकर अन्त में फ़ायरप्लेस से उठती हुई आग की लपटों पर फ़ोकस करते हुए कैमरे जैसी छोटी–छोटी बातों को उन्हें ब्योरेवार बता दिया था ताकि दोनों अदाकारों के बीच की बेक़रारी और उतावलेपन को गाने में जीवन्तता के साथ पेश किया जा सके। समीर ने भी अपनी तरफ़ से कोई कसर नहीं छोड़ी और हीरो–हीरोइन की एक–दूसरे के साथ गुज़रने वाली पहली रात को इन पंक्तियों में अभिव्यक्त किया– *"अभी साँस लेने की फ़ुर्सत नहीं है, कि तुम मेरी बाँहों*

में हो, कि कुछ देखने की ज़रूरत नहीं है कि तुम ही तुम निगाहों में हो।" समीर अपनी यादों को खँगालते हुए कहते हैं कि उन्हें याद नहीं यौवन की उत्तेजना से भरा ऐसा दूसरा गीत उन्होंने कभी लिखा था।

"जब फ़िल्म पूरी बन कर रिलीज़ के लिए तैयार थी और मैं उसे देखने गया," उससे आगे का माजरा बताते हुए समीर कहते है, "तब आपको पता है, मैंने क्या देखा? मेरी आँखों से वह दृश्य आज भी नहीं उतर पाया है। अपनी ज़िन्दगी में मैंने जो सबसे सेंसुअस गीत लिखा था, उसे सलमान ख़ान एक हरी–भरी पहाड़ी की चोटी पर खड़े होकर गा रहे थे, और उनसे बहुत दूर एक दूसरी छोटी पर करिश्मा कपूर खड़ी थीं। क्या आप इस दृश्य पर विश्वास कर सकते हैं? मैं तो नहीं कर पाया। मुझे लगा कि कहीं कुछ गड़बड़ी ज़रूर है। या तो मैं ठीक–ठीक देख नहीं पा रहा हूँ या मेरे कान मुझे दग़ा दे रहे हैं। लिहाज़ा मैंने निर्देशक से इस बारे में सवाल किया, लेकिन उनका जवाब सुनकर मैं आवाक् रह गया। उन्होंने बताया कि फ़िल्म की शूटिंग स्विटज़रलैंड में चल रही थी और यूनिट के लोग लोकेशन की प्राकृतिक सुन्दरता को कैमरे के ज़रिये दिखाना चाहते थे। चूँकि निर्देशक के पास कोई उस वक़्त और कोई तैयार गीत नहीं था तो उन्होंने इसी गीत का आउटडोर लोकेशन पर इस्तेमाल कर लिया।"

अब ऐसा बेसिर–पैर का जवाब सुन लेने के बाद कोई बहस करने की गुंजाइश कहाँ बचती थी?

तुक और तर्क

एक बार किसी ने कल्याणजी भाई से पूछा कि एक गीतकार और संगीतकार के सम्बन्धों को सबसे बेहतर तरीक़े से कैसे परिभाषित किया जा सकता है। उन्होंने तपाक–से जवाब दिया, "यह पति और पत्नी के बीच जैसा रिश्ता है।" संगीतकार कल्याणजी–आनन्दजी की जोड़ी में कल्याणजी भाई अपने मज़ाकिया स्वभाव के कारण जाने जाते थे, लेकिन यहाँ सवाल करने वाला शख़्स भी कम शरारती नहीं था। "इनमें कौन पति है, और कौन पत्नी है?" उस आदमी ने भी पूछ लिया।

"गीतकार पति होता है और संगीतकार उसकी पत्नी" कल्याणजी भाई ने फिर उसी तत्परता से उत्तर दिया। "मैं आपको बताता हूँ कि ऐसा क्यों है? गीतकार सिर्फ़ अपनी लाइनें लिखकर अपनी ज़िम्मेदारी से फ़ारिग़ हो जाता है। संगीतकार को उन लाइनों को धुनों में ढालना होता है, संगतकारों और साज़िन्दों से उस उस धुन पर रियाज़ कराना होता है, फ़िल्म के कलाकारों और पटकथा के सिचुएशन के मुताबिक़ पार्श्व गायकों का चयन करना होता है, उन सबसे एक साथ रिहर्सल कराना होता है..., और इतनी मशक्कत करने के बाद रिकार्डिस्ट को बुलाकर गाने की रिकॉर्डिंग करानी होती है। तब कहीं एक गाने का जन्म होता है, बल्कि यह कहना ज़्यादा ठीक होगा कि संगीतकार गाने को नहीं, बल्कि एक बच्चे को जन्म देता है!"

यह बात थोड़ी अतिशयोक्तिपूर्ण लग सकती है, लेकिन किसी भी फ़िल्म की क़ामयाबी या नाकामी में संगीतकार की भूमिका सबसे बड़ी और महत्त्वपूर्ण होती है। गीतकार ने भले ही गीत लिखने में अपना दिल और दिमाग़ क्यों न झोंक दिया हो, लेकिन जब तक उसका लिखा गीत धुन, ऑर्केस्ट्रा और पार्श्व गायक की आवाज़ में अभिव्यक्त समवेत भावनाओं से मेल नहीं खायेगा तब तक कोई भी गीत कानों के लिए सपाट और दिल के लिए बेअसर ही साबित होगा। एक बेहतर संगीतकार वह है जो अपनी संगीत–रचना के माध्यम से गीत में उपस्थित मनोभावों को और कारगर तरीक़े से पेश करने में सफल हो सके और चूँकि म्यूज़िक ट्रैक अक्सर

गीत लिखने के पहले ही तैयार कर लिया जाता है, लिहाजा गीतकार पर भी यह ज़िम्मेदारी रहती है कि वह फ़िल्म की सिचुएशन के अनुसार गीत को उपयुक्त शब्दों और मुहावरों से सजाये।

"ऐसे लोगों की भी कमी नहीं है जो धुन तैयार होने के बाद उसके अनुसार गीत लिखने की परिपाटी को ठीक नहीं मानते हैं," समीर कहते हैं, "उनका मानना है कि इस प्रक्रिया से गीतकार के भीतर के असली कवि का नुकसान होता है। लेकिन मुझे हमेशा से यही लगता रहा है कि गीतकार में इतनी काबिलियत ज़रूर होनी चाहिये कि वह किसी भी सिचुएशन के हिसाब से गीत लिख सके–संगीत तैयार होने से पहले भी और संगीत तैयार होने के बाद भी। मैं दोनों स्थितियों में एक जैसा सहज हूँ, बल्कि मैं यह कहूँगा कि अगर संगीत तैयार है और गीतकार को संगीत के मुताबिक़ गीत लिखना है, तो मेरी नज़र में संगीतकार गीतकार के काम को आसान बना रहा है। वह गीतकार के लिए सीढ़ियाँ तैयार कर चुका होता है और गीतकार के लिए बस उन सीढ़ियों पर चढ़ने का काम बचा होता है। मिसाल के तौर, पर अगर आप किसी कमरे में बैठे हैं और आपके आसपास स्पीकर पर कोई सुमधुर संगीत बज रहा है, ऐसे में आपके भीतर भावनाओं या विचारों का आवेग स्वतः फूटने लगता है। गीतकार के लिए पहले से बनायी गयी धुन ठीक इसी तरह काम करती है। तब वह उन भावनाओं को शब्दों और मुहावरों के प्रयोग से आकार देता है। अब, अगर आप यह कहते हैं कि संगीत ने आपके मन को स्पन्दित नहीं किया तो इसका सीधा अर्थ है कि आपके भीतर के अहसासों की ठीक–ठीक समझ नहीं पा रहे हैं। आप ग़ौर करेंगे कि दरअसल धुन के मुताबिक़ गीत लिखने में असमर्थ लोग ही इस परिपाटी की आलोचना करते हैं।"

समीर तो यहाँ तक कहते हैं कि कुछ गीतों को उनकी धुन पर ही लिखा जाना चाहिए, क्योंकि यही सबसे बेहतर विकल्प है। मिसाल के तौर पर '*डिस्को डांसर*' (1982) के नृत्य प्रधान गीत लिए जा सकते हैं जो अनजान ने लिखे थे। एक बुनियादी धुन और ताल के अभाव में '*आय एम ए डिस्को डांसर, ज़िन्दगी मेरा गाना, मैं किसी का दीवाना, तो झूमो, नाचो, गाओ..*' जैसा जोश से भरे गीत नहीं लिखा जा सकता था–भले ही निर्माता–निर्देशक बी. सुभाष ने शब्दाभिव्यक्ति, गुनगुनाहट और भाव–भंगिमा के सहारे गीत के बोल को समझाने की लाख कोशिशें की हों। यह याद रखना ज़रूरी है कि पाश्चात्य पॉप या तथाकथित 'डिस्को संगीत' की शैली के भीतर भी जैज़, रैप, रेगे, रॉक–'एन'–रोल वग़ैरह जैसी उप शैलियाँ हैं। जब तक संगीतकार उस शैली या ट्रैक को स्पष्ट रूप से रेखांकित नहीं करता है और उसे अपने धुन की बुनियाद के

रूप में इस्तेमाल नहीं करता है, तब तक गीतकार के लिए उस बुनियाद पर गीत की इमारत खड़ी करना असम्भव होता है।

तैयार गीत का संगीत निर्माण करना एक अलग तरह की चुनौती है। यह काबिलियत मदन मोहन जैसे विरल गीतकार में ही होती है जिन्होंने साहिर लुधियानवी की शायरी से प्रभावित होकर उनकी एक रचना को मोहम्मद रफ़ी की ख़ूबसूरत आवाज़ और अपने शानदार संगीत से सँवारा और *'मेरी महबूब कहीं और मिला कर मुझसे...' ग़ज़ल* (1964) जैसे यादगार गीत की रचना की। लेकिन ऐसे उदाहरण देखने को कम मिलते हैं, ख़ास कर आज के समय में में तो ये दुर्लभ हैं। अब शायद ही कोई संगीतकार पहले से लिखे जा चुके गीत पर अपने हाथ आज़माने का जोखिम उठाता है, और सिचुएशन के मुताबिक़ गीत को बाद में लिखना बेहतर समझता है। इसलिए जब कोई ऐसा गीतकार जिसके पास पहले से लिखे गीतों का संग्रह (प्रकाशित या अप्रकाशित) हो और वह फ़िल्मों में अपनी क़िस्मत आजमाना चाहता हो, तब उन पहले से तैयार गीतों के आधार पर फ़िल्मों में अपनी जगह बनाने में उसे ख़ासी मशक़्क़त करनी होगी। इसका अर्थ है कि फ़िल्मकार और संगीतकार की अपेक्षाओं और ज़रूरतों का आकलन, बाज़ार की नब्ज का अनुमान, और तदुनरूप एक बेचे जाने योग्य उत्पाद की रचना करना एक गीतकार का मुख्य ध्येय होना चाहिए। यह अँधेरे में तीर चलाने जैसा एक मुश्किल काम है।

इस बात को विस्तार से समझाते हुए समीर कहते हैं, "एक संगीतज्ञ के पास संगीत की रचना करने के लिए उसका वाद्ययन्त्र होता है। एक चित्रकार के पास पेंटिंग्स बनाने के लिए उसके रंग होते हैं। एक अदाकार के पास उसका क़िरदार होता है जिस पर उसकी अदाकारी की बुनियाद टिकी होती है। एक सिनेमेटोग्राफ़र के पास दृश्य होते हैं जिन्हें वह अपने कैमरे के ज़रिये क़ैद करता है। हर रचनाशील व्यक्ति अथवा कलाकार के पास अपनी रचनात्मकता को आकार देने के लिए एक ठोस माध्यम होता है। लेकिन एक गीतकार के पास उसकी सोच और कल्पनाओं को छोड़ कर कुछ भी नहीं होता है। और, उसकी सृजन–प्रक्रिया में ऐसा कोई मोड़ नहीं आता है, जहाँ उसे इस बात की पूरी आश्वस्ति हो कि फ़िल्म का फ़िल्मकार और संगीतकार उसकी सोच और कल्पना से सहमत है। सब कुछ अनिश्चित होता है। जब निर्देशक उस गीत को सुन कर पूरी तरह से सन्तुष्ट हो जाता है तो गीतकार के लिए एक वह सबसे अधिक सुकूनदेह बात होती है। लेकिन इस बात का अंदेशा अक्सर रहता है कि संगीतकार दो–एक शब्दों या पंक्तियों की तरफ़ संकेत करता हुआ गीतकार से यह शिकायत करे कि वे शब्द या पंक्तियाँ धुन के माकूल नहीं हैं। कई बार

संगीतकार जब दिल खोलकर गाने की तारीफ़ कर रहा होता है तब निर्देशक को किसी बात पर ऐतराज़ होता है। मुझे याद है, एक सीनियर संगीतकार ने मुझे दबी जुबान में बताया कि वे कभी भी एम.जी. हशमत के साथ काम नहीं करेंगे। शायद जब दोनों एक–दूसरे से मिले हों तो उस गीतकार को हशमत के बातचीत का सलीक़ा या शख़्सियत का कोई दूसरा पहलू पसन्द न आया हो। फ़र्ज़ कीजिये, उन्हें हशमत की शक़्ल नहीं जँची हो। अब आप ही बताइये कि अगर हशमत उसी शक्ल–सूरत के साथ पैदा हुए तो इसमें उनकी क्या ग़लती है?

"फ़िल्म उद्योग के रसूख़दारों के इसी मनमानेपन और अहंकारपूर्ण रवैये के कारण ही आज यहाँ आये नये लोग किसी से खुलकर अपनी बात कहने की हिम्मत नहीं जुटा पाते हैं। ऐसे में उस गीतकार की अन्तहीन व्यथा को समझना मुश्किल नहीं है जब वह उद्योग में 30–40 साल गुज़ार चुके या अपने जन्म से भी पहले पैर जमा चुके किसी किसी महारथी के सामने अपने विचारों की परिपक्वता और शब्दों की जादूगरी दिखाने की कोशिश करता है। बात यहीं ख़त्म नहीं होती। उसके लिये उद्योग के मौजूदा तौर–तरीक़ों से परिचित रहना जितना ज़रूरी है, उतना ही ज़रूरी अपनी अलग पहचान को बनाये रखना भी है वर्ना कोई निर्माता एक नये गीतकार को लेने का जोख़िम क्यों उठायेगा?" समीर अपनी बात को और ख़ुलासा करते हैं।

"अगर किसी भी संगीतकार को कोई गीतकार ठीक वैसा ही गीत लिखकर दे देता है जैसा कि उसे चाहिए तो ज़ाहिर–सी बात है, वह एक नये गीतकार को क्यों आजमायेगा? फ़िल्मी दुनिया में पैसा कभी कोई मुद्दा नहीं रहा है, अलबत्ता वर्चस्व की लड़ाई एक मुद्दा ज़रूर है। एक गीतकार के सन्दर्भ में वर्चस्व का मसला कहीं अधिक गम्भीर है। आपको श्रेष्ठतम से भी अच्छा होना होता है। और ख़याल रहे, आपके भीतर सब कुछ लिखने की काबिलियत होनी चाहिये–उदासी के डूबे गीत, खुशियों के गीत, भजन, क़व्वाली, मुजरा। यह सब लिखने का हुनर आपमें होना चाहिये। एक फ़िल्म में कोई भी गीत, या सभी तरह गीतों की ज़रूरत पड़ सकती है। मेरे कहने का साफ़ मतलब है कि आपकी विविधता, रचनात्मक प्रतिभा, संगीतकार और निर्माता–निर्देशक को आश्वस्त कर पाने का आपका कौशल, उनका प्रियपात्र बनने की आपकी योग्यता और सबसे अन्त में, गीत की रिकॉर्डिंग करा लेने में आपकी सफलता के बाद भी आपका काम ख़त्म नहीं होता। अमिताभ बच्चन और शाहरुख़ ख़ान जैसे अभिनेता भी हैं जो इन दिनों गाने के फ़िल्मांकन के पहले उसे ख़ुद भी सुनना चाहते हैं। यह भी मुमकिन है कि वे आपके लिखे गीत को

ख़ारिज़ कर दें। मान लें कि आप इस इम्तेहान में भी क़ामयाब हो जायें, फिर भी आप अभी मंज़िल पर नहीं पहुँचे हैं। आपका लिखा गीत हिट या फ़्लॉप, कुछ भी हो सकता है। अगर आपका गीत हिट होता है तो आप पर अपनी क़ामयाबी को बनाये रखने की जिम्मेदारी बढ़ जाती है, और अगर आपका गीत फ्लॉप होता है तो यह कहने की कोई ज़रूरत नहीं कि आपको नये सिरे से शुरुआत करनी होती है। दोनों ही स्थितियों में आपको चैन नहीं मिलने वाला है, और हर आने वाले पल में आपके लिए नयी चुनौतियाँ लिए तैयार खड़ा मिलेगा।"

•••

अनु मलिक जैसा दुर्लभ समर्थक मिलने के बावजूद बम्बई के शुरुआती साल समीर के लिए अनेक संशयों और अनिश्चितताओं से भरे रहे। मलिक को उनकी पंक्तियाँ–*'अमीर से होगा, या गरीब से होगा, प्यार जब होगा तो नसीब से होगा....'* बहुत अच्छी लगी थीं और वे इन पंक्तियों को अपनी फ़िल्म *'इंसानियत के दुश्मन'* (1968) में इस्तेमाल करना चाहते थे। फ़िल्म के निर्देशक राजकुमार कोहली थे। जब अनु मलिक ने उन्हें यह मुखड़ा सुनाया तो कोहली ने उन्हें सलाह दी कि चूँकि इन्दीवर ने फ़िल्म के दूसरे गीत लिखे थे, तो इस गीत का श्रेय भी इन्दीवर को देना ही ठीक होगा। "लेकिन इसे तो समीर ने लिखा है!" अनु मलिक ने अपनी बात दोहरायी। "ऐसे में किसी दूसरे को इसका श्रेय कैसे दिया जा सकता है?"

"देखो, गाने से मेरी किसी तरह की कोई असहमति नहीं है," कोहली ने अपना पक्ष रखा, "मुझे यह गीत अच्छा लगा। यह एक अच्छा गीत है, लेकिन इसे इन्दीवर के नाम से जाने दीजिए। उनका नाम आज हर कोई जानता है। उनको श्रेय देने न सिर्फ़ गाना लोकप्रिय होगा, बल्कि आप भी मशहूर हो जायेंगे।"

"लेकिन जब समीर ने इस गीत को लिखा है, तो श्रेय से उन्हें वंचित किया जाना उचित नहीं होगा।"

"समीर कौन हैं?" कोहली ने तंज़ किया।

"समीर अनजान के बेटे हैं। हालाँकि वे हाल–फिलहाल ही यहाँ आये हैं, लेकिन उन्होंने कुछ लाजवाब गीत लिखे हैं। मेरा यकीन करिये, वे बहुत प्रतिभाशाली हैं और यह गीत इस फ़िल्म के अनुसार बिल्कुल ठीक है। हम उनसे इस गाने का श्रेय नहीं ले सकते। इससे बेहतर होगा ऐसी स्थिति में हम इसे फ़िल्म के लिए इस्तेमाल ही न करें।"

इतने विरोध के बाद आख़िरकार कोहली भी थोड़े नर्म पड़ गये, लेकिन उन्होंने एक बार फिर से अपने आप को आज़माया, "तुम कह रहे

हो कि ये अनजान के बेटे है, तो क्यों न ऐसी स्थिति में हम इस गीत को अनजान के नाम से रिकॉर्ड करा लें? अनजान और इन्दीवर अच्छे दोस्त भी हैं, और समीर भी इसका बुरा नहीं मानेंगे कि उनके लिखे गीत का श्रेय उनके पिता को दे दिया गया।"

लेकिन अनजान को जब यह बात बतायी गयी तो उन्होंने सिरे से इस पेशकश को ठुकरा दिया। "यह क्या बेवकूफ़ी है?" हैरत में डूबी आवाज़ में उन्होंने कहा, "अगर मेरे बेटे ने यह गीत लिखा है और आपको इसका इस्तेमाल अपनी फ़िल्म में करना है तो आपको श्रेय भी उसे ही देना चाहिये वर्ना उस गीत का उपयोग ही नहीं कीजिये।" कोहली के पास बात को मान लेने के अलावा अब कोई दूसरा विकल्प नहीं बचा था। बाद में उस गीत की न केवल रिकॉर्डिंग हुई, बल्कि उसका श्रेय भी समीर को मिला।

समीर उस दिन ख़ुशक़िस्मत थे कि उनका साथ देने के लिए अनु मालिक थे, क्योंकि शायद ही कोई संगीतकार किसी नवागन्तुक गीतकार के हक़ के लिए इस हद तक जाता है। लेकिन इस उदाहरण का एक समानान्तर सत्य भी है। मलिक कोई ऐसे व्यक्ति भी नहीं हैं जो अपने किसी भी प्रियपात्र के पक्ष में ऐसे ही खड़े मिल जायें। फ़िल्म उद्योग में उन्हें एक ऐसे बेचैन संगीतकार के रूप में जाना जाता है जो अपने प्रति एक निरन्तर असुरक्षा से घिरा हो और किसी एक गीतकार पर लम्बे समय तक भरोसा करता हो। वे लगभग सभी गीतकारों के साथ काम कर चुके हैं, लेकिन किसी एक के साथ लम्बे समय तक जोड़ी बना पाने में असफल रहे– चाहे वे मजरूह सुल्तानपुरी रहे हों या फिर आनन्द बक्षी से लेकर गुलज़ार और जावेद अख़्तर रहे हों। बहरहाल, इस पूरे उपक्रम में एक बात जो कहने से रह गयी, वह यह थी कि अनु मलिक उन गिने–चुने संगीतकारों में एक रहे हैं जो नाम और दौलत के पीछे नहीं भागते हैं। उनके लिए सबसे बड़ी बात प्रतिभा है। यह महज संयोग की बात थी कि 'इंसानियत के दुश्मन' फ़िल्म का वह गीत को समीर ने लिखा था। अगर वही पंक्तियाँ किसी दूसरे गीतकार ने लिखी होंती, तब भी अनु मलिक उसके पक्ष में अपनी बात रखने से पीछे नहीं हटते और यह भी सिर्फ़ संयोग की ही बात थी कि बाद के सालों में मलिक के ज़्यादातर क़ामयाब गाने समीर के ही लिखे हुए थे।

लेकिन नदीम–श्रवण के साथ मामला थोड़ा अलग था। *'इलाक़ा'* (1989) के निर्देशक अज़ीज़ सेज़वाल समीर को लेकर 1988 में इस संगीतकार जोड़ी से मिलने गये थे जो *'इलाक़ा'* के लिए संगीत दे रही थी। नदीम ने साफ़ तौर पर यह कह कर समीर के साथ काम करने से

मना कर दिया कि वे दोनों पहले से ही आनन्द बक्षी, अनवर सागर, फ़ैज़ अनवर, इन्दीवर, रानी मलिक और मदन पाल जैसे संगीतकारों के साथ काम कर रहे थे। सेजवाल ने आग्रह किया कि एक बार कम–से–कम कम वे इस नये गीतकार को सुन तो लें। किसी तरह नदीम मान तो गये, लेकिन समीर को सुनने के बजाय उन्होंने समीर को अपनी तरफ़ से एक पंक्ति दे दी जो उन्होंने अपनी फ़िल्म के लिए सोच रखी थी, लेकिन उसे पूरा नहीं कर पा रहे थे। पंक्ति इस तरह थी– *'प्यार से भी ज़्यादा तुझे प्यार करता हूँ...'* "आप कहते हैं कि आप एक गीतकार हैं, तो इस मुखड़े को मेरे लिए पूरा कर दीजिए।" उन्होंने समीर को गोया एक चुनौती दी।

लेकिन समीर इस चुनौती से बिल्कुल नहीं घबराये। उन्होंने थोड़ा वक़्त माँगा और अपने घर लौट गये। कोई डेढ़ घण्टे बाद ही उन्होंने नदीम को फ़ोन करके बताया कि उन्होंने मुखड़े का अधूरा हिस्सा पूरा कर लिया है। "आपको यह कैसा लगा?" उन्होंने पूछा, *'प्यार से भी ज़्यादा तुझे प्यार करता हूँ, याद एक पल में सौ बार करता हूँ...'* नदीम को अपने कानों पर भरोसा नहीं हुआ। यह उनके लिए एक अप्रत्याशित बात थी! यही पंक्ति तो उनकी गिरफ़्त से अभी तक छूटी रही थी। इन्हीं शब्दों की तलाश में उन्होंने कई रातें जागकर काट दी थीं! वह पंक्ति उन्हें कितनी अचानक और सरे–राह मिल गयी थी! उन्होंने समीर को फ़ौरन पूरा गीत लिखकर अगले ही दिन मिलने के लिए बुलाया। इस तरह हिन्दी सिनेमा में गीतकार और संगीतकार की सबसे क़ामयाब और लम्बी जोड़ियों में से एक की बुनियाद पड़ी।

हालाँकि संगीतकार की किसी जोड़ी के साथ काम करने का समीर का यह कोई पहला तजुर्बा नहीं था। आनन्द–मिलिन्द की क़ामयाब जोड़ी के साथ वे पहले से काम कर रहे थे। "गीतकार और संगीतकार के बीच के व्यावसायिक सम्बन्धों से परे हम तीनों पहले क़रीबी दोस्त थे। हमने लगभग साथ–साथ अपना कॅरियर शुरू किया था। शुरुआती दिनों में जब हमारे पास अधिक काम नहीं हुआ करता था तब अपने ख़ाली समय में अपने लिए गानों का एक बैंक बना रहे थे। दोनों भाई धुन तैयार करते थे और मैं उनमें नक़ली या डमी शब्द डालता था। इस तरह हमने लगभग 150 गीतों का एक स्टॉक तैयार कर लिया था जो हमें आने वाले दिनों में व्यावसायिक रूप से काम आने वाले थे। हम किसी नमूनों उन गानों को भिन्न–भिन्न निर्माताओं और निर्देशकों को सुनाते थे, और कुछ इसी तरह से हमने अपना कॅरियर शुरू लिया।"

'क़यामत से क़यामत तक' (1988) एक बड़े ब्रेक के रूप में आयी जिसमें आमिर ख़ान और जूही चावला ने अभिनय किया था। यह बड़े पर्दे

पर बतौर निर्देशक मंसूर ख़ान की यह पहली फ़िल्म थी। इससे पहले मंसूर ने अपने निर्माता पिता नासिर हुसैन को अपनी निर्देशकीय क्षमता से प्रभावित करने के लिए 'अम्बर्टो' नाम की एक लघु वीडियो फ़िल्म बनायी थी। अम्बर्टो को बनाने में उन्होंने अपने दोस्तों आनन्द और मिलिन्द की मदद ली थी, जिन्होंने फ़िल्म का संगीत तैयार किया था। ज़ाहिरन समीर भी इस योजना में शरीक़ थे। लेकिन जब *'क़यामत से क़यामत' तक* बनाने की बात शुरू हुई तो मंसूर के पिताजी जिन्हें फ़िल्म में पैसे भी लगाने थे, ने मंसूर के सामने एक शर्त रख दी– "अभी तक हमने जो चार फ़िल्में बनायी हैं, उनमें संगीत की ज़िम्मेदारी मजरूह सुल्तानी और आर.डी. बर्मन पर रही है। चूँकि यह फ़िल्म भी हमारा घरेलू प्रोडक्शन है, लिहाज़ा उन दोनों को अपने–अपने काम से हटाना ठीक नहीं होगा।'' मंसूर की लाख दलीलों के बावजूद कि समीर और आनन्द–मिलिन्द के साथ वे अधिक महसूस करते थे और 'अम्बर्टो' के निर्माण एक टीम के रूप में काम करते हुए उनके भीतर एक अद्‌भुत आत्मविश्वास विकसित हुआ था, नासिर हुसैन ने उनके आधे अनुरोध को ही माना– "या तो हम मजरूह साहब को रखेंगे या फिर बर्मन दा को, और यह अब तुमको तय करना है। मंसूर ने आर.डी. बर्मन को छोड़कर संगीतकार के रूप में आनन्द–मिलिन्द को साइन करने का निर्णय लिया। इस तरह समीर *'क़यामत से क़यामत तक'* की टीम में शामिल होने से चूक गये।

समीर के लिए यह एक करारा झटका था–ख़ासकर जब 'क़यामत से क़यामत तक' ने बॉक्स–ऑफ़िस पर क़ामयाबी के सारे कीर्तिमान ध्वस्त कर दिये और आमिर ख़ान रातोरात सुपरस्टार बन गये। मायानगरी ने आनन्द–मिलिन्द का भी खुले दिल से स्वागत किया। एक दिन दोनों को इन्द्र कुमार और अशोक ठाकरिया ने मिलने के लिए बुलाया। उन दिनों दोनों साथ मिलकर किसी फ़िल्म की योजना पर काम कर रहे थे। समीर भी उनके साथ हो लिए। यह फ़िल्म *'दिल'* (1919) थी। संयोगवश, फ़िल्म के हीरो आमिर ख़ान भी उस मीटिंग में शामिल थे। जैसे ही उन्होंने आनन्द–मिलिन्द को देखा, उन्होंने इन्द्र कुमार और अशोक ठाकरिया–दोनों से अनुरोध किया कि 'दिल' के लिए वे दोनों भाइयों की जोड़ी को ही संगीतकार के रूप में साइन करे। इस बात पर ठाकरिया सहमत नही थे, क्योंकि उन्होंने नदीम–श्रवण के साथ पहले ही अनुबन्ध कर रखा था। आमिर अपनी ज़िद पर अड़े रहे और फ़िल्म के निर्माता–निर्देशक को साफ़ तौर पर कह दिया कि उन्हें आमिर और नदीम–श्रवण, दोनों में किसी एक को चुनना होगा। आख़िरकार निर्माता को सुपरस्टार की माँग के सामने झुकना पड़ा और आनन्द–मिलिन्द के

लिए फ़िल्म में शामिल होने का साफ़ मतलब यह था कि योजना में समीर के शामिल किये जाने के दरवाज़े भी खुल चुके थे। समीर ने भी इस अवसर का पूरा लाभ उठाने में कोई कसर नहीं छोड़ी।

इस बीच जब नदीम–श्रवण *'बाप नम्बरी बेटा दस नम्बरी'* (1990) के लिए रिकॉर्डिंग कर रहे थे तब स्टूडियो में समीर की मुलाक़ात अनुराधा पौडवाल से हुई। वे समीर का लिखा गीत ही गा रही थीं, *'मुहब्बत हमने की है, आज हम इक़रार करते हैं...'* पौडवाल समीर को लेकर गुलशन कुमार से मिलवाने गयीं जो उन दिनों संगीत के बादशाह के तौर पर जाने जाते थे। तब गुलशन कुमार एक प्राइवेट (ग़ैर–फ़िल्मी) अल्बम बनाने की योजना में व्यस्त थे और उन्होंने समीर से उस अल्बम में अपना हाथ आज़माने की सलाह दी। बाद में नदीम–श्रवण भी इस अल्बम की योजना में शामिल कर लिये गये। सबने मिलकर अल्बम का नाम 'चाहत' रखा और जो पहला गीत रिकॉर्ड किया गया वह था, *'मैं दुनिया भुला दूँगा तेरी चाहत में।'* दूसरी तरफ़ महेश भट्ट *'आशिक़ी'* (1990) बनाने की तैयारियों में व्यस्त थे, और उन्होंने इस अल्बम के गानों को किसी तरह सुन लिया। उन्हें सभी गीत इतने पसन्द आये कि उन्होंने उन गानों का इस्तेमाल अपनी फ़िल्म में करने का फ़ैसला लेने में थोड़ा–सा भी वक़्त नहीं गँवाया। 'आशिक़ी' के संगीत की ऐतिहासिक सफलता का पूरा श्रेय नदीम–श्रवण–समीर के हिस्से में जाने की पूरी कहानी यही है। फ़िल्म के लिए उन्होंने जिस पहले गीत की रिकॉर्डिंग की वह उसका टाइटल गीत था *'साँसों की ज़रूरत हो जैसे ज़िन्दगी के लिये, बस एक सनम चाहिए आशिक़ी के लिए।'* बॉक्स ऑफिस पर फ़िल्म और उसके संगीत ने सफलताओं के जो कीर्तिमान बनाये, उसके बारे में अलग से कुछ कहने की ज़रूरत नहीं है।

"दूसरों को लगता है कि मैंने अपने जीवन में हर एक फ़ैसला बहुत सोच–समझ कर लिया होगा," अपने जीवन के पन्ने पलटते हुए समीर कहते हैं, "मुझे ज़िन्दगी में कुछ भी पका–पकाया नहीं मिला है। आपको श्याम सागर की याद है और अनु मलिक की? और आनन्द–मिलिन्द की? और नदीम–श्रवण की?...हर क़दम पर मैंने मैंने झटके खाये और उसके बाद ही मेरे लिए कोई रास्ता खुला। शायद ईश्वर मुझे आज़माना चाहते थे कि मैं जिस मंज़िल को हासिल करना चाहता हूँ, वाक़ई उसके लायक़ हूँ या नहीं? इन लोगों के नाम मैंने इसलिये लिये कि इन्हीं की बदौलत ही आज मैं यहाँ तक पहुँचा हूँ। अगर मैं इस मुश्किल सफ़र में टूट जाता और निराशा में डूबकर अपना सर पकड़ लेता तो आज मैं ज़िन्दगी में कुछ भी हासिल नहीं कर पाता। इसलिये आज मैंने सफलता और असफलता

को एक जैसी सहजता के साथ स्वीकार करना सीख लिया है। अपना काम पूरी ईमानदारी से कीजिये और अपने भीतर संघर्ष करने की आग को बचाये रखें। बाक़ी का रास्ता ख़ुद–ब–ख़ुद निकल आएगा। बॉलीवुड में सबसे बड़ा सबक आप यही सीखते हैं।"

प्रकारान्तर में समीर अच्छी तरह से उस सलाह का मर्म समझ चुके थे जो उसके पिता ने बॉलीवुड की तुलना बहुत अधिक लालच करने वाली रखैल से करते हुए उनको दी थी, लेकिन अपने पिता के मुकाबले उन्होने जितना ज़्यादा कुछ हासिल किया, उसकी एक बड़ी वजह यह थी कि समीर को अपने कॅरियर की शुरुआत में ही कुछ ऐसे संगीतकार मिल गये जो समान विचारों के थे और समीर के साथ एक टीम के रूप में काम करने को इच्छुक थे। नदीम–श्रवण के अपने जीवन में आने से पहले आनन्द–मिलिन्द के साथ उनकी जोड़ी बेहद क़ामयाब रही और उन्होंने दर्शकों को अनेक सुपरहिट फ़िल्मों की सौगात दी। 1990 के दशक की शुरुआत में एक वक़्त ऐसा भी आया जब आनन्द–मिलिन्द और नदीम–श्रवण की दोनों बेहद सफल जोड़ियों के साथ समीर कोई 120 से अभी अधिक फ़िल्मों के लिए काम कर रहे थे। यह वह दौर था जब उनके पास दूसरे संगीतकारों के असंख्य अनुरोधों को विनम्रतापूर्वक अस्वीकार कर देने के अतिरिक्त कोई दूसरा विकल्प नहीं था। फिर वह वक़्त भी आया जिसे बॉलीवुड के संगीत उद्योग में नदीम–श्रवण के एकच्छत्र राज्य के रूप में जाना जाता है। वहाँ बनने वाली हर दूसरी फ़िल्म में वही दोनों संगीतकार और समीर गीतकार के रूप में नज़र आने लगे। जिस तरफ़ देखिये, बस समीर के नाम का ही शोर था।

"ऐसा लगता था मानो हिन्दी फ़िल्म उद्योग में कोई तूफ़ान आ गया था और मैं ज़बरन उसकी ज़द में आ गया था," समीर उन दिनों की यादों में खो जाते हैं, "पहली दफ़ा ऐसी नौबत आ गयी थी कि मुझे काम के लिए मना करना पड़ा। मैं इरादतन दूसरे संगीतकारों को मायूस करने के पक्ष में नही था, लेकिन एक आदमी के तौर मैं उन सबकी फ़रमाइशें और उम्मीदें पूरी करने में असमर्थ था। नतीज़ा यह हुआ कि नदीम–श्रवण और समीर की जोड़ी किसी भी फ़िल्म की व्यावसायिक सफलता की गारंटी मानी जाने लगी। हिन्दी सिनेमा के इतिहास में यह पहली बार हुआ था कि गीतकार और संगीतकार की किसी जोड़ी को बॉक्स ऑफ़िस के नज़रिये से ब्रांड का दर्ज़ा मिला था, लेकिन इस सच्चाई को समझ पाने लोग गिनती के थे कि तीनों की यह क़ामयाबी इस वजह से नहीं थी कि वे इसे किसी भी कीमत पर हासिल करना चाहते थे। यह बहुत सहज बात है कि संगीतकार और गीतकार के बीच आपसी सम्बन्ध सौहार्दपूर्ण

होने से एक टीम के रूप में काम के बेहतर नतीजे सामने आते हैं। अतीत में भी साथ काम करने वाली कई जोड़ियाँ इस बात का गवाह रही हैं–मसलन मदनमोहन–राजेन्द्र कृष्ण, शंकर–जयकिशन–शैलेन्द्र, और लक्ष्मीकान्त–प्यारेलाल–आनन्द बक्षी...। लेकिन इनमें से किसी ने अपनी क़ामयाबी के लिए कोई तिकड़म नहीं आजमायी। आप ऐसा कर भी नहीं सकते हैं। ऐसा नहीं है कि सिर्फ़ जोड़ी बना लेना भर हिट संगीत देने की गारंटी है। यहाँ यह बात ग़ौरतलब है कि आपको साथ मिलकर हिट संगीत बनाने का हुनर भी आना चाहिए–एक बार नहीं, दो बार नहीं.., बल्कि बिना रुके लगातार कई फ़िल्मों तक...। और उसके बाद उस सफलता को एक कई–कई सालों तक दोहराते भी रहना होगा। एक जोड़ीदारी की क़ामयाबी के सूत्र किसी एक आदमी के हाथ में नहीं, बल्कि दर्शकों के हाथ में होता है। इसलिये तो दर्शक को भगवान कहा जाता है।"

•••

1997 में गुलशन कुमार की हत्या के बाद नदीम–श्रवण के साथ समीर के रिश्तों पर ख़तरे के बादल मँडराने लगे। द्रुतगति से आगे बढ़ता हुआ उनका विजयरथ इस हादसे के बाद अचानक ठहर गया था। नदीम उन दिनों लन्दन में अपनी छुट्टियाँ मना रहे थे। उन्हें जब यह पता चला कि शक़ के दायरे में वे भी हैं और पुलिस इस कोण से मामले की जाँच कर रही है, उन्होंने भारत लौटने का अपना कार्यक्रम फ़ौरन स्थगित कर दिया। देखते ही देखते तीनों की टीम बिखर गयी। वह दुनिया जिसे समीर ने अपने इर्द–गिर्द बसाया था, देखते ही देखते ध्वस्त हो गई। नदीम के जाने के बाद श्रवण भी कमज़ोर पड़ गये। इस घटना ने व्यावसायिक अर्थों में उन्हें पूरी तरह से अपाहिज बना डाला था। एक टीम के रूप में उन तीनों ने जो जादू जगाया था, उनमें एक की अनुपस्थिति मात्र ने पूरी टीम को दोबारा शून्य पर ला खड़ा किया था। सफलता के प्रति जनता (आप इसे फ़िल्म 'जगत' भी पढ़ सकते हैं) की धारणा ऐसी ही होती है। बहरहाल, नदीम की अनुपस्थिति ने उन तीनों की 'ब्रांड इक्विटी' पर बुरा असर डाला था। स्थिति तब और भी ख़राब हो गयी जब एक दूसरी म्यूज़िक कम्पनी के मालिक और उनके वित्तीय मददगार रमेश तोरानी को भी सलाख़ों के पीछे डाल दिया गया और इस तरह एक–एक कर वे सभी सहारे नष्ट हो गये जिन पर समीर निर्भर थे।

अपने गृहनगर बनारस में छुट्टियाँ बिताने के बाद जब समीर बम्बई लौटे तो उन्हें पहला फ़ोन कॉल यश चोपड़ा के दफ़्तर से आया। वे जानना

चाहते थे कि क्या समीर उनकी फ़िल्म *'कुछ–कुछ होता है'* (1998) का गीत लिखना चाहेंगे? अपनी प्रासंगिकता और बाज़ार की दृष्टि से अपने महत्त्व को बचाये रखना समीर की पहली प्राथमिकता थी, और इसके लिए वे किसी भी नये गणित का हिस्सा बनने के लिए तैयार थे। बॉलीवुड में यश चोपड़ा एक ऐसा नाम था, जिनकी पेशकश को होशो–हवास में कोई भी आदमी ठुकराने की बात सोच भी नहीं सकता था। "मैं यह फ़िल्म निर्देशित नहीं कर रहा हूँ," यश चोपड़ा ने शुरू में ही यह बात साफ़ कर दी थी। "यश जौहर के बेटे करण जौहर जोकि मेरे बेटे की तरह है, एक निर्देशक के रूप में अपना करियर बनाना चाहते हैं। हम सब बस उसकी मदद करना चाहते हैं। हमारे साथ शाहरुख़ खान, काजोल, रानी मुखर्जी और सलमान ख़ान भी हैं जो इस फ़िल्म में मुख्य भूमिकाएँ निभा रहे हैं। फ़िल्म में संगीत जतिन–ललित देंगे।"

लेकिन परे प्रसंग में एक ही दिक़्क़त थी, और यह बात समीर भी जल्दी ही जान गये। उनसे पहले जावेद अख़्तर से फ़िल्म का गीत लिखने के लिए कहा गया था। "लेकिन उन्होंने फ़िल्म करने से इसलिये मना कर दिया था, क्योंकि उनको फ़िल्म के नाम पर असहमति थी," यश चोपड़ा ने समीर को बताया था। इसके बावजूद समीर ने इस बारे में जावेद अख़्तर से बात कर लेना मुनासिब समझा ताकि बाद में दोनों के बीच कोई ग़लतफ़हमी नहीं पैदा हो। जावेद साहब ने स्पष्ट कह दिया कि फ़िल्म का नाम अगर नहीं बदला गया तो उन्हें इस बात से कोई फ़र्क़ नहीं पड़ता कि फ़िल्म के गाने किसने लिखे हैं, क्योंकि उन्होंने ख़ुद गीत लिखने से मना कर दिया था। जावेद साहब की हरी झण्डी मिलते ही समीर ने यशराज बैनर को अपनी रजामन्दी दे दी और जतिन–ललित के संगीत निर्देशन में काम करने के लिए तैयार हो गये।

समीर बताते हैं, "मैं जतिन–ललित को एक लम्बे अरसे से जानता था, क्योंकि वे मेरे चाचा गोपाल पाण्डेय के जो जुहू के किंग्स अपार्टमेंट में रहते थे, के पड़ोसी थे, लेकिन इससे पहले हमें कभी एक साथ काम करने का मौक़ा नहीं मिला था। *'कुछ कुछ होता है'* (1998) की रिकॉर्डिंग करते हुए हम सचुमच बहुत क़रीबी हो गये। फ़िल्म के रिलीज़ होने के बाद उसके संगीत की सफलता ने इस क़रीबी की तस्दीक कर दी। आने वाले सालों में हमने कई फ़िल्में एक–दूसरे के साथ कीं– मसलन *'गुलाम'* (1998), *'प्यार तो होना ही था'* (1998), *'संघर्ष'* (1999), *'सरफ़रोश'* (1999), *'कभी ख़ुशी कभी ग़म'* (2001)...। ये सभी फ़िल्में अपने दौर की निहायत क़ामयाब फ़िल्में रहीं और इन फ़िल्मों का संगीत भी उतना ही लोकप्रिय हुआ। सच तो यह है कि हमने एक–दूसरे के साथ जो काम

किया, उसका सिलसिलेवार लेखा–जोखा लिया जाये तो जतिन–ललित के अब तक के कम्पोज़ीशन में 40–50 फ़ीसदी गाने अकेले मैंने लिखे हैं।"

इस बीच यश चोपड़ा ने उन्हें अपनी एक दूसरी फ़िल्म *'आईना'* (1993) के लिए बुलाया, जिसके मुख्य कलाकार जैकी श्रॉफ, अमृता सिंह और जूही चावला थे। यह फ़िल्म बतौर निर्माता यश चोपड़ा की पत्नी पामेला चोपड़ा बना थीं और फ़िल्म में चाचा–भतीजे की जोड़ी दिलीप सेन–समीर सेन को संगीत देना था। समीर सेन पहले लक्ष्मीकान्त–प्यारेलाल की ऑर्केस्ट्रा में तबला बजाते थे। वे अक्सर अपने हमनाम समीर के साथ अपना यह सपना साझा किया करते थे कि एक दिन वे भी अपने चाचा दिलीप सेन के जोड़ीदार के रूप फ़िल्मों में स्वतन्त्र रूप से संगीत देने की ख़्वाहिश रखते हैं। *'आईना'* के निर्माण की घोषणा के साथ उनका सपना पूरा होने जा रहा था, और जब लता जी ने अपनी सम्मोहक आवाज़ में *'ये रात ख़ुशनसीब है जो अपने चाँद को कलेजे से लगाये रो रही है'* गीत गया तो समीर समझ गये थे कि उनके अच्छे दिन अब फिर से लौट आये हैं। बहरहाल, यह गीत उतना हिट नहीं हो पाया जितना फ़िल्म का कि दूसरा गीत *'गोरिया रे गोरिया रे, मेरा दिल चुरा के ले जा'* हिट हुआ। इसके बाद गीतकार और संगीतकार की इस जोड़ी ने एक के बाद एक सुपरहिट गाने दिए। इन चार्टबस्टर गानों में *'ये दिल्लगी'* (1994) का *'जब भी कोई लड़की देखूँ मेरा दिल दीवाना बोले, ओले ओले'* जैसे गीत भी थे। ज़ाहिर बात थी, बॉलीवुड में गीतकार और संगीतकार की नयी सफल जोड़ी सामने आने को तैयार थी, और इस जोड़ी में भी समीर शामिल थे।

परिदृश्य से नदीम की अनुपस्थिति ने फ़िल्म उद्योग में कई स्तरों पर नये उलटफेर किये। जाने से पहले वे कई फ़िल्मों का काम अधूरा छोड़ गये थे और निर्माता उन्हें पूरा करने के लिए उपयुक्त उपायों की तलाश में व्यस्त थे। स्मिता ठाकरे भी उनमें से एक थीं, जिनकी गोविन्दा और संजय दत्त अभिनीत *'हसीना मान जायेगी'* (1999) भी इन्हीं अटकी हुई फ़िल्मों की सूची में थी। उन्होंने अनु मलिक से सम्पर्क किया लेकिन उन्हें पक्का यक़ीन नहीं था कि अनु मलिक समीर के लिखे गानों को संगीतबद्ध करने के लिए राज़ी हो जायेंगे। एक वह समय भी था जब नदीम नहीं चाहते थे कि समीर अनु मलिक के लिए गीत लिखें। इसकी वजह दोनों के बीच व्यावसायिक हितों की रक्षा और ईर्ष्या थी। मलिक इस बात को समझते थे, लेकिन जब तक नदीम भारत में रहे, उन्होंने मामले को तूल नहीं देना ही मुनासिब समझा। अब हालात बदल चुके, लेकिन अनु मलिक पुरानी बातों को मन में रखने में वाले लोगों में नहीं थे। उन्होंने स्मिता और उनके निर्देशक डेविड धवन को आश्वस्त किया कि समीर के साथ काम करने

में उन्हें कोई परेशानी नहीं थी। इस तरह 'हसीना मान जायेगी' से अनु मलिक और समीर की साझेदारी में एक नयी घनिष्ठता आयी जिसे एक के बाद *'सोल्जर'* (1998), *'हम आपके दिल में रहते हैं'* (1999), *'हर दिल जो प्यार करेगा'* (2000), *'मुझे कुछ कहना है'* (2001) और *'इश्क़–विश्क़'* (2003) जैसी फ़िल्मों ने और प्रगाढ़ किया।

एक संगीतकार जिनके साथ समीर शिद्दत से काम करना चाहते थे वे ए.आर. रहमान थे। तब के वे दक्षिण भारत की एक ऐसी चामत्कारिक प्रतिभा के रूप में उभर चुके थे जिनके जलवों की झलक पूरी दुनिया देख चुकी थी। समीर एक मौक़ा मिला भी जब उन्हें मणिरत्नम की 'रोजा' (1993) के हिन्दी संस्करण के लिए गीत लिखने के लिए कहा गया था, लेकिन उस वक़्त समीर नदीम–श्रवण के साथ अपने नज़दीकियों के कारण नहीं, बल्कि गम्भीर रूप से बीमार होकर बिस्तर पर पड़े अपने पिता के कारण वे इस मौक़े से चूक गये। लिहाज़ा लगभग एक दशक बाद जब राजकुमार सन्तोषी की *'दी लीजेंड ऑफ़ भगतसिंह'* (2002) के रूप में जब उन्हें दोबारा यह अवसर मिला तो उसे दोनों हाथों से लपक लेने में उन्होंने तनिक भी देरी नहीं की। "यह एक गीतकार और उसके संगीतकार के बीच का सबसे रोमांचक पारस्परिक संवाद था।" समीर उस वाक़ये को इन्हीं शब्दों में बयान करते हैं, "हमारा साथ काम करना किसी के लिए भी हैरत की बात थी। ए.आर. रहमान रात में जागकर काम करते हैं, जबकि मैं रात के दस बजे के बाद हर दिमाग़ी काम से ख़ुद को मुक्त कर लेता हूँ, लेकिन मेरे लिए उनके साथ काम करने का अलग महत्त्व था। मैं निर्माता और निर्देशक के साथ फ़्लाइट से चेन्नई पहुँचा और सीधे कार से रहमान के घर जा धमका। वह कोई आधी रात का वक़्त था। वहाँ पहुँचने पर हमें बताया गया कि वे उस जगह पर मिलेंगे जहाँ वे आमतौर पर अपनी सभी नयी फ़िल्मों की पहली धुनें बनाते है। उस एकान्त जगह पर एक छोटा–सा मकबरा था और उनके चारों तरफ़ घने पेड़ लगे थे। आस–पास बहुत से दीये, मोमबत्तियाँ और ख़ुशबूदार अगरबत्तियाँ जल रही थीं। उन्हीं के बीच एक आदमी अपने सिंथेसाइज़र के साथ एकदम अकेला गीत के धुन बनाने में खोया हुआ था। उनके आसपास उस धुन की आवाज़ सुनने वाला एक भी शख़्स नहीं था। हमने उस रहस्यपूर्ण माहौल में ही जल्दी–जल्दी उन नौ–दस धुनों में से अपनी ज़रूरतलायक़ धुनें चुनीं जो उन्होंने हमारे लिए तैयार कर रखी थीं। और, उसके बाद मिलने वाली पहली फ़्लाइट से अगली सुबह तक हम बम्बई पहुँच चुके थे।"

सभी पहलुओं पर विचार करते हुए समीर इस नतीज़े पर पहुँचते हैं कि हालाँकि रहमान हिन्दी जुबान के साथ बहुत सहज नहीं हैं, लेकिन इस कमी की भरपायी वे तकनीकपूर्ण संगीत–रचना के साथ बड़ी ख़ूबसूरती से करते हैं। इसीलिये कई बार उनके आवाज़ की ख़ूबसूरती उनकी संगीत रचना की सबसे बड़ी ताक़त के रूप में उभरकर सामने आती है। दूसरे संगीतकारों की तरह वे गीतों के साथ कोई छेड़छाड़ नहीं करते हैं, बल्कि शब्दों के चयन को लेकर निर्माता के आख़िरी फ़ैसले को तरजीह देते हैं, लेकिन रिकॉर्डिंग करते हुए वे किसी भी तरह की दख़लअन्दाज़ी बर्दाश्त नहीं करते। उस वक़्त वे अपनी मर्ज़ी के बादशाह होते हैं जिससे कोई सवाल नहीं पूछा जा सकता है। "वे न केवल अपनी धुन की रचना करते हैं, नोटेशन भी वही लिखते हैं, संगीत की व्यवस्था भी वे ही करते हैं, साउंड लेवल भी वही करते हैं, यहाँ तक कि रिकॉर्डिस्ट भी वही होते हैं और मिक्सिंग भी वही करते हैं। उनके काम में ऐसा कुछ भी नहीं जिसे वे ख़ुद नहीं जानते हैं। रिकॉर्डिंग की पूरी प्रक्रिया में वे शुरू से आख़िर तक शामिल होते हैं।"

समीर की दृष्टि में रहमान की आवाज़ की तकनीकी जानकारी और हुनर की बराबरी कर सकने वाले इकलौते दूसरे संगीतकार विजू शाह हैं जो आनन्दजी भाई के भतीजे हैं। विजू एक शानदार इनसान हैं लेकिन फ़िल्म चुनने के मामले में अपनी पसन्द और नापसन्द को सबसे ज़्यादा अहमियत देने की उनकी आदत की वजह से उनको इतनी तरजीह नहीं मिली और न उनका इतना इस्तेमाल ही हुआ जिसके वे सचमुच के हक़दार थे। इसके बावजूद समीर और विजू शाह ने *'मुक़द्दर का बादशाह'* (1990), *'बड़े मियाँ छोटे मियाँ'* (1998), *'असम्भव'* (2004) और *'यूँ होता तो क्या होता'* (2006) जैसी कुछ फ़िल्मों में साथ–साथ काम किया। इसी तरह ऐसे कुछ और संगीतकारों की एक फ़ेहरिस्त है जिनके साथ समीर ने कभी–कभी काम किया, मसलन निखिल–विनय, साज़िद–वाज़िद, आनन्द राज आनन्द, आदेश श्रीवास्तव, डब्बू मलिक, राम शंकर, समीर टण्डन आदि।

यह फ़ेहरिस्त ख़ासी लम्बी है, लेकिन दो अहम नाम इसमें अब भी शामिल नहीं हैं। वे नाम हैं–राम लक्ष्मण और रवीन्द्र जैन।

हिम्मत और शोहरत

1981 और 2006 के बीच समीर के जीवन में फ़िल्म उद्योग के अनेक मशहूर संगीतकार, गायक, नृत्य–निर्देशक और समकालीन गीतकार आये और गए। उनमें से कुछ बेहद प्रतिभाशाली थे तो कुछ औसत प्रतिभा के भी थे, लेकिन पच्चीस सालों की इस लम्बी अवधि में उनके जीवन और विचारों पर जितना असर दो शख़्स का पड़ा, उतना किसी और का नहीं पड़ा। ये दो लोग नदीम सैफ़ी और श्रवण राठौड़ थे। 1989 से लेकर 1997 के इन आठ सालों में बेहतरीन संगीत रचने वाली संगीतकारों की इस आला जोड़ी ने बॉलीवुड में एक तूफ़ानी–सा माहौल बना दिया और फ़िल्म संगीत की बुनियादी बनावट को हिलाकर रख दिया, उनको पुनर्परिभाषित किया और श्रोताओं के सुनने का अन्दाज़ बदल दिया। बेशक इस क़ामयाबी ने मायानगरी में समीर की एक पक्की जगह बना दी, और उनके जीवन और कॅरियर को वे बुलन्दियाँ दीं, जिनकी उनको तलाश थी। इन दोनों की सामाजिक–पारिवारिक पृष्ठभूमि के बारे में जानने का लोगों के मन में एक स्वाभाविक कौतूहल था।

उन दोनों के साथ काम करने से पहले समीर नदीम को एक सम्भावनाशील संगीतकार के रूप जानते थे जो फ़िल्म उद्योग में अपना स्थान बनाने के लिए संघर्ष कर रहे थे। वे नदीम से दो मौक़ों पर पहले भी मिल चुके थे। पहली दफ़ा तब जब नदीम फ़ेमस स्टूडियो अलका याज्ञनिक के साथ कुछ बातचीत करने आये थे। अलका वहाँ एक गाने की रिकॉर्डिंग के सिलसिले में मौजूद थीं। समीर नदीम के भव्य व्यक्तित्व को देखकर चकित थे। वे लम्बे, गोरे–चिट्टे और ख़ूबसूरत होने के साथ–साथ अभिजात्य रुचियों के व्यक्ति थे, और उन्होंने महँगे ब्रांडों के डिज़ाइनर कपड़े पहने हुए थे। दूसरे मौक़े पर जब वे समीर को दिखे तो को अपनी नये मॉडल की इम्पोर्टेड कार ड्राइव कर रहे थे। अब तक समीर यह समझ चुके थे कि नदीम एक अमीर व्यक्ति थे, क्योंकि अपने संघर्ष के दिनों में इतने महँगे शौक़ कोई भरी हुई जेब वाला आदमी ही पाल सकता था। नदीम सचमुच अग्रीपाड़ा के एक धनी परिवार से आते थे। उनके परिवार

का किताबों के प्रकाशन का क़ारोबार था, लेकिन कॉलेज के दिनों से ही उनकी अपने पारिवारिक व्यापार में कोई रुचि नहीं थी, और वह म्यूज़िक कंसर्ट और स्टेज शो के आयोजनों में बहुत सक्रिय रुचि लेते थे। वह ख़ुद एक बढ़िया गायक थे और बहुत बढ़िया काँगो बजाते थे। उन्होंने कुछ फ़िल्मों के लिए संगीत भी बनाया था, जिनमें *'दंगल'* (भोजपुरी) और *'मैंने जीना सीख लिया'* (1982) प्रमुख थीं।

अलबत्ता श्रवण के बारे में समीर ज़्यादा कुछ नहीं जानते थे। हाँ, उनको यह ज़रूर पता था कि वे गायक रूप कुमार राठौड़ और विनोद राठौड़ के भाई थे, और उनके पिता चतुर्भुज राठौड़ एक प्रसिद्ध शास्त्रीय गायक थे। वे यह भी जानते थे कि आर.डी. बर्मन और लक्ष्मीकान्त–प्यारेलाल जैसे संगीतकार उनके पिता के शागिर्द थे और उनका बहुत सम्मान करते थे। संयोग की बात थी कि कुछ समय के लिए नदीम भी उनके शिष्य रह चुके थे और चतुर्भुज राठौड़ के घर आने–जाने के क्रम में उनकी मित्रता श्रवण से हुई। बाद में व्यवसायिक रूप से फ़िल्मों में संगीत देने के लिए उन्होंने एक–दूसरे के साथ जोड़ी बनाने का निर्णय लिया। यह तय हुआ कि नदीम कम्पोज़ीशन का काम सँभालेंगे और श्रवण 'म्यूज़िकल वर्क' की ज़िम्मेदारियाँ उठायेंगे। मतलब स्पष्ट था कि निर्माता और निर्देशक के साथ सिटिंग करना, नोटेशन तैयार करना, धुनों का चयन करना, अरेंजरों को धुन के बारे में समझाना, साजिन्दों का चुनाव करना और गायकों से रिहर्सल कराना श्रवण की जिम्मेदारी थी। इन ज़मीनी तैयारियों के पूरा हो जाने पर नदीम 'टेक' लेने से पहले सारी तैयारियों पर बस एक नज़र डालने आते थे।

"हालाँकि श्रवण की भूमिका कहीं से भी नदीम से कम महत्त्वपूर्ण नहीं थी, लेकिन मैंने एक बात ग़ौर की कि अपनी–अपनी जिम्मेदारियों के बँटवारे को लेकर उन दोनों के बीच किसी तरह का टकराव या अस्पष्टता की स्थिति नहीं थी," समीर कहते हैं, "श्रवण इस जोड़ी में ख़ुद को नदीम के पीछे की जगह पाकर भी अपने काम से पूरी तरह सन्तुष्ट थे। उन्हें इस बात से भी कोई शिकायत नहीं थी मीडिया और जनता, दोनों की नज़रों में नदीम ही बॉस थे। उनकी प्रदर्शनप्रियता और नफ़ीस शख़्सियत पर यह छवि जँचती भी थी। दोनों के बीच श्रवण अन्तर्मुखी स्वभाव के थे और अपने काम भर से मतलब रखते थे। इसलिए व्यक्तित्व और स्वभाव की दृष्टि से भी दोनों एक–दूसरे के पूरक थे। जहाँ तक इनकी प्रतिभा का सवाल था, तो दोनों में कोई ख़ास फ़र्क़ नहीं था। दोनों बहुत बढ़िया गाते थे। नदीम ड्रम बजाने की हुनर में माहिर थे तो श्रवण हारमोनियम के उस्ताद थे। कई बार श्रवण जब नदीम के गायन के साथ हारमोनियम

पर संगति कर रहे होते थे, तो उस वक़्त कमरे में आँख मूँदे बैठे किसी किसी तीसरे आदमी को उस घुली–मिली ध्वनि में लिए गाने और संगत की आवाज़ों में फ़र्क़ करना मुश्किल हो जाता था। इसी आपसी समझदारी के कारण दोनों वे संगीत–निर्माण करने वाले दूसरे लोगों की तुलना में अपना काम तेज़ी के साथ निबटाते थे। अन्य संगीतकार जिस फ़िल्म का म्यूज़िक ट्रैक बनाने में सामान्यतः एक–दो महीने का वक़्त लगाते थे, उसी काम को दोनों सिर्फ़ दो दिन में पूरा कर देते थे।"

'आशिक़ी' (1990) के पहले भी समीर *'इलाक़ा'* (1989) और *'बाप नम्बरी बेटा दस नम्बरी'* (1990) जैसी कुछ फ़िल्मों में इस जोड़ी के साथ काम कर चुके थे। *बाप नम्बरी बेटा दस नम्बरी* तो इनकी पहली सिल्वर जुबली हिट थी, लेकिन *'आशिक़ी'* की सफलता के आसपास यह फ़िल्म कहीं नहीं टिकती थी। हालाँकि समीर क़ामयाबी का पहला स्वाद *'दिल'* (1990) में ही चख चुके थे जिसमें आनन्द–मिलिन्द ने संगीत दिया था और जो *'आशिक़ी'* के कुछ महीने पहले ही सिनेमाघरों में प्रदर्शित हो चुकी थी। दूसरों की तरह ख़ुद उनको भी आशिक़ी की भारी क़ामयाबी का पूरा भरोसा था। फिर भी वे फ़िल्म के प्रदर्शित किये जाने का बेसब्री से इन्तज़ार कर रहे थे। उनके कानों में यह बात पड़ी थी कि दिल की अप्रत्याशित सफलता के बाद *'आशिक़ी'* के निर्माता गुलशन कुमार फ़िल्म की सफलता को लेकर थोड़े सशंकित थे। उन्हें शायद यही लगता था कि आमिर ख़ान और माधुरी दीक्षित जैसे बड़े स्टारों वाली फ़िल्म के सामने राहुल रॉय और अनु अग्रवाल जैसे नये चेहरों के साथ प्रदर्शित *'आशिक़ी'* की सफलता की सम्भावना बहुत कम है। इसलिये फ़िल्म के प्रदर्शन के मौके पर और पैसे ख़र्च करने के बजाय गुलशन कुमार ने *'आशिक़ी'* से अपने हाथ खींच लेने का फ़ैसला कर लिया।

स्वाभाविक बात थी कि गुलशन कुमार के इस फैसले से नदीम और श्रवण, दोनों बहुत मायूस थे। दोनों को गहरा धक्का लगा था। वे समीर के पास गये और बताया कि वे रिटायर हो रहे हैं। "मेरी पत्नी ने पुणे में एक बुटीक खोला है और मैं वहीं जाकर उसके काम में हाथ बटाऊँगा" नदीम ने कहा, "श्रवण राजस्थान लौट जायेगा और खेती करेगा। आप क्या करेंगे, मैं नहीं जानता, लेकिन 16 सालों तक इस उद्योग में संघर्ष करने के बाद हमें एक अच्छी फ़िल्म मिली, और अब निर्माता कहते हैं कि वे इसे रिलीज़ नहीं करेंगे। हमने जो कुछ भी संगीत में सीखा था, वह सब कुछ इस फ़िल्म में झोंक दिया था, और वे कहते हैं गीत सुनने में ग़ज़ल की तरह लगते हैं। मैं अब हार चुका हूँ। मेरा कॅरियर अब ख़त्म हो चुका है!" समीर सिर थामकर बैठ गये। उन्हें समझ नहीं आ रहा था कि ऐसा

भी हो सकता है। उन्होंने कुछ पल सोचने के बाद यह तय किया कि उन्हें महेश भट्ट से मिलना चाहिए। समीर को पता था कि गुलशन कुमार अपने निर्देशकों के विचारों की बहुत इ़ज्ज़त करते थे, और भट्ट साहब के जाने से शायद को रास्ता निकले।

महेश भट्ट इस ख़बर को सुनते ही भड़क गये और गुस्सा कर बोले, "गुलशन कुमार पागल हो गये हैं। वे कहाँ हैं? चलिए, उनके पास चलते हैं।"

चारों गुलशन कुमार के दफ़्तर इकट्ठे हुए और भट्ट साहब ख़ुद को तैश में आने से रोक नहीं सके। "आपका दिमाग़ तो ठिकाने पर है पापाजी? आप इस फ़िल्म को कैसे रोक सकते हैं? बाज़ार में सबको यह पता है कि हमने एक शानदार फ़िल्म बनायी है। इन लडकों ने बहुत बढिया काम किया है। मैं कोई बेबुनियाद बात नहीं कह रहा हूँ।"

"अच्छे और ख़राब की मुझे नहीं पता," गुलशन कुमार ने बीच में ही टोकते हुए कहा, "लेकिन लोगबाग़ कहते हैं कि इसके गाने ग़ज़ल की तरह लगते हैं। दूसरी तरफ़ 'दिल' भी रिलीज़ हो चुकी है और उसके गाने ज़बर्दस्त हिट हुए हैं। ऐसे में *'आशिक़ी'* को रिलीज़ करना आत्महत्या करने के बराबर होगा। मैं इतना बड़ा खतरा नहीं मोल ले सकता।"

अगले आधे घण्टे तक दोनों के बीच बहस चलती रही और समीर, नदीम–श्रवण के साथ ख़ामोशी से बैठे दोनों की बाते सुनते रहे। आख़िरकार भट्ट को जब लगा कि गुलशन कुमार किसी भी सूरत में उनकी बात मानने को तैयार नहीं हैं, तब उन्होंने अपना आख़िरी दांव चला– "क्या मुझ पर आपको विश्वास है, पापाजी?"

"बिल्कुल है" गुलशन कुमार ने जवाब दिया।

"मैं आपको काग़ज़ में लिखकर देने के लिए तैयार हूँ कि 'आशिक़ी' एक सुपर–डुपर हिट होगी, भट्ट साहब ने दावे के साथ कहा था, "और अगर मैं ग़लत हुआ तो बम्बई हमेशा के लिए छोड़ दूँगा। मैं आपको यह लिख कर देता हूँ कि मैं भविष्य में कभी कोई फ़िल्म नहीं बनाऊँगा।"

वहाँ मौजूद सभी लोग यह देखकर हैरान रह गये जब भट्ट साहब के बयान के ठीक नीचे गुलशन कुमार ने भी यह लिख दिया कि 'आशिक़ी' का प्रचार करने के लिए वे अपनी तरफ़ से कोई कसर नहीं उठा रखेंगे। वे ख़ुद अपने स्तर एक ऐसे प्रचार अभियान की शुरुआत करेंगे जैसा बॉलीवुड के इतिहास में अभी तक किसी ने नहीं किया था। मसलन "लोग जहाँ जायेंगे वहाँ उनको सिर्फ़ 'आशिक़ी' की होर्डिंग्स लगी मिलेगी। रेडियो और टी.वी. पर उनको सिर्फ़ 'आशिक़ी' के गाने सुनायी देंगे। बाज़ारों में जो तौलिये मिलेंगे, उन पर 'आशिक़ी' लिखा होगा, साड़ियों

पर, 'आशिक़ी' नाम प्रिंटेड होगा। चूड़ियों की दुकानों पर, टॉयलेट पेपर पर, स्कूल जाने वाले बच्चों की बैग पर...। कोई भी चीज़ होगी, सब पर बस एक शब्द लिखा होगा–'आशिक़ी'।" गुलशन कुमार ने बताया।

कुछ इसी तरह के माहौल में आख़िरकार शुक्रवार 9 फरवरी 1990 को 'आशिक़ी' को प्रदर्शित किया गया। यह फ़िल्म इतनी बड़ी हिट साबित हुई कि इसने न सिर्फ़ बॉक्स ऑफ़िस के सारे रिकॉर्ड ध्वस्त कर दिये, बल्कि ऐसा पहली बार हुआ कि गीत–संगीत की टीम ने फ़िल्मफेयर के सारे अवाड्र्स अपने नाम कर लिये। नदीम–श्रवण को सर्वश्रेष्ठ संगीतकार का अवार्ड मिला तो सर्वश्रेष्ठ पार्श्व गायक और सर्वश्रेष्ठ पार्श्व गायिका का पुरस्कार क्रमशः कुमार शानू *'अब तेरे बिन जी लेंगे हम'* के लिये, और अनुराधा पौडवाल को *'नज़र के सामने जिगर के पास...'* के लिए मिला। और समीर तो उस साल के सर्वश्रेठ गीतकार *'नज़र के सामने जिगर के पास'* के लिये तो घोषित किये ही गये। बड़ी बात यह थी कि हर आदमी को उसके काम के लिए अलग–अलग पुरस्कार दिये गये थे।

बात इतनी भर ही नहीं है। सबसे अधिक बिकने वाली हिन्दी फ़िल्म के अल्बम का रिकॉर्ड आज भी *'आशिक़ी'* के नाम ही है।

•••

'आशिक़ी' के प्रदर्शित होने के दो दिन के भीतर नदीम–श्रवण ने दस बड़ी फ़िल्मों में संगीत देने का अनुबन्ध किया। इन फ़िल्मों में 'साजन' (1991) जैसी बड़े बैनर की फ़िल्म भी थी जिसमें सलमान खान, माधुरी दीक्षित और संजय दत्त जैसे सितारे थे। शुरुआत में निर्माता सुधाकर बोकाड़े ने फ़िल्म में संगीत देने के लिए लक्ष्मीकान्त–प्यारेलाल की जोड़ी को अनुबन्धित किया था, लेकिन पूरे देश के सिनेमा प्रेमियों को अपने संगीत के बयार में बहा ले जाने वाली *'आशिक़ी'* के गीतों की सफलता को देखकर उन्होंने अपने विचार बदल दिये। इस घटना ने बॉलीवुड की ख़बरों को एक नयी और अपेक्षाकृत एक क्रूर सुर्ख़ी दी–"एल–पी को अब रिटायर हो जाना चाहिये।" इस बयान के लिए नदीम को ज़िम्मेदार ठहराया गया था। "सम्भव है, लेकिन वे ऐसे ही थे," समीर कहते हैं, "ख़बरों में बने रहना नदीम का शगल था। अपने हित के लिए मीडिया का इस्तेमाल करना उनको बख़ूबी आता था। उनके लिये दुनिया की सबसे क़ीमती चीज़ ख़ुद उनका अहंकार था। वे सुर्ख़ियों में बने रहना जानते थे और अपनी चकाचौंध भरी छवि को ज़्यादा से ज़्यादा भुनाना भी उनको आता था। उनकी इस आक्रामक प्रदर्शनप्रियता का लाभ हम सबने उठाया। उन्हें पता था कि एक टीम के रूप में हमें कोई पराजित नहीं कर सकता था।

अपने दौर में वे अकेले संगीतकार थे जो किसी सितारे के बराबर पैसे न सिर्फ़ माँगते थे, बल्कि वसूलते भी थे। सभी होर्डिंग्स पर नदीम, श्रवण और समीर की तस्वीरें प्रमुखता के साथ नज़र आती थीं। इन कारणों से अपने दूसरे समकालीन गीतकारों की तुलना में हम थोड़ा ज़्यादा रसूख़दार माने जाते थे। देखते ही देखते हम देश के सबसे महँगे और चहेते गीतकार–संगीतकार बन गये थे।"

नदीम–श्रवण के साथ ने समीर को जीवन के कई बेशक़ीमती सबक सिखाए–

टीम भावना : अपने तमाम बिगड़ैल, मुँहफट और लापरवाह तौर–तरीक़ों के बावजूद नदीम सबको साथ लेकर चलने में विश्वास करते थे। वे हमेशा अपने साथ काम करने वाले वाले लोगों के साथ खड़े होते थे और बदले में उन सबसे अपने प्रति भी उसी प्रतिबद्धता की आशा करते थे। जब समीर ने उनकी अन्तरंग मंडली में शामिल होने की कोशिश की तब नदीम ने एक तरह से इसका विरोध किया, क्योंकि वे अपने साथ काम कर रहे दूसरे गीतकारों के साथ अपने समीकरण को किसी भी रूप में प्रभावित करना नहीं चाहते थे। जब समीर ने *'इलाक़ा'* (1989) और उसके बाद *'बाप नम्बरी बेटा दस नम्बरी'* (1990) और 'आशिक़ी' (1990) में अपना महत्त्व सिद्ध कर दिया, तभी वे नदीम टीम में एक सदस्य के रूप में दाख़िल हो सके और जब एक बार वे दाख़िल हो गये तो कोई भी उन्हें अपनी जगह से डिगा नहीं पाया। बहुत–से मौक़ों पर समीर के कानों तक यह बात आई कि कुछ लोग अक्सर नदीम से पूछते थे कि गुलज़ार, जावेद अख़्तर, आनन्द बक्षी जैसे बड़े और तजुर्बेकार गीतकारों के फ़िल्म उद्योग में होने के बावजूद वे समीर पर इतने निर्भर क्यों हैं? नदीम ढिठाई से उन लोगों को जवाब देते थे– "समीर का नाम किसी और के नाम से ज़्यादा बड़ा है।"

ऐसे विश्वास से भर देने वाले वक्तव्य न केवल पेशेवर रिश्तों को मज़बूत करते हैं, बल्कि आदमी अपना सर्वश्रेष्ठ देने के लिए भी प्रेरित करते हैं। "नदीम ने मेरे आत्मविश्वास को जितना जगाने का काम किया, उतना किसी अन्य संगीतकार ने नहीं किया," समीर इस बात को खुले मन से स्वीकार करते हैं, "उन्हें वह तरीक़ा पता था कि मेरे भीतर के बेहतरीन को कैसे हासिल किया जाए? उनके संगीत का एक दुर्लभ और आश्चर्यजनक पक्ष यह था कि उनकी बनायी हुई धुनों में ढलने के साथ ही किसी गीत की साधारण–सी पंक्तियाँ भी जादुई असर जगाने लगती थीं। *'आशिक़ी'* (1990) के *'नज़र के सामने जिगर के पास'* या *'मैं दुनिया भुला दूँगा तेरी चाहत में'* जैसे गाने हों या *'फूल और काँटे'* (1991) का

गीत *'धीरे–धीरे प्यार को बढ़ाना है, हद से गुज़र जाना है'* जैसे गीत हों, इन गानों की पंक्तियाँ इतनी सहज हैं मानो दो प्रेमी एक–दूसरे के साथ गीतों के ज़रिये संवाद कर रहे हों, लेकिन यह नदीम–संगीत की धुनों का चमत्कार था जिसने इन गीतों को लोकप्रियता की बुलन्दियों पर पहुँचा दिया। जल्दी ही मैं इस नतीज़े पर पहुँच चुका था कि किसी गीत के हिट होने में मेरा योगदान अगर 50 फ़ीसदी होता था तो उसमें 150 फ़ीसदी नदीम–श्रवण अपनी तरफ़ से जोड़ने की क्षमता रखते थे। अब आप ही बताइये, इतने प्रतिभाशाली सहयोगियों के साथ कौन काम करना नहीं चाहेगा?"

पार्श्व गायकों के बारे में भी बिल्कुल यही फ़ॉर्मूला सटीक बैठता था। गीतकार और संगीतकारों की इस तिकड़ी के पास उदित नारायण, साधना सरगम, यहाँ तक की लता मंगेशकर और आशा भोंसले जैसे मँजे हुए कलाकार तो थे ही, लेकिन कुमार शानू और अलका याज्ञनिक उनके सबसे पसन्दीदा गायक थे और इस मामले में वे कोई समझौता करने को को तैयार नहीं थे। उदाहरण के रूप में, *'दिल है कि मानता नहीं'* (1991) के निर्माण के समय आमिर ख़ान इस बात के लिए क़तई राजी नहीं थे कि उनके गीत कुमार शानू द्वारा गवाये जायें। 'क़यामत से क़यामत तक' (1988) और 'दिल' (1990) जैसी उनकी पहले प्रदर्शित सभी क़ामयाब फ़िल्मों के गाने उदित नारायण ने गाये थे। आमिर का कहना यह था कि उदित नारायण की आवाज़ उनके व्यक्तित्व के सर्वाधिक अनुकूल है, लेकिन नदीम उनकी ज़िद के बावजूद नहीं ही राजी हुए और आख़िरकार आमिर को ही पीछे हटना पड़ा। नतीज़ा यह हुआ कि *'दिल है कि मानता ही नहीं'* के ही नहीं, बल्कि आमिर की अगली फ़िल्म *'हम हैं राही प्यार के'* (1993) के गाने भी कुमार शानू ने ही गाए। यही हालात सुभाष घई की फ़िल्म *'परदेस'* (1997)–गीतकार आनन्द बक्षी के वक़्त भी पैदा हुए जब जब घई ने कुमार शानू की जगह किसी दूसरे गायक से फ़िल्म के गाने गवाने चाहते थे। इस बार भी नदीम अपने फ़ैसले पर अडिग रहे और गायक के नाम पर कोई समझौता करने को तैयार नहीं हुए। नतीज़ा कुमार शानू के सदाबहार हिट–*'दो दिल मिल रहे हैं, मगर चुपके–चुपके'*– के रूप में सामने आया, जबकि फ़िल्म को लोगों ने कमोबेश भुला दिया।

लगन : काम के बोझ के बावजूद नदीम एक ऐसे व्यक्ति थे जो कभी थकते नहीं थे। वे न केवल ख़ुद जमकर काम करते थे, बल्कि अपने सहयोगियों से भी काम लेने में कोई मुरव्वत नहीं करते थे। उनके काम पर कोई भी उँगली उठाये, यह उनको बिल्कुल बर्दाश्त नहीं था।

मुस्लिम पृष्ठभूमि से सम्बन्ध रखने, उर्दू शायरी पर अच्छी–ख़ासी पकड़ होने और मुशायरों में आते–जाते रहने की वजह से गीत–ग़ज़लों की उनकी समझ ख़ासी गहरी थी। साथ ही, वे ख़ुद भी बढ़िया गा सकते थे। लिहाज़ा, सुरों और तालों को भी बख़ूबी समझते थे। वे सम्भवतः अकेले संगीतकार थे जो ड्रम बजाते हुए जब गाते थे तब उनसे न तो कोई ताल चूकती थी और न कोई स्वर ही भूलता था। यह किसी भी संगीतकार के लिए एक असम्भव–सी उपलब्धि थी।

समीर इस बारे में और खोलकर बताते हैं– "सामान्यतः जब आप ड्रम बजा रहे होते हैं तब आपका पूरा ध्यान ताल पर केन्द्रित होता है और ऐसे में इस बात की पूरी गुंजाइश रहती है कि आप गीत की लाइनें भूल जाएँ। उसी तरह अगर आप गीत पर फ़ोकस करते हैं तो आप गीत के ताल से भटक सकते हैं। नदीम दोनों को साथ–साथ और पूरी शुद्धता के साथ निबाहने की कला में पारंगत थे। उनको अपनी प्रस्तुति देते हुए देखना एक अद्भुत अनुभूति थी। वे कहते भी थे कि आप एक गायक हों या फिर कोई वाद्ययन्त्र बजाने वाले संगतकार हों, प्रस्तुति देते समय आपसे किसी ग़लती की उम्मीद नहीं की जाती है। अगर आप पूरे मन से बजायें तो एक ढोलक या तबले से भी बिल्कुल अलग आवाज़ निकलती है वर्ना ध्यान से देखें तो हमारे आसपास ही सैकड़ों की तादाद में तबला वादक हैं, लेकिन ज़ाकिर हुसैन सिर्फ़ एक हैं, क्योंकि वे अपने दिल की गहराइयों के साथ तबला बजाते हैं।"

नदीम ने भी किसी मिसाल की तरह अपनी ज़िन्दगी को जिया। उनकी टीम के साथियों ने भी कभी उनसे यह शिकायत नहीं की कि नदीम उनसे जी तोड़ मेहनत कराते हैं। उनके पास काम के अलावा जो वक़्त बचता था तो अपने साथियों को बेक़ार बैठने की मोहलत देने की बजाय वे उन सबके साझा सहयोग से अपने म्यूज़िक बैंक के लिए धुनें तैयार करते थे। उनकी स्मृतियों में हरेक व्यावसायिक हिन्दी सिनेमा के लिए सामान्यतः तीन या चार तरह के गीत होते थे– एक रोमांटिक गाना, हीरो–हीरोइन की मुलाक़ात के मौके पर गाया जाने वाला एक गीत, उनकी जुदायी का एक गीत और एक कोई चुलबुला और शरारती–सा गीत। हरेक सिचुएशन के लिए गीतों के पर्याप्त विकल्पों के कारण किसी भी फ़िल्म निर्माता को अपनी फ़िल्म के अनुसार गीतों का चयन करने में सुविधा होती थी। इसलिये 1997 में जब बोनी कपूर अपनी फ़िल्म *'जुदाई'* के लिए उनके पास आये, तब नदीम ने उन्हें अपने म्यूज़िक बैंक से तैयार स्टॉक की धुनें ही सुनायीं। उन गीतों को सुनकर निर्माता बोनी कपूर इतने ख़ुश हुए कि उन्होंने जुदाई के गीत चुनने के बाद यह फ़ैसला भी

कर लिया कि उनकी अगली फ़िल्म 'सिर्फ़ तुम' (1999) के गीत भी उसी स्टॉक से चुने जायेंगे।

काम के प्रति समर्पण : 'समझौता' एक ऐसा शब्द था जो नदीम–श्रवण के शब्दकोश में नहीं खोजा जा सकता था। उनकी पूरी टीम को इस बात की ख़ास ताक़ीद की थी कि जहाँ तक संगीत का मामला था, उन्हें सौ फीसदी से रत्ती भर भी कम मंजूर नहीं था। उनकी ऑर्केस्ट्रा टीम एक–एक आदमी से यह साफ़ तौर पर कह दिया गया था कि 'अधूरे मन से कोई काम करने से बेहतर है वह उस काम को न करे।' यह बात उनके संगीत में दिखती भी थी। नदीम निर्माताओं के साथ अपनी बैठकों में ख़ुद भी गाते थे। उस सेशन में मौजूद कई दूसरे लोग इस बात की तस्दीक करते थे कि बॉलीवुड का कोई दूसरा संगीतकार अपनी गायकी को ज़ेहनी तौर पर वैसे आत्मसात् कर पाने में सक्षम नहीं था जैसे नदीम ख़ुद अपने गाने के क्रम में कर सकते थे, जब उनका गाना ख़त्म होता था, तब वे पसीने से तर–ब–तर हो चुके होते थे, जैसे किसी ने उन्हें बुरी तरह से निचोड़ दिया हो। घण्टे–पौन घण्टे तक वे पूरी तरह से बेजान और ऊर्जाहीन हो चुके दिखते थे और निढाल पड़े रहते थे। उनके मुँह से कोई आवाज़ बमुश्किल निकलती थी।

एक दफ़ा श्रवण को एक सीटिंग के दौरान एक निर्माता के लिए गाने को कहा गया। उस सिटिंग में समीर भी उपस्थित थे। नदीम के गले में सूजन थी और वे कोई जोख़िम लेना नहीं चाहते थे। श्रवण ने गाना शुरू किया, लेकिन गाने के बीच में नदीम को यह महसूस हुआ कि श्रवण का ध्यान कहीं और भटक रहा था। इसका सीधा असर उनके सफ़र पर पड़ रहा था। नदीम ने फ़ौरन गाना रोक दिया, श्रवण को एक किनारे ले गये और उन्हें कड़ी फटकार लगायी– "अगर आपका मन गाने में नहीं लग रहा है तो आप क्यों गा रहे हैं?" ऐसी फटकार नदीम अपने पार्श्व गायकों को सुनाने से भी गुरेज़ नहीं करते थे। ख़ास तौर पर कुमार शानू उनकी इन आदतों को इतनी सकारात्मकता के साथ लेते थे कि जब वे ख़ुद भी किसी पर चीख़ते–चिल्लाते थे तो ऐसा लगता था मानो नदीम की नकल कर रहे हों। ज़ाहिर है कि उनके अवचेतन पर नदीम के तौर–तरीक़ों का गहरा असर पड़ा था। लेकिन हर बार कुमार शानू को ख़ुद में ही सुधार लाने की ज़रूरत महसूस होती थी, क्योंकि नदीम ख़ुद यह नहीं चाहते थे कि गाते वक़्त उस गायक की आवाज़ किसी और गायक की आवाज़ जैसी लगे। मिसाल के तौर पर वे सोनू निगम को मोहम्मद रफी जैसी आवाज़ में गाने के कारण तब तक टोकते रहे जब तक उन्होंने *परदेस* (1997) का गीत–*'दिल, ये दिल दीवाना।* गीतकार–

आनन्द बक्षी, ख़ुद की भड़कदार आवाज़ में नहीं गाया। इस गाने के बाद सोनू को मुड़कर देखने की ज़रूरत नहीं पड़ी।

स्वार्थ : ख़ुद को एक टीम का एक खिलाड़ी मात्र होने के लाख दावे करने के बावजूद नदीम स्वभावतः एक बेहद मतलबी और आत्मकेन्द्रित व्यक्ति थे। "मैं सिर्फ़ अपने बारे में सोचता हूँ," उन्होंने एक बार समीर से निजी बातचीत में यह माना भी था। आप बेशक इसे उनका असुरक्षा–बोध, अधैर्य या अतिमहत्त्वाकांक्षा कह लें, लेकिन उनके व्यक्तित्व का यह दोष उनके टीम के सदस्यों को बहुत भाता था। फ़िल्म बड़ी हो या छोटी, अच्छी हो या ख़राब, नदीम को इससे कोई फ़र्क़ नहीं पड़ता था। उन्हें सिर्फ़ अपनी कीमत से मतलब था वर्ना वे किसी भी फ़िल्म को मना नहीं करते थे। इसलिए उनको काम की तंगी कभी नहीं रही। ऐसा भी नहीं था कि वे बड़ी और छोटी, मल्टीस्टारर और बिना सितारों वाली या फिर ए–ग्रेड और बी–ग्रेड की फ़िल्मों के बीच किसी तरह का भेदभाव करते थे। अपनी सभी फ़िल्मों को वे बराबर का महत्त्व देते थे। इसलिए नये कलाकारों के साथ बनीं *आशिक़ी* (1990), *फूल और काँटे* (1991, और *सलामी* (1993) जैसी अनेक फ़िल्में बड़ी म्यूज़िकल हिट साबित हुईं तो यह हैरत की बात नहीं थी। निस्सन्देह इसका श्रेय नदीम को है।

कई बार तो ऐसे मौक़े भी आये जब निर्माता बॉक्स–ऑफ़िस पर अपनी फ़िल्म के भविष्य को लेकर ख़ुद ही सशंकित रहे और अपने इस भय को उन्होंने किसी–न–किसी तौर पर ज़ाहिर भी किया। *राजा हिन्दुस्तानी* (1996) भी एक ऐसी ही एक फ़िल्म थी जिसे धर्मेश दर्शन जैसे एक नौसिखुआ फ़िल्मकार ने निर्देशित किया था। फ़िल्म के निर्माता मोरानी बन्धु–अली मोरानी और करीम मोरानी थे। उस वक़्त 1995 में मोरानी बन्धुओं की एक और बड़े बजट की फ़िल्म *दुश्मनी* (1996) भी निर्माणाधीन थी जिसे बंटी शर्मा निर्देशित कर रहे थे और फ़िल्म में सनी देओल, जैकी श्रॉफ, मनीषा कोइराला और अनुपम खेर जैसे बड़े सितारे अभिनय कर रहे थे। यह मारधाड़ से भरपूर फ़िल्म थी, जिसे भव्य पैमाने पर फ़िल्माया गया था और उसके प्रचार के लिए बाज़ार के सारे हथकण्डे अपनाये गये थे। दूसरी तरफ़ आमिर ख़ान के नाम के सिवा 'राजा हिन्दुस्तानी' के पक्ष में कोई दूसरी बात नहीं थी। करिश्मा कपूर अभी एक नया चेहरा थीं। ज़ाहिर–सी बात है कि हर कोई यह देख सकता था कि इस फ़िल्म के प्रति निर्माताओं का व्यवहार सौतेला और भेदभाव से भरा था। मामले की गम्भीरता को भाँपते हुए नदीम ने अपने साथियों को उत्साहित करने की कोशिश की कि अब यह उन पर निर्भर था कि वे *राजा हिन्दुस्तानी* के लिए एक ऐसा संगीत तैयार करें कि सिर्फ़ उनके

बनाये हुए संगीत के दम पर दूसरी फ़िल्म अपने घुटने टेक दें। और उन्होंने यह काम सफलता के साथ कर दिखाया।

आत्मविश्वास : अपने पारस्परिक संवादों में नदीम का एक प्रिय सिद्धान्त है– "अगर आप दिल से काम करेंगे तो यह सामने वाले के दिल को ज़रूर छुएगा। अगर आप दिमाग़ का इस्तेमाल करेंगे तो बात भी उसके दिमाग़ तक ही पहुँचेगी। यह आप पर निर्भर है कि आप अपने काम के ज़रिये सामने वाले के दिल तक पहुँचना चाहते हैं या दिमाग़ तक?" सामने वाला बेशक एक निर्माता ही होगा, जिसके ज़रिये आपका काम आख़िरकार जनता तक पहुँचता है। अपने इस सिद्धान्त को लेकर नदीम इतने आत्मविश्वास से भरे थे कि अपनी हर सीटिंग में इस पर अमल करना नहीं भूलते थे। जैसा कि ख़ुद समीर कहते है– "मैंने अपने जीवन सिर्फ़ तीन ऐसे संगीतकार देखे जो सिटिंग में निर्माताओं को अपने काम से बाँध लेने का हुनर जानते थे–आर.डी. बर्मन, लक्ष्मीकान्त–प्यारेलाल और नदीम–श्रवण। विशेष रूप से नदीम इसमें माहिर थे कि निर्माता के सामने ऐसी कौन–सी धुन पेश की जाए कि उसके पास राज़ी होने के सिवाए कोई दूसरा विकल्प नहीं बचे। कभी–कभार तो यह महसूस होता था की कि निर्माता नदीम के सामने सिर्फ़ हामी भरने की ख़ानापूर्ति करने आया हो।"

किसी को आश्वस्त करने की नदीम की इस अनोखी क्षमता की दो मुख्य वजहें थीं– पहली, कि उन्हें अपना काम बख़ूबी पता था और दूसरी, कि उन्होंने इस क्षमता को बार–बार सही साबित किया। अपनी शर्तों के मामले में वे इतने सख़्त थे कि उनके काम में कोई भी दूसरा अगर बेवजह दख़लअन्दाज़ी करता लगता तो उसे टोक देने में वे थोड़ी भी देरी नहीं करते थे। इस मामले में उन्होंने सरोज ख़ान जैसी जानी–मानी नृत्य–निर्देशिका तक का भी कोई लिहाज़ नहीं किया। एक बार वे किसी गाने में कुछ बदलावों के सुझाव के साथ नदीम से मिलने आयी थीं ताकि वे पंक्तियाँ उनकी नृत्य–मुद्राओं के अनुकूल हो सके। नदीम ने उनसे दो टूक लहजे में जवाब दिया कि अच्छा होगा कि वे सिर्फ़ अपने काम से मतलब रखें। "आपका काम मेरे संगीत पर नाचना है," उन्होंने सरोज जी को याद दिलाते हुए कहा था। "आपका काम मुझे यह बताना नहीं है कि अपने संगीत में मैं कौन–सा ताल उपयोग करूँ? मैं तो आपसे कभी यह नहीं कहता कि आपके डांस स्टेप्स कैसे होने चाहिए? इसलिए आपको भी मेरे मामले में दख़ल देने से परहेज़ करना चाहिये।"

नदीम के इस अक्खड़ स्वभाव के कारण उनके शत्रुओं की संख्या भी कम नहीं थी, लेकिन चूँकि वे अपने काम में माहिर थे और लगातार

क़ामयाब संगीत दे रहे थे, लिहाज़ा कोई चाहकर भी उनका कुछ बिगाड़ने की स्थिति में नहीं था। ऐसा नहीं कि वे अपने विरोधियों से परिचित नहीं थे, लेकिन उन्होंने अपने 'पेशेवर दृष्टिकोण' को इन नकारात्मकताओं से हमेशा बचाये रखा। उन्हें अपने काम पर इतना अधिक भरोसा था कि किसी और की सहमति और आश्वस्ति की उनको कोई ज़रूरत नहीं थी। एक धुन बनाने के तत्काल बाद उन्हें यह आभास हो जाता था कि यह गीत उन्हें अगला फ़िल्मफ़ेयर पुरस्कार दिला सकता है और जब भी उन्होंने ऐसा कोई दावा किया तो उन्होंने फ़िल्मफ़ेयर हासिल करने में सफलता भी मिली। मिसाल के तौर पर 1995 में *राजा हिन्दुस्तानी* के लिए *'परदेसी–परदेसी जाना नहीं...'* की रिकॉर्डिंग ख़त्म कर लेने के बाद उन्होंने समीर को बुलाया और कहा, "इस साल का फ़िल्मफेयर हमारे लिए पक्का है। मैंने तो नये सूट का आर्डर भी दे दिया है।"

इत्तेफ़ाक़ कह लीजिए, 'राजा हिन्दुस्तानी' के लिए न सिर्फ़ नदीम–श्रवण को सर्वश्रेष्ठ संगीत का पुरस्कार मिला, बल्कि फ़िल्म को सर्वश्रेष्ठ फ़िल्म, सर्वश्रेष्ठ अभिनेता (आमिर खान), सर्वश्रेष्ठ अभिनेत्री (करिश्मा कपूर) और सर्वश्रेष्ठ पार्श्व गायक (अभिजीत) के पुरस्कारों से भी नवाज़ा गया। "ठीक यही भविष्यवाणी उन्होंने चार साल पहले भी *साजन* (1991) की रिकॉर्डिंग पूरी होने की बाद भी की थी," समीर बताते हैं। "और फ़िल्म को 1992 के सर्वश्रेष्ठ संगीत और सर्वश्रेष्ठ पार्श्व गायक कुमार शानू– *'मेरा दिल भी कितना पागल है'* का पुरस्कार मिला, लेकिन नदीम इससे ख़ुश नहीं थे। मुझे सर्वश्रेष्ठ गीतकार का पुरस्कार नहीं मिलने से वे किंचित असन्तुष्ट थे। पुरस्कार की रात उन्होंने 5,000 से भी अधिक की संख्या में उपस्थित लोगों के सामने मुझे मंच पर बुलाया और मेरे हाथ में माइक देते हुए उसी समय दर्शकों से सवाल किया कि सर्वश्रेष्ठ गीतकार के पुरस्कार का सही हक़दार किसको होना चाहिये था? मुझे उनका यह तरीक़ा अच्छा नहीं लगा। हालाँकि नदीम जैसे बड़बोले व्यक्ति के लिए यह कोई बहुत असहज बात नहीं थी, लेकिन मेरे लिए यह निश्चित रूप यह एक असहज कर देने वाली स्थिति थी। बहरहाल मैंने अपनेआप से एक वायदा किया और अगले साल का पुरस्कार मुझे ही मिला।"

1993 के फ़िल्मफेयर पुरस्कारों पर राज कँवर के *दीवाना* (1992) का एकतरफ़ा क़ब्ज़ा रहा। हमेशा की तरफ़ नदीम–श्रवण की जोड़ी ने सर्वश्रेष्ठ संगीतकार का पुरस्कार तो हासिल किया ही, सर्वश्रेष्ठ गायक का पुरस्कार कुमार शानू *'सोचेंगे तुम्हें प्यार'।* के लिए,, और सर्वश्रेष्ठ गीतकार का पुरस्कार समीर को *'तेरी उम्मीद तेरा इन्तज़ार करते...'* के लिये मिला। उन्होंने ख़ुद से किये गये वायदे को पूरा कर दिखाया था। जश्न की रात

उन्होंने ये पंक्तियाँ लिखीं– *"न पूछो कि है मेरी मंज़िल कहाँ, अभी तो सफ़र का इरादा किया है, न हारूँगा मैं हौसला उम्रभर, किसी से नहीं ख़ुद से वादा किया है।"* ये पंक्तियाँ बाद में बेहद लोकप्रिय हुईं।

•••

अब तक समीर को पुरस्कारों, वाहवाहियों, तालियों और प्रशस्ति–पत्रों की आदत पड़ चुकी थी। क़ामयाबी अब उनकी हमराह बन चुकी थी। वे लोग जो अरसे से उनको जानते थे, अब उनसे अजीबोग़रीब सवाल करने लगे थे – मसलन आप क्या खाते हैं? आप कहाँ सोते हैं? आप सुबह कितने बजे जगते हैं? जैसे अनगिनत ऊलजुलूल सवाल! सुबह की सैर के वक़्त जो लोग उनकी तरफ़ देखना भी गवारा नहीं करते थे, अब वे ही उनके साथ दो क़दम चल भर लेने को अपनी शान समझने लगे। ट्रैफ़िक पोस्ट पर जब उनकी गाड़ी खड़ी होती तो भीख़ माँगने वाले और पैदल चलने वाले लोग कार के चढ़े हुए शीशे के भीतर उनकी एक झलक पाने के लिए रुकने लगे। अपने परिवार के साथ जब वे खाना खाने किसी रेस्तरां में जाते थे तो उनको देखकर आस–पास की टेबुल पर बैठे लोग उनकी तरफ़ इशारा करते हुए खुसुर–फुसुर करने लगते थे। फिर कुछ प्रशंसक हिम्मत कर उनका ऑटोग्राफ़ लेने या उनकी हालिया फ़िल्म की क़ामयाबी पर उन्हें मुबारकबाद देने उनके क़रीब भी आने लगे...

"मुझे भी यह सब अच्छा लगता था," समीर ख़ुद मानते हैं, "मुझे ख़ुशी होती थी। आख़िर यही सब हासिल करने के लिए ही तो मैं बम्बई आया था। क़ामयाबी, नाम और दौलत किसको नहीं चाहिए? नदीम–श्रवण ने हर चीज़ हासिल करने में मेरी मदद की थी। इन्हीं क़ामयाबियों और उपलब्धियों की वजह से ज़िन्दगी में पहली दफ़ा मैंने ग्लैमर और स्टारडम का स्वाद चखा था। मुझे अच्छी तरह से याद है, 'आशिक़ी' और 'साजन' की सफलता के बाद जब मैं बनारस अपने घर गया था तो ऐसा महसूस हुआ था मानो पूरा शहर मेरे स्वागत में उमड़ पड़ा था। यह कोई मामूली भीड़ नहीं थी। मेरी कार मानो प्रशंसकों की भीड़ में नहीं, बल्कि उनकी मोहब्बत के बहाव में फँस गयी थी। मेरा एक–एक इंच भी आगे बढ़ पाना बेहद मुश्किल हो रहा था। यह वाक़या तब का है जब मै उस इंटर–कॉलेज में छात्र संगठन का उद्‌घाटन करने पहुँचा था, जिससे मैं पढ़कर निकला था। लड़कों ने कैसे मेरी कार को भीड़ में रास्ता बनाते हुए आगे बढ़ाया था और मुझे बाहर निकाला था, मैं नहीं जानता हूँ। उत्साह में डूबे हुए लोगों का ऐसा उन्माद मैंने जीवन में पहली बार देखा था।"

कहते हैं न कि सफलता से बड़ा कोई दूसरा नशा नहीं होता। समीर ईमानदारी के साथ इस बात को कुबूल करते हैं कि लगातार लोगों और मीडिया की चर्चा के केन्द्र और चाहने वालों की भीड़ में रहकर किसी का भी दिमाग़ फिर जाना बहुत आसान बात है। "आपके नख़रे बढ़ जाते हैं," वे संकेत करते हैं, "और आप इसमें कुछ नहीं कर सकते। आपकी पूरी शख़्सियत इस बदलाव से कब और कैसे गुज़रती है, यह आप ख़ुद भी नहीं जान पाते। देखते–देखते आपकी बातचीत, आपकी चाल–ढाल, आपका ओढ़ना–पहनावा सब कुछ बदल जाते हैं, और आप वही आदमी नहीं रह जाते जो आप पहले हुआ करते थे। सफ़लता की आभा एक औसत दिखते आदमी को भी आकर्षक बना देती है। आकर्षण की यह आभा शायद प्रकृति–प्रदत्त होती है।"

बम्बई में आमतौर पर सितारों के प्रति वैसा जुनून नहीं देखा जाता है, जैसा बनारस जैसे छोटे शहरों में दिखता है, लेकिन नदीम–श्रवण–समीर की तिकड़ी वाली फ़िल्में इस अवधारणा का अपवाद साबित हुईं। 'आशिक़ी' के प्रदर्शन के बाद जब–जब यह तिकड़ी जनता के सामने उपस्थित हुई, तब–तब होने वाले 'पुलिस बन्दोबस्त' को कोई कैसे भूल सकता है? 1991 में बम्बई के गेइटी–गैलेक्सी सिनेमा में 'साजन' के प्रीमियर के बाद जब नदीम–श्रवण और फ़िल्म के मुख्य कलाकारों के साथ समीर भी सिनेमा–हॉल से बाहर निकले तो दस–बारह हज़ार प्रशंसकों की भीड़ मानो उन पर टूट पड़ी। समीर और नदीम–श्रवण के पीछे कमोबेश उतने ही लोग भाग रहे थे जितने माधुरी दीक्षित, संजय दत्त और सलमान ख़ान के पीछे भाग रहे थे। बाद में जब अँधेरी में फ़िल्म के निर्माता सुधाकर बोकाड़े द्वारा आयोजित दावत में तीनों पहुँचे तब उनका स्वागत बैंड पर साजन की सिग्नेचर ट्यून *'देखा है पहली बार साजन की आँखों में प्यार'* बजाकर किया गया था। देखते ही देखते बारह–पन्द्रह लडकियाँ डांस फ़्लोर पर पहुँच गईं और कुछ पलों में ही मेहमानों के पाँव भी थिरकने लगे। सच यह है कि उस रात लोग उनकी क़ामयाबी की धुन पर थिरक रहे थे।

बहरहाल इस जश्न, ख़ुशी और जुनून की क़ीमत भी सबको चुकानी थी। एक तो, उन तीनों पर काम दवाब लगातार बढ़ता जा रहा था। और दूसरे, सफलता की इस बुलन्दी पर पहुँचने के बाद उदारता और शालीनता के लिए जगह भी अब तंग पड़ती जा रही थी। समीर के लिए इन दोनों से गम्भीर मसला यह था कि उनके वैवाहिक जीवन पर उनकी व्यस्तता और प्रसिद्धि का बुरा असर पड़ रहा था। समीर का विवाह 1985 में हुआ था और 'दिल' के प्रदर्शन के बाद मिली प्रसिद्धि के कारण वे

सिर्फ़ तीन साल ही वैवाहिक जीवन का सुख उठा सके थे। उनकी पत्नी एक ग़ैर–फ़िल्मी पृष्ठभूमि से आती थीं। इसके बावजूद उन्होंने हर अच्छे और बुरे समय में समीर का साथ दिया, लेकिन उनकी दो साल की बेटी फ़िल्मी दुनिया के अन्दरूनी दाँव–पेंचों को कहाँ से सीख पाती? संचिता को अपने पिता को देखे हुए कई–कई दिन बीत जाते थे। समीर जब अपने काम से देर रात गये लौटते थे तब तक वह सो चुकी होती थी, और उसके जागने से पहले समीर को काम पर निकल जाना होता था। एक बार जब आधी रात के बाद समीर घर लौटे और सोने की तैयारी कर रहे थे, तभी संचिता नींद से अचानक उठ बैठी और अजीब निगाहों से अपने पिता को देखने लगी। फिर वह दौड़ती हर उनके पास आयी और उन्हें ज़ोर से भींच लिया मानो अब अपने पिता को कहीं नहीं जाने देगी।

"उस पल मेरी आँखों में आँसू आ गये," समीर आगे बताते हैं, "मैं समझ गया कि मैं अपने परिवार और उसके जज़्बातों के प्रति कितना ग़ैर–ज़िम्मेदार था। शोहरत और दौलत की भूख के कारण मैंने अपने परिवार की कितनी अनदेखी की थी। यह ठीक है कि मेरी पत्नी ने मुझसे ज़िन्दगी में कोई शिकायत नहीं की, लेकिन इसका यह अर्थ यह तो नहीं है कि मैं उसके इस स्वभाव का फ़ायदा उठाऊँ। उस दिन मुझे इतनी ग्लानि हुई कि मैंने अगले दिन के अपने पहले से तय सारे कार्यक्रम रद्द कर दिये और पूरा दिन अपने परिवार के साथ घर पर गुज़ारा।"

12 अगस्त, 1997 को नदीम–श्रवण के युग का अचानक अवसान हो गया जब गुलशन कुमार अपनी कार से जुहू के जीतेश्वर महादेव मन्दिर में प्रार्थना करने के लिए उतरे, और जैसे ही वे हाथ में पूजा की थाली लिए हुए मन्दिर की तरफ़ बढ़े, तीन अपराधियों ने उन पर गोलियों से हमला कर दिया कर दिया और घटनास्थल से एक किराये की टैक्सी से भाग निकले। गुलशन कुमार को जल्दीबाज़ी में अस्पताल के जाया गया, जहाँ उन्हें मृत घोषित कर दिया गया। हालाँकि बाद में हत्यारे पकड़ लिए गये, लेकिन तब तक नदीम को इस क़ानूनी पचड़े में घसीटा जा चुका था। यह आशंका जताई गयी कि उन्होंने ही व्यावसायिक प्रतिद्वन्द्विता के कारण 'म्यूज़िक मुगल' की हत्या का फ़रमान जारी किया था। एक दूसरी आशंका यह भी ज़ाहिर की गयी कि नदीम विदेश से संचालित होने वाले उस मुस्लिम माफ़िया के उस तन्त्र का हिस्सा थे जो बॉलीवुड में उगाही करने के काम में लिप्त था। चूँकि उन्होंने इंग्लैंड से छुट्टियाँ मना कर भारत लौटने से इनकार कर दिया था, इस कारण से भी वे क़ानून की निगाह में वे सन्देह के दायरे में थे।

समीर इन आरोपों को सिरे से निराधार बताते हैं। उनकी नज़र में व्यावसायिक विद्वेष और नदीम–श्रवण की जोड़ी की क़ामयाबी से जलने वाले उनके प्रतिद्वन्द्वियों ने इस षड्यन्त्र को रचा था। समीर की नज़र में नदीम दिल के इतने भले इंसान हैं कि एक मक्खी को भी नुकसान पहुँचाने की बात वे नहीं सोच सकते हैं। उन्हें अच्छी तरह याद है कि लन्दन के लिए रुख़सत होने के ठीक पहले नदीम के.सी. बोकाड़िया से एक फ़िल्म 'हम तुम्हारे हैं *सनम*' (2002) के बारे में बातचीत की थी। वे किसी बच्चे की तरह आत्मविश्वास से भरे हुए थे और उन्होंने गुलशन कुमार से उस फ़िल्म के संगीत का अधिकार खरीद लेने का आग्रह किया था, "पापाजी, यह फ़िल्म ले लीजिए, इसमें हम संगीत दे रहे हैं" उन्होंने गुज़ारिश की थी। जहाँ तक लन्दन में उनके छुट्टियाँ बिताने की बात थी, तो समीर का मानना है कि नदीम भविष्य में एक अप्रवासी भारतीय के रूप में वहीं बस जाना चाहते थे। उनकी बीवी की बहन पहले से ही वहाँ एक चार्टर्ड अकाउंटेंट से ब्याही हुई थीं।

नदीम की अनुपस्थिति में श्रवण और समीर को अपने जीवन को अकेले ही समेटना और आगे बढ़ाना था। श्रवण पहले ही तय कर चुके थे कि उन्हें ख़ुद को व्यावसायिक सिनेमा की मुख्यधारा से अलग कर लेना है। उनके दोनों बेटे, संजीव और दर्शन अब बड़े हो चुके थे और दोनों *'मन'* (1999) और *'दीवाने'* (2000) जैसी फ़िल्मों के ले लिए अच्छा संगीत बना रहे थे। इसके बावजूद सन् 2000 में उन्होंने समीर के साथ मिलकर एक बार फिर से नदीम–श्रवण का जादू जगाने की कोशिश की। वे अक्सर समीर के साथ लन्दन जाने लगे और वहाँ नदीम के साथ मिल कर अपने अच्छे–पुराने दिनों की तरह संगीत बनाने लगे। धुन की सीडी बर्न करने के बाद वे समीर के साथ रिकॉर्डिंग पूरी करने के लिए बम्बई लौट आते थे। इस तरह से 2004 तक उन्होंने साथ मिल कर कुछ फ़िल्मों का संगीत तैयार किया। इनमें प्रमुख थीं–*'क़सूर'* (2000), *'राज़'* (2001), *'ये दिल आशिक़ाना'* (2002), *'हाँ मैंने भी प्यार किया'* (2002) और *'बेवफ़ा'* (2004) थीं। नदीम–श्रवण–समीर की टैगलाइन वाली उनकी आख़िरी बड़ी फ़िल्म *'अन्दाज़'* (2003) थी जिसमें अक्षय कुमार, लारा दत्ता और प्रियंका चोपड़ा थे।

हालाँकि इस दौर में उन्होंने जो गाने दिये, वे ख़ासे क़ामयाब रहे और उन्होंने ठीक–ठाक पैसे भी कमाये, लेकिन एक सच यह भी था कि स्थितियाँ अब पहले जैसी नहीं रहीं। समय बदल चुका था और प्रतिभाशाली संगीतकारों की एक नयी जमात क्षितिज पर उभरने के लिए बेताब थी।

समय से संगत

कॅरियर की दृष्टि से बॉलीवुड में समीर के पहले 25 सालों को तीन भागों में बाँटा जा सकता है। पहला भाग वह था जब वे अपने पिता के समकालीन स्थापित संगीतकारों–जैसे लक्ष्मीकान्त–प्यारेलाल, राजेश रोशन और चित्रगुप्त सरीखे संगीतकारों के बीच अपनी छोटी–सी जगह बनाने की कोशिश में थे। दूसरा भाग वह था जब वे आनन्द–मिलिन्द, नदीम–श्रवण, अनु मलिक और जतिन–ललित जैसे अपने समकालीन संगीतकारों के साथ काम करते ख़ुद अपनी स्थिति को मज़बूत कर रहे थे और तीसरा भाग वह था जब उन्होंने शंकर–एहसान–लॉय, हिमेश रेशममिया, विशाल–शेखर, अदनान सामी, प्रीतम चक्रवर्ती जैसे अपेक्षाकृत नये संगीतकारों के प्रयोगशील धुनों के लिए गीत लिखे। इनमें से तीनों भाग अपनी पीढ़ी के प्रतिनिधि संगीत की अपनी प्रभावात्मक विशेषताओं, शैलियों, अपेक्षाओं, कार्य–संस्कृतियों और क़ामयाबी के पैमानों के कारण एक–दूसरे से भिन्न थे। जब एक पीढ़ी के संगीत ने आने वाली पीढ़ी को रास्ता दिया तब संगीत की ध्वनियाँ बदल चुकी थीं। ऐसे में समीर को भी बदलते हुए समय के साथ एक गीतकार के रूप में स्वयं को फिर से अन्वेषित करने की ज़रूरत थी। पुरानी प्रशंसाओं और पुरस्कारों से अब काम चलने वाला नहीं था।

बेशक इन तब्दीलियों में बाज़ार भी एक निर्णायक भूमिका निभा रहा था, लेकिन इस दौर में ख़ुद पूरा बॉलीवुड सभी स्तरों पर परिवर्तन के नये दौर से गुज़र रहा था। युवाओं पर केन्द्रित फ़िल्में अधिक बनने लगी थीं – हवा मिठाइयों जैसी ख़ूबसूरत चेहरों और तराशी हुई देहयष्टि वाली रूमानी फ़िल्में, जिन्हें एक ख़ास शहरी दर्शक वर्ग को लक्षित कर बनाया जाने लगा था। यह मल्टीप्लेक्सों में दिखाई जाने वाली फ़िल्मों की शुरुआत का दौर था। ठीक उसी तरह उद्योग में फ़िल्म बनाने वाली की एक नयी फ़सल भी तैयार हो चुकी थी। यह भी उसी समाजिक वर्ग से आती थी और अपने लक्षित दर्शकों की पाश्चात्य अभिरुचियों पर उनकी अच्छी पकड़ थी। साथ–साथ यह पीढ़ी फ़िल्म के विषय चुनने के मामले

में भी अधिक प्रयोगशील और साहसिक थी। यह अब तक समाज के लिए वर्जित माने जाने वाले विषयों पर फ़िल्म बनाने का जोख़िम उठाने के लिए तैयार थी। निर्देशकों की यह नयी जमात कथानक को अलग तरीक़े से ट्रीट करने का हुनर भी जानती थी। ज़ाहिर बात थी कि प्रचलित 'फ़ॉर्मूलों' के दिन अब लद चुके थे और रजतपट पर रोमांस को नये अर्थ और नज़रिये के साथ पेश करने का मौसम आ चुका था। तकनीक ने भी इस पूरे घटना–क्रम को गहराई से प्रभावित किया। पहली बार बॉलीवुड की धमक वैश्विक स्तर पर महसूस की गई।

चूँकि बॉलीवुड की फ़िल्मों में गाने आम दर्शकों के साथ संवाद स्थापित करने का सबसे मज़बूत ज़रिया हैं, इसलिए बदलते हुए दौर के साथ गानों में बदलाव भी बहुत ज़रूरी हो गया था। बदलाव की इस ज़रूरत को हिमेश रेशमिया ने सबसे पहले और बेहतर तरीक़े से महसूस किया। हिमेश के कॅरियर की शुरुआत यूँ तो 1998 में *'प्यार किया तो डरना क्या'* और *'हेलो ब्रदर'* (1999) में संगीत–निर्देशन देने के साथ ही हो चुकी थी। अगले पाँच सालों तक *'कहीं प्यार न हो जाये'* (2000), *'कुरुक्षेत्र'* (2000) और *'जोड़ी नं. 1'* (20011) जैसी कुछ फ़िल्मों में संगीत दिया जो श्रोताओं पर असर दिखाने में बहुत क़ामयाब नहीं रहा। अलबत्ता *'चुरा लिया है तुमने'* (2003) के संगीत ने मामूली तौर पर थोड़ी उम्मीद ज़रूर जगायी। उसके बाद 2004 में *'तेरे नाम'* आयी, लेकिन यह शायद *'आशिक़ बनाया आपने'* (2005) थी जो न केवल उनके कॅरियर में मील का पत्थर साबित हुई,, बल्कि इस फ़िल्म ने उनके लिए सफलता के नये रास्ते भी खोल दिए। *'अक़्सर'* (2005), *'चुप चुप के'* (2006), *'36 चाइना टाउन'* (2006) और *'शादी से पहले'* (2006) जैसी फ़िल्मों में उनकी नयी शैली की राग आधारित धुनों और ऊर्जा से भरे गीतों ने उन्हें बॉलीवुड का नया संगीत सितारा बना दिया। इनमें से ज़्यादातर हिट गीत उन्होंने ख़ुद गाये थे।

समीर और हिमेश का साथ 2002 में अज़ीज़ सेजवाल की गोविन्दा और रानी मुखर्जी अभिनीत फ़िल्म *चलो इश्क लड़ायें* (2002) से शुरू हुआ। आरम्भ से ही समीर को यह लगने लगा था कि हिमेश उनके साथ बहुत सहज नहीं हैं। ऐसा शायद दो कारणों से था। पहला तो यह था की समीर बॉलीवुड में उनसे सीनियर थे, और दूसरा कारण था कि हिमेश लम्बे समय से अपने गीतकार सुधाकर शर्मा के साथ काम करते आ रहे थे। समीर ख़ुद भी उन दोनों के बीच ज़बरन नहीं घुसना चाहते थे, लेकिन सेजवाल उन्हें बतौर गीतकार साइन करने पर अड़े हुए थे। उन्होंने यह स्पष्ट कर दिया था, "अगर आप हिमेश रेशमिया के साथ काम करने की

मंजूरी देंगे तब ही मैं उनके साथ अनुबन्ध करूँगा वर्ना मैं उनकी जगह किसी दूसरे संगीतकार की तलाश करूँगा।"

"आज अज़ीज़ सेजवाल मेरे पुराने दोस्त हैं और मैं उन्हें किसी भी क़ीमत पर मना नहीं कर सकता हूँ," समीर उन दिनों को याद करते हुए कहते हैं, "बल्कि मैं तो अब यह कहूँगा कि मेरा राज़ी हो जाना सभी के हक़ में ठीक हुआ। लेकिन उस समय जबकि मैं *'चलो इश्क लड़ायें'* (2002) के गीत लिख रहा था, मुझे यही लगता था कि हिमेश उस तरह के व्यक्ति नहीं हैं जिनके साथ मैं काम कर सकता हूँ। हम एक–दूसरे के साथ बहुत सहज नहीं थे। ठीक यही समस्या मुझे लक्ष्मीकान्त–प्यारेलाल के साथ काम करते हुए भी आयी थी। जब साथ काम करने वाले दो लोगों के बीच एक पीढ़ी का अन्तर हो जाता है तो उस मानसिक दूरी को पाटना बहुत मुश्किल हो जाता है। दोनों के बीच एक अपरिचय की–सी स्थिति हमेशा बनी रहती है। इसीलिये मैं हिमेश की परेशानियाँ समझ सकता था। वे एक ऐसे आदमी के साथ काम करने वाले थे, जिन्हें पिछले 20 सालों में 400 से भी अधिक फ़िल्मों के गीत लिखने का तजुर्बा था। उस पर यह मुसीबत अलग थी कि मैं उनकी पसन्द का नहीं, बल्कि उन पर थोपा हुआ गीतकार था। ऐसे में आप हमारे बीच कैसे समीकरण की उम्मीद कर सकते हैं? लेकिन मैंने वह फ़िल्म सिर्फ़ अज़ीज़ के लिए की थी और ख़ुशक़िस्मती से इसके गीत को लोगों ने ख़ूब पसन्द किया।"

दूसरा मौक़ा तब आया जब समीर के एक और नज़दीकी दोस्त सतीश कौशिक ने उन्हें 'तेरे नाम' के लिए गाने लिखने का आग्रह किया। यह एक तमिल सुपरहिट फ़िल्म की रीमेक थी, जिसमें पहले इस्माइल दरबार को संगीत देने का प्रस्ताव दिया गया था, लेकिन बाद में यह फ़िल्म आनन्द–मिलिन्द की झोली में जा गिरी। फिर नदीम–श्रवण को भी राज़ी करने की कोशिशें की गयीं। "दरअसल सभी को फ़िल्म की केन्द्रीय भूमिका को लेकर समस्या थी," समीर बताते हैं, "यह एक बहुत कठिन भूमिका थी, और इसे कोई नहीं करना चाहता था। अन्त में सलमान ख़ान इसके लिए राजी हुए। ऐश्वर्या रॉय के साथ अपने सम्बन्ध–विच्छेद के बड़ी वे निजी मुश्किलों से गुज़र रहे थे, और इस फ़िल्म का मुख्य क़िरदार उन्हें अपने जीवन के बहुत क़रीब लगा, लेकिन उनकी ज़िद थी कि फ़िल्म में हिमेश ही संगीत देंगे, क्योंकि 'हेलो ब्रदर' के दिनों से ही दोनों के बीच गाढ़ी दोस्ती चली आ रही थी। जैसे ही मैंने यह ख़बर सुनी, मैंने सतीश कौशिक से कहा कि मेहरबानी कर मुझे इस फ़िल्म में शामिल नहीं करें। मैंने उनसे कहा कि मैं और हिमेश एक–दूसरे के साथ काम करने में बहुत सहज नहीं हैं और हिमेश से असहमति की स्थिति में सतीश की फ़िल्म

को नुक़सान पहुँचाने का कोई मतलब नहीं है, लेकिन सतीश अपनी बात पर अड़े रहे कि मेरे सिवा कोई भी दूसरा गीतकार उनकी फ़िल्म के गीत नहीं लिखेगा।"

बहरहाल, उस वक़्त समीर ने बात को ज़्यादा गम्भीरता से नहीं लिया, क्योंकि वे पहले से ही महेश भट्ट की फ़िल्म *राज़* (2001) करने के लिए जुबान दे चुके थे और इस योजना पर नदीम–श्रवण के साथ लन्दन में क़रीब उसी समय उनकी मुलाक़ात बहुत पहले से तय हो चुकी थी। अब तक तो हवाई–यात्रा टिकट भी उनको मिल चुका था। इसलिए वे चुपचाप लन्दन रवाना हो गये और अपने सचिव के जरिये सतीश को यह कहलवा दिया कि बम्बई वापस लौटने में उन्हें पन्द्रह से कम दिन नहीं लगेंगे। उन्होंने सतीश से इस बात के लिए माफ़ी भी माँगी और सुझाव दिया कि वे किसी दूसरे गीतकार से अपना काम करा लें।

कौशिक ने फ़ौरन सेलफ़ोन पर लन्दन में ही उनसे सम्पर्क किया– "लेकिन मुझे मुहूर्त के लिए अभी तुरन्त एक गाना चाहिये," उन्होंने लगभग चीख़ते हुए कहा, "मैंने फ़िल्म के म्यूज़िकल लॉन्च के लिए एक आयोजन रखा है।"

"मेरे लिये यह मुमकिन नहीं है," समीर ने ईमानदारी से जवाब दिया। "*राज* के लिए मैंने पहले ही 'हाँ' कह दिया था।"

"लेकिन तुम्हारे वापस लौटने तक मैं इन्तज़ार नहीं कर सकता हूँ!"

"आपको कोई दूसरा गीतकार रख लेने का सुझाव दिया था,'' समीर ने कहा, "मुझे वाक़ई बहुत अफसोस है।"

"समीर, इस आख़िरी वक़्त पर तुम मुझे मना नहीं कर सकते हो," कौशिक ने कहा, "कम से कम मुझे एक भजन की दो लाइनें लिख कर भेज दो जिसे हम लॉन्च के लिए रिकॉर्ड कर सकें।"

अनिच्छापूर्वक समीर ने चार जुमले टाइप किये और उन्हें बम्बई, कौशिक को टेक्स्ट–मैसेज कर दिया–*'ओ मन बसिया, ओ कान्हा रंग रसिया, ओ कान्हा, पवन प्रभाती, जग को जगाती, भँवरे भी करते हैं गुंजन!'* जब वे वापिस लौटे तो चकित थे। हिमेश ने उनकी लिखी पंक्तियों को अद्भुत सुमधुर संगीत में बाँध दिया था। हिमेश का समीर के प्रति व्यवहार भी हैरतअंगेज़ तरीक़े से बदला हुआ था। जिस तेज़–तर्रार और अक्खड़ स्वभाव के लिए समीर उन्हें जानते थे, हिमेश अब उससे बिल्कुल भिन्न व्यक्ति थे। वह पहले की तुलना में अधिक विनम्र, सम्मान से भरे हुए, छोटी–छोटी बात का ध्यान रखने वाले और सहयोग करने वाले व्यक्ति थे। समीर के लिए भी अब उन्हें नज़रअन्दाज़ करना मुश्किल था। 'तेरे नाम' के सभी गाने लिखे जाने के पीछे की मुख़्तसर कहानी यही

है। यह बात हर कोई जानता है कि फ़िल्म के गानों ने देश भर में एक सनसनीखेज़ लोकप्रियता हासिल की। कुछ महीनों के लिए संगीतप्रेमियों को लगा कि वे नदीम–श्रवण के सुनहरे दिनों में वापस लौट गये थे। और तो और, जब दोनों 'तेरे नाम' में साथ काम कर रहे थे तब हिमेश ने अपनी साइन की हुई आठ फ़िल्में समीर को ऑफर कीं। इनमें *ज़मीन* (2003), *ऐतराज़* (2004), *टार्ज़न–द वंडर कार* (2004), *टॉम, डिक एंड हैरी* (2006) और अभी तक अप्रदर्शित फ़िल्म *रंग* शामिल हैं।

इस तरह बॉलीवुड में एक नयी संगीतमयी पारी की शुरुआत हुई।

•••

ऐसा भी नहीं था कि समीर और हिमेश के बीच सब कुछ शुरू से ही ठीक–ठाक था। कई बार दोनों में विविध मुद्दों पर गहरे मतभेद भी हुए। समीर ने बड़े धैर्य और ठण्डे दिमाग़ से यह समझने की कोशिश की कि हिमेश उनके नज़रिये को समझने से इनकार क्यों करते थे और बार–बार काम में अड़चन क्यों पैदा करते थे। ज़ाहिर बात थी कि दोनों की समझ के स्तर में एक फ़ासला था। वे अलग–अलग दृष्टिकोण से स्थितियों को देखते–समझते थे। एक दिन समीर ने किसी मसले पर हिमेश का नज़रिया जानना चाहा, हालाँकि उनकी मंशा यह नहीं थी कि हिमेश कोई सफ़ाई दें। हिमेश ने बहुत विनम्रता के साथ समीर से कमोबेश सहमत होते हुए अपना पक्ष रखा, लेकिन उन्होंने जो कुछ भी कहा, वह समीर के लिए किसी सबक से कम नहीं था। हिमेश ने कहा, "आप जो कुछ लिखना चाहते हैं, वही कुछ इतने सालों से लिख रहे हैं। लेकिन आज सुनने वालों की जो नयी पीढ़ी है, उनके लिए यह किसी काम का नहीं है। जब तक आप उनके लिए उनकी भाषा में कुछ नया नहीं लिखेंगे, जिस भाषा को वे समझते और जिससे जुड़ाव महसूस करते हैं, तब वे आपको स्वीकार नहीं करेंगे।"

यह पते की बात थी। आख़िरकार दुनिया का यही तरीक़ा है कि जो पुराना है, उसे नये के लिए रास्ता देना पड़ता है। जीवन के इस चिरन्तन सच पर असहमति की कोई गुंजाइश नहीं होनी चाहिये। समीर ने भी यह महसूस किया। उन्होंने इस साफ़गोई के लिए हिमेश की तारीफ़ भी की। अपनी घिसी–पिटी ज़िद को छोड़कर समय के साथ आगे बढ़ना ही अक्लमन्दी थी। उसके बाद समीर ने अपने जीवन में बदलाव लाये। वे हिमेश के युवा मित्रों के साथ वक़्त बिताने लगे। आज की पीढ़ी द्वारा बोली जाने वाली भाषा को समझने और उसमें गहरे उतरने के लिए वे डिस्कोथेक और मैकडोनाल्ड के आउटलेट जैसी जगहों पर जाने

लगे। उन्होंने महसूस किया कि युवाओं के संवाद का तरीक़ा बनारस में गुज़रे उनकी ख़ुद की जवानी के दिनों से बिल्कुल अलग था। दुनिया के किसी भी प्रामाणिक व्याकरण की पुस्तक में ऐसी भाषा का संकेत मिलना असम्भव था। यह वही समय था जब उन्होंने *'तेरे संग, एक सिम्पल–सी कॉफी, किक देती है'* जैसी लाइन लिखी थी। हिमेश इसे सुनकर ख़ुशी से उछल पड़े थे और इसे उन्होंने *ज़मीन* (2003) में इस्तेमाल किया।

"हर एक पीढ़ी की अपनी संस्कृति होती है, अपनी भाषा और अपने विचार होते हैं," समीर कहते हैं, "जैसे–जैसे हमारी उम्र बढ़ती है और हम बीत चुके दिनों की तरफ़ मुड़कर देखते हैं तो हमें अपने किये हुए कामों को देख कर ख़ुशी और गर्व का अनुभव होता है और हम यह नहीं समझ पाते कि मौजूदा पीढ़ी की पसन्द से समझौता करने की हमें क्या और क्यों ज़रूरत है, लेकिन मैं समझता हूँ कि ख़ुद से यह प्रश्न करना बेमानी और मूर्खतापूर्ण है। अगर आप रचनात्मक बने रहना चाहते हैं और अपनी क़ामयाबी को बनाये रखना चाहते हैं तो आपको नयी पीढ़ी के साथ–साथ चलने हुनर सीखना ही होगा। मुझे अच्छी तरह याद है कि कैसे हिमेश ने 'तेरे नाम' की शानदार सफलता के फ़ौरन बाद ही अपना अन्दाज़ पूरा बदल दिया। लीक पर चलने के बजाय उन्होंने ऐसी दर्जनों फ़िल्मों के प्रस्ताव ठुकरा दिये जो 'तेरे नाम' के ढर्रे पर ही संगीत की उम्मीद के साथ उन्हें दिये गये थे। हिमेश ने उन सभी निर्माताओं से स्पष्ट कह दिया कि अगर वे चाहते हैं कि हिमेश उनकी फ़िल्मों में संगीत दें तो उनको वैसा संगीत देने की आज़ादी मिलनी चाहिये जैसा संगीत वे चाहते हैं। उनकी इसी प्रयोगशीलता के कारण *'आशिक़ बनाया' आशिक़ बनाया आपने* (2005), *झलक दिखला जा, 'अक्सर'* (2005) और *'जस्ट चिल।' 'मैंने प्यार क्यों किया।* (2005) जैसे गानों ने अन्धाधुन्ध कमाई की और पूरे देश में चार्टबस्टर्स साबित हुए।"

लेकिन इस साहसिक प्रयोगशीलता का एक दूसरा पक्ष भी जिसे फ़िल्म निर्माण से जुड़े नये लोगों को समझना होगा, कि केवल 'कुछ अलग हट कर करने की' शीघ्रता और उत्साह में उन्हें बॉलीवुड के पूर्व महारथियों द्वारा स्थापित मूल्यों और प्रतिमानों के साथ छेड़छाड़ करने से बचना होगा। समीर चेताते हुए कहते हैं कि वक़्त के मुताबिक़ ढलने का मतलब पुरानी–सुन्दर चीज़ों की धज्जियाँ उड़ाना हरगिज़ नहीं होता है। "ऐसी स्थिति में असफलता निश्चित है, क्योंकि ऐसा कोई भी प्रयास आपको हिन्दी–सिनेमा की मुख्यधारा से अलग–थलग कर सकता है। ज़रूरी है कि प्रचलित परम्पराओं के सामानान्तर आप पहले अपने ख़ुद की पहचान बनायें, क्योंकि यह कोई–कोई भी क़ुबूल नहीं करेगा कि एक

नवागन्तुक पहले से चली आ रही परिपाटी को बेवजह बदल देने की हिमाक़त करे। जब तक आप अपनी क्षमता साबित नहीं कर देते और दर्शक और श्रोताओं का एक बड़ा वर्ग उनके महत्त्व को स्वीकार नहीं कर लेता तब तक आपकी प्रयोगधर्मी और रचनात्मक रूप में कल्पनाशील होने का कोई अर्थ नहीं है।"

अपने दृष्टिकोण को स्पष्ट करने के लिए समीर ख़ुद अपनी ही मिसाल देते हैं। जब अस्सी के दशक में उन्होंने *'राजा तेरे रस्ते से हट जाऊँगी, गाड़ी के नीचे जाके कट जाऊँगी'* (*अब आयेगा मज़ा*–1984) जैसा गीत लिखा था तो लोगों को यह आनन्द बक्षी के लिखे किसी मुखड़े–सा प्रतीत हुआ था। ऐसा सोचने वालों में लक्ष्मीकान्त की पत्नी भी थीं। उन्होंने तो यहाँ तक मान लिया था कि इस गाने को धुनों से सँवारने वाले भी उनके पति ही हैं। बाद में लक्ष्मीकान्त ने उनकी ग़लतफ़हमी दूर की कि उस गीत के संगीतकार चित्रगुप्त के बेटे आनन्द–मिलिन्द थे और इसे लिखने वाला भी एक नया गीतकार समीर है। चूँकि वे तीनों ही फ़िल्म–संगीत उद्योग में नये थे, इसलिये बनी–बनायी लीक पर चलने के सिवाय उनके पास कोई दूसरा विकल्प नहीं था। अपनी शैली के गीत और संगीत उन्होंने तब आज़माने शुरू किये जब आनन्द–मिलिन्द के साथ समीर लोगों के दिलों में छोटी–सी ही सही, लेकिन अपनी एक जगह बना ली।

हिमेश रेशमिया के साथ भी ठीक यही स्थिति थी। उनकी आरम्भिक संगीत रचनाएँ भी नदीम–श्रवण के संगीत से बहुत निकट थी। उदाहरण के तौर पर, 'तेरे नाम' के टाइटल गीत का संगीत शैली की दृष्टि से आशिक़ी के गानों से बहुत मिलती–जुलती है। अगर 'आशिक़ी' के गीत *'नज़र के सामने, जिगर के पास...'* की तुलना *'तेरे नाम, हमने किया है, जीवन अपना सारा सनम...'* से की जाये तो दोनों के बीच की समानताएँ स्पष्ट देखी जा सकती हैं। बहुत सोच–समझकर हिमेश ने जाँचे–परखे और आज़माये गये रास्ते पर चलना चुना, लेकिन जैसे ही उनके संगीत को सुनने वालों की स्वीकार्यता हासिल हुई, वैसे ही उन्होंने 'आशिक बनाया' और 'झलक दिखला जा' जैसे गीतों के साथ अपनी ख़ास शैली के संगीत को उजागर में थोड़ी भी देरी नहीं की। चूँकि समय के साथ बदलने के हुनर में अनु मलिक, साज़िद–वाज़िद और आदेश श्रीवास्तव हिमेश की तरह माहिर नहीं थे। इस वजह से वे अपने–अपने समय में पुराने दिग्गजों का अनुसरण ही करते रहे और कभी भी अपने ख़ुद का अन्दाज़ ईज़ाद नहीं कर पाये, बल्कि यह कहना मुनासिब होगा कि फ़िल्म उद्योग में इतने साल खपाने के बाद भी उन्होंने दर्शकों को एक भी ऐसी

फ़िल्म नहीं दी जो अपनी संगीत–शैली के कारण भिन्न हो।

दिखने में उनकी समस्याएँ भले ही भिन्न हों, लेकिन गीतकार भी कमोबेश इन्हीं समस्याओं से जूझते हैं। फ़िल्मोद्योग में सफलता के बिन्दु पर बने रहने के लिए विविधता और परिवर्तनशीलता एक ज़रूरी शर्त हैं, लेकिन बदलती हुई स्थितियों के अनुरूप खुद को ढाल लेने की ख़ासियत ही सफलता को कायम रखने के सबसे निर्णायक तत्त्व है। अपने ग़ैर–समझौतापरस्त उसूलों और सालों में कमाई गयी इज़्ज़त की वजह से गुलज़ार और जावेद अख़्तर जैसे दिग्गज गीतकार भी इस मोर्चे पर ख़ुद को पिछड़ता हुआ देखते हैं, हालाँकि इस सच को स्वीकारने में उन्हें ख़ुद ही हिचक होगी। युवाओं की एक ऐसी पीढ़ी जो भाषा की नफ़ासत और शायरी के बुनियादी व्याकरण से अपरिचित हो, के साथ इन गीतकारों के लिए तालमेल बिठा पाना आसान नहीं था।

"मेरा नज़रिया थोड़ा अलग है," अपना पक्ष स्पष्ट करते हुए समीर कहते हैं, "फ़िल्म–व्यवसाय में सिद्धान्त और उसूलों के मामले में सख़्ती की कोई जगह नहीं है। समय और परिस्थितियों के साथ अपने कामों में बदलाव लाना आपकी मजबूरी के साथ–साथ आपकी क़ाबिलियत भी हैं। हमें पानी की तरह तरल होना चाहिये ताकि ज़रूरत के मुताबिक़ अपना रंग और आकार बदल सकें। हम चाहकर भी पत्थर और धातु की तरह कठोर नहीं हो सकते, क्योंकि इसमें ख़ुद हमारा नुकसान है। अगर मैं ख़ुद को ग़ालिब या मीर समझता तो शायद मैं *'मैं तो रास्ते से जा रहा था, मैं तो भेलपूरी खा रहा था, मैं तो लड़की घुमा रहा था...'* (*कुली नम्बर–1*–(1985) जैसे गाने कभी नहीं लिख पाता। संगीतकारों पर भी यही शर्तें लागू होती हैं। मैंने सुना है कि रागों की प्रयोग के मामले में अनु मलिक की अपने पिता सरदार मलिक के साथ तीखी बहसें होती थीं। अपने ज़माने में वे ख़ुद भी एक विख्यात और प्रतिष्ठित संगीतज्ञ हुआ करते थे, लेकिन एक ही गाने में यमन, शिवरंजनी और भैरवी जैसे विविध रागों के बेतुके रागों का घालमेल करने के कारण वह अपने बेटे से बहुत नाराज़ भी रहते थे। हिमेश को भी इन्हीं कारणों से अपने पिता विपिन रेशमिया के विरोध का सामना करना पड़ता था। विपिन भारत के सबसे पुराने और बेहतरीन की–बोर्ड वादको में एक थे और वे भी प्रयोगात्मक संगीत के नाम पर रागों की ग़ैर–ज़रूरी मिलावट के नैतिक विरोधी थे। पुरानी पीढ़ी के पास इतना सैद्धान्तिक अक्खड़पन और शुद्धतावाद का साथ देने के अपने कारण थे और युवा पीढ़ी के पास लचीला और परिवर्तनकामी करने के अपने कारण थे। मेरे लिए बस एक ही बात सच थी कि आप जो कुछ भी बनायें, वह हर हाल में बिके।"

दूसरे बिन्दु, जिस पर समीर पुरानी पीढ़ी से असहमत थे, उसका यह मानना था कि आज की पीढ़ी अपने रास्ते से भटकी हुई पीढ़ी है। यह पीढ़ी कम जानकार है और संशयों से घिरी हुई है। "बल्कि इस धारणा के विपरीत मैं उन्हें असाधारण रूप से प्रतिभाशाली, लक्ष्य–केन्द्रित और मेहनती मानता हूँ," वे कहते हैं, "वे बेवकूफ़ नहीं हैं। एक दिन मैं और कुमार तौरानी दिल्ली में बैठे पाकिस्तानी कलाकार अल्ताफ़ को लेकर एक निजी अल्बम बनाने की योजना पर बातचीत कर रहे थे। अल्ताफ़ से 'वे लम्हे!' के ज़रिये ख़ासे मशहूर हो चुके थे। मैं अल्बम के संगीतकार सचिन गुप्ता की उम्र देख कर दंग रह गया। वे बमुश्किल 18 साल के थे। वे धुनों के उस्ताद होने के साथ–साथ एक बेहतरीन की–बोर्ड वादक और कम्प्यूटर के भी अच्छे जानकार थे। एक साथ इतनी सारी विस्मित कर देने वाली प्रतिभाओं के बावजूद मुझे उनमें सबसे अधिक प्रभावित करने वाली बात यह दिखी कि वे अपने काम के प्रति पूरी तरह से समर्पित थे। जब मैं कुमार के साथ लोकप्रिय हिन्दी सिनेमा संगीत के भविष्य पर बातचीत में मुब्तिला था तो प्रसंगवश मेरे मुँह से एक जुमला निकल गया था–'हम किस गली से जा रहे हैं?' हम जान भी नहीं पाये और उस लड़के सचिन ने उस एक पंक्ति को अगले कुछ पलों में ही संगीत से सँवार दिया और देखते–देखते एक गाना तैयार हो गया– *'हम किस गली से जा रहे हैं, अपना कोई भी नहीं है ठिकाना''* अल्ताफ़ की आवाज़ और और शानदार संगीत ने इन पंक्तियों को एक बेहद असरदार गाने में तब्दील कर दिया था। मुझे अपने कानों पर विश्वास नहीं हो पा रहा था। जब मैं उस लड़के से मिला था, तब वह सिर्फ़ 18 साल का था!"

चुटकी बजाते ही नये मुखड़े लिख देने और लिखे जा चुके गीतों में पलक झपकते ही आवश्यकतानुसार परिवर्तन कर देने वाले के हुनर में माहिर एक गीतकार से ऐसी प्रशंसा सुनना किसी पुरस्कार से कम नहीं है। समीर को बॉलीवुड एक ऐसे गीतकार के रूप में जानता है जो विचित्र से विचित्र स्थितियों और स्थानों पर गीत लिखने की क्षमता रखता है। वे सफ़र में हों, किसी सार्वजनिक समारोह में हों, अख़बार पढ़ रहे हों, किसी के साथ लंच या डिनर कर रहे हों, यहाँ तक कि शौचालय में हों, समीर का दिमाग़ हर घड़ी चलता रहता है। उन्हें खुद पता नहीं होता कि उनके ज़ेहन में नये गीत कब आ जायेंगे। नये गीत का विचार मन में आते ही उन्हें सबसे बेसब्र तलब काग़ज़ के किसी टुकड़े की होती है। वह कुछ भी हो सकता है–इस्तेमाल नहीं किये गये किसी लिफ़ाफ़े का पिछला हिस्सा, कोई बिल, पार्किंग टिकट, सिगरेट की कोई ख़ाली डिबिया या वे

अचानक क़रीबी दोस्तों के साथ अपनी गपशप को बीच में रोककर कोई फ़ोन कॉल करने लगते हैं ताकि गीत के मुखड़े को सुनने वाला ठीक से दर्ज कर सके। ऐसा एक वाक़या पुणे के एक रेस्टोरेंट में उस वक़्त हुआ था जब बम्बई से हिमेश ने उन्हें फ़ोन करते हुए मिथुन चक्रवर्ती के बेटे मिमोह की पहली फ़िल्म ही–*ए सुपरस्टार* का गाना *'ज़रा दे दे तसल्ली चैन–ओ–क़रार आये'* की बाक़ी पंक्तियों के बारे में पूछा था। उस समय फ़िल्म के गाने की रिकॉर्डिंग चल रही थी। कुछ ही पलों में समीर ने मन में ही पूरा गीत तैयार कर लिया और फ़ोन पर उसे लिखवा देने के बाद अपने दोस्तों की महफ़िल में फिर से शामिल हो गये। कठोर मानसिक अनुशासन का पालन करने वाला, आत्म–चेतस और बिल्कुल साफ़ सोचने की क्षमता रखने वाला एक व्यक्ति ही इतना दक्ष और सजग हो सकता है और उससे से भी बड़ी बात यह है कि इन गुणों को सालोसाल के अनुभव के बाद ही हासिल किया जा सकता है।

•••

समीर को किन्तु, ऐसा नहीं लगता है। उनके अनुसार, कल्पनाशील और रचनात्मक होने के क्रम में व्यक्ति को जीवन में अनेक झटके खाने पड़ते हैं। "जब तक आपके भीतर अभाव, ख़्वाहिश, अकेलापन, खोने का दुःख और असुरक्षा जैसी भावनाएँ नहीं होंगी, आप अपनी रचनात्मक भूख को मिटाने की कोशिश नहीं करेंगे–चाहे वह कला का क्षेत्र हो या शायरी, संगीत और लेखन का क्षेत्र हो। आप महलों में बैठकर मामूली लोगों के सरोकारों के बारे में नहीं सोच सकते हैं। जहाँ तक मेरा सवाल है तो मैं शुरुआत में ही घर और नौकरी की मोह–माया छोड़कर एक अजनबी शहर आ गया था। एक गीतकार के तौर पर पाँव ज़माने से पहले मैंने अपनी ज़िन्दगी में वे सभी तक़लीफ़ें झेलीं जो अपने सपनों के साथ बम्बई आये अधिकतर संघर्षशील युवाओं को झेलनी होती हैं। उन दिनों मैंने अपने जीवन में जो कुछ भी सीखा, उन्हीं अनुभवों की सीढियाँ चढ़कर आज मैं यहाँ तक पहुँच पाया हूँ। मेरे लिए यह देखना सचमुच हैरत की बात है कि आज के ज़्यादातर युवाओं को उन तक़लीफ़ों से होकर नहीं गुजरना पड़ा है, लेकिन सड़क के मामूली आदमी के साथ भी संवाद बनाना वे बख़ूबी जानते हैं। कॉलेज जाने वाले युवाओं और दफ़्तरों में नौकरियाँ करने वाले मध्यम वर्ग के अतिरिक्त उनकी पैठ मामूली ऑटोरिक्शा चलाने वालों, चाय बेचने वालों, सड़क के किनारे काम करने वाले मैकेनिकों और फ़ैक्ट्री और खेतों में काम करने वाले मज़दूरों में भी है। जिस अकेली चीज़ की उनमें कमी है वह चीज़ अनुभव है, जिस कमी को वे अपनी सूचनाओं

और जानकारियों, पढ़ने–सुनने की आदतों और इन सबके ऊपर अपनी संवेदनशीलता से पूरी करते हैं।"

अपने बहुत–से सहयोगियों की तरह समीर भी आश्वस्त हैं कि हिन्दी सिनेमा का संगीत का भविष्य अब इन्हीं बहुमुखी प्रतिभासम्पन्न और तकनीकी रूप से दक्ष युवा पीढ़ी के हाथों में है। उनके समन्वय और संगीत–रचना में एक भिन्न तरह का वैशिष्ट्य है। उनके द्वारा रचा गया संगीत गुणात्मकता की दृष्टि से विश्वस्तरीय होने के बहुत निकट है और यह 2010 तक हिमेश रेशमिया की संगीत–शैली को अप्रासंगिक बनाने की कुव्वत रखता है। तकनीक और गुणवत्ता की यह विकास–यात्रा फ़िल्म निर्माण की दूसरे मोर्चों को भी सकारात्मक रूप से प्रभावित करेगी। फ़िल्म निर्माण के क्षेत्र में नये प्रतिमान स्थापित हो सकेंगे, तकनीक का बेहतर से बेहतर उपयोग किया जा सकेगा और उनके लिए बजट और प्रदर्शन की भी विश्वस्तरीय व्यवस्थाएँ की जा सकेंगी। "अगर बॉलीवुड को वास्तव में वैश्विक होना है और विश्व सिनेमा के समानान्तर अपना स्थान सुनिश्चित करना है तो इसके संगीत को भी विश्वस्तरीय होना होगा।" समीर ज़ोर देते हुए कहते हैं।

भारत में विश्वस्तरीय संगीत रचने की अद्‌भुत मेधा रखने वाले संगीतकारों और गायकों के नामों का उल्लेख करते हुए समीर रूपकुमार राठौड़ की 17 वर्षीया बेटी दीपा को विशेष रूप से रेखांकित करते हैं जिसने अपने नुसरत फ़तेह अली ख़ान, माइकल जैक्सन और रूपकुमार की गीतों के मिश्रण को निरन्तरता देते हुए अपने कम्प्यूटर पर एक अद्‌भुत गीत बजाया था। "मुझे ऐसा महसूस हुआ जैसे कोई गीत इला अरुण की लोकगायकी सरीख़े धुन से जन्मा हो, फिर उसने भीमसेन जोशी के आलाप में थोड़ी देर सुस्ताकर विश्राम किया हो और अन्त में माइकल जैक्सन के पाश्चात्य तालों पर समाप्त हुआ हो। विकल्प के रूप में आप शेक्सपियर युगीन ऑपेरा या रैप या एल. सुब्रमणियम के वायलिन के आरोह के असर की कल्पना कीजिये और उनके फ़्यूजन की जादुई सम्भावनाओं के बारे में सोचिये, लेकिन इन सब बातों से बिल्कुल दीगर जरा उन चुनौतियों के बारे में भी सोचिए, जिनका सामना गीतकारों को संगीत के वैश्वीकरण के कारण करना पड़ेगा। इसलिए कई बार मुझे एक ऐसी भाषा में भी गीत लिखना पड़ता है जिनमें राजस्थानी, अंग्रेज़ी और हिन्दी–तीनों बोलियों और भाषाओं का एक साथ इस्तेमाल हुआ हो!"

ज़ाहिर बात है कि समीर आने वाले समय में संगीत की सम्भावनाओं को देखते हुए न सिर्फ़ रोमांचित हैं, बल्कि उनका सामना करने के लिए ख़ुद को तैयार भी कर रहे हैं। "मुझे संगीत के इस पुनरुत्थान का हिस्सा

बनने की ख़ुशी है," वे चहकते हुए कहते हैं। "अतीत में भारतीय संगीत के ध्वजवाहक पण्डित रविशंकर, हरी प्रसाद चौरसिया, शिव कुमार शर्मा और उस्ताद ज़ाकिर हुसैन जैसे दिग्गज रहे हैं। पश्चिम में खुले दिल से उनका स्वागत किया गया, क्योंकि इन संगीतज्ञों ने उन्हें संगीत की गहनतम और स्वर्गिक अनुभूतियों से परिचित कराया। आज लोकप्रिय संगीत का दौर है। अब हम उन्हें इस संगीत का रसास्वादन करायेंगे, और पहले की बनिस्बत कई गुणा अधिक करायेंगे। बेशक रागों पर आधारित शास्त्रीय संगीत हमारी अनोखी ताक़त बना रहेगा, लेकिन हमें दुनिया को यह भी बताना होगा कि हम उस संगीत को भी बख़ूबी जानते हैं जो आम लोगों से जुड़ाव रखता है। यह संगीत रॉक, पंक या ब्लूज़ कुछ भी हो सकता है। मेरे मन में कोई शंका नहीं है कि पूरब और पश्चिम का यह संगम, पारम्परिकता और समकालीनता का यह मेल वैश्विक क्षितिज पर एक अनोखी मिसाल पेश करेगा। हम जल्दी ही यह दिन भी देखेंगे।"

जब हिन्दी सिनेमा के संगीत के भविष्य के समीर अपने विचार प्रकट करते हैं तो उनकी वक्तृत्व कला और विचारों की सुस्पष्टता देखते ही बनती हैं।

फूल और काँटे

घर में समीर की सबसे प्रखर आलोचक उनकी दोनों बेटियाँ—35 साल की संचिता और 28 साल की सुचिता हैं। इत्तेफ़ाक़न उनकी सबसे बड़ी प्रशंसिकाएँ भी वही दोनों हैं। इसलिये पहली बार जब भी उनका कोई अल्बम रिलीज़ होता है, समीर उसे सबसे पहले अपनी दोनों बेटियों को सुनवाते हैं। उनका बेटा सिद्धेश उनकी बेटियाँ उनके अल्बम के भविष्य की सबसे दुरुस्त 'बैरोमीटर' हैं, और जैसे ही किसी नये कैसेट और सीडी को उनकी कार में जगह मिल जाती है, समीर उस अल्बम की सफलता को लेकर कमोबेश निश्चिन्त हो जाते हैं। जब बेटियाँ कोई गीत सुनकर 'थंब डाउन' करती हैं तो समीर फ़ौरन उस गीत का मुक़द्दर समझ जाते हैं कि दोनों गीत 'पुराने चलन' का या 'बहुत उबाऊ' लगा।

घर के बाहर समीर के कट्टर समर्थक वे लोग हैं जिनके साथ वे अपने कैशोर्य के शहर बनारस में पले—बढ़े। इन लोगों में सतीश चौबे, गणेश प्रसाद गम्भीर और श्रीनाथ पावगी जैसे मित्र और शुभेच्छुओं के नाम शामिल हैं। अब वे सब के सब प्रौढ़ हो गये हैं और तेज़ी से बड़े होते हुए बच्चों के पिता हैं। पहले, बम्बई में समीर के कामों के बारे में हालिया जानकारी रखने के लिए वे ख़ुद उनके गानों के ऑडियो कैसेट खरीदा करते थे, लेकिन अब यह काम उनके बच्चों ने अपने ज़िम्मे ले लिया है। अच्छा हो, बुरा हो या फिर औसत हो, अब यही युवा होते बच्चे उनके गानों की मुख्य ख़रीददार हैं। समीर के लिए उन सबकी राय और प्रतिक्रियाओं का विशेष महत्त्व है। ख़ास तौर पर पावगी की 17 साल की बेटी निशा अपने 'अंकल' को नियमित रूप से यह जानकारी देती रहती है कि बम्बई से सुदूर प्रदेशों में उनके गानों पर आम लोग कैसी प्रतिक्रियाएँ दे रहे हैं? 14 से 24 साल के आयु—समूह के श्रोताओं के विचारों का विशेष महत्त्व है, क्योंकि इस देश में संगीत से जुड़े बाज़ार के ख़रीददारों का एक बड़ा हिस्सा इसी आयु—समूह का है।" समीर बात को स्पष्ट करते हुए कहते हैं।

प्रतिक्रियाओं से अवगत होने का एक दूसरा बड़ा माध्यम उनके प्रशंसक हैं। देश—देशान्तर से उनकी चिट्ठियां बोरियों में भर—भरकर आती

हैं और समीर के अपार्टमेंट के निचले तल पर बने एक छोटे–से कमरे में जमा कर दी जाती हैं। उनकी तादाद इतनी अधिक होती हैं कि तीन–तीन लेटर–बॉक्सों में भी पूरा का पूरा नहीं समा पाती हैं। इनमें ज़्यादातर ख़त उनके लिखे होते हैं जिनसे समीर ज़िन्दगी में कभी नहीं मिले, लेकिन वे नियमित रूप से पिछले 20 सालों से उन्हें चिट्ठियाँ लिखते आ रहे हैं। ये वे लोग हैं जो न केवल उनके गीतों पर अपनी प्रतिक्रियाएँ देते हैं, बल्कि उनके जन्मदिन और शादी की सालगिरह पर अपने प्रिय गीतकार को अपनी शुभकामनाएँ भी देते हैं। समीर कोशिश करते हैं कि उन खतों का जवाब दे सकें, लेकिन इनमें से ज़्यादातर ख़त अपनी तादाद और समीर की मसरूफ़ियत की वजह से अनुत्तरित रह जाते हैं। सभी ख़तों के जवाब लिख पाना किसी आदमी के बूते की बात भी नहीं है। इनमें कुछ ऐसे भी प्रशंसक हैं, जिनका ख़त पाकर समीर को कोई ख़ुशी होती भी नहीं है और वे नहीं चाहते कि कोई प्रशंसक उनकी परेशानियों का कारण बने।

एक महिला प्रशंसिका उनको हमेशा अपने ख़ून से लिखी चिट्ठियाँ भेजा करती थी और यह दावा करती थी कि एक बार जम्मू का सफ़र करते हुए जब वह समीर से ट्रेन में मिली थी, तब से वह उनसे उनसे बहुत प्यार करने लगी थी। मज़े की बात यह थी कि उस वक़्त तक समीर कभी जम्मू गये ही नहीं थे। उस महिला का कहना था कि समीर हर रात सपने में उससे मिलने आते थे, और ऐसे ही किसी सपने में दोनों ने आपस में शादी भी कर ली थी। मामला उस वक़्त थोड़ा ज़्यादा पेचीदा हो गया जब एक चिट्ठी में उसने लिखा कि अगर समीर उसकी बात का विश्वास नहीं करेंगे तब अपनी शादी के सबूत के रूप में वह मंगलसूत्र पहनकर बम्बई पहुँच जायेगी। ज़ाहिर–सी बात थी कि इस ख़ब्त की हालत में वह सचमुच बम्बई पहुँच सकती थी, क्योंकि उसने समीर को लिखा था कि फ़लां दिन और फ़लां समय वह सिद्धि विनायक मन्दिर में शादी के मंगलसूत्र के साथ उनका इन्तज़ार करेगी। वे ख़ुद ही आकर यह फ़ैसला कर लें कि उन्हें उस औरत को अपनी पत्नी के रूप में कुबूल करना है कि नहीं। इसके बावजूद समीर ने उसकी चिट्ठी की अनदेखी की, लेकिन उस औरत ने कुछ दिन बाद ही ख़त के ज़रिये एक और पैग़ाम भेजा, जो कि फिर ख़ून से ही लिखा गया था। इस बार उस औरत ने धमकी दी थी कि वह ख़ुदकुशी कर लेगी। समीर के लिए अब चिन्तित और सचेत होना लाज़िम था।

"लेकिन मुझसे अधिक यह मेरी पत्नी के लिए घबराहट का कारण थी," वे कहते हैं, "आख़िरकार कौन चाहेगा कि कोई अपनी जान दे दे,

भले ही वह कोई पागल प्रशंसक ही क्यों न हो। लेकिन एक बात यह भी है कि ऐसे आदमी के लिए आप कर भी क्या सकते है? पुलिस की मदद मैं ले नहीं सकता था, क्योंकि इससे मामला और भी अधिक पेंचीदा होने का ख़तरा था। उस औरत से अकेले मिलकर उसे समझाने–बुझाने का तो सवाल ही नहीं उठता था। ऐसा करने से मेरे बारे में ग़लतफ़हमी फैल सकती थी। इसी तरह एक दिन जैसे ही मैं गाड़ी पर बैठकर गेट से बाहर निकला, मैंने एक आदमी को गाड़ी के पीछे दौड़ते हुए देखा। उसकी वेशभूषा से मुझे लग गया कि उसकी दिमाग़ी हालत ठीक नहीं थी। शायद इसीलिए गेट पर तैनात सुरक्षाकर्मी ने उसे मेरे अपार्टमेंट तक नहीं जाने दिया होगा। मेरी नज़र उस पर गाड़ी के पीछे देखने वाले शीशे के ज़रिये पहुँच गयी। मैंने देखा, वह मेरा ध्यान अपनी तरफ़ खींचने के लिए बदहवासी में अपने हाथ हिला रहा था। एक बार के लिए मैंने सोचा भी कि मुझे रुक उससे पूछना चाहिये कि उसे क्या चाहिए। मैं गाड़ी की रफ्तार धीमी कर दी, लेकिन क्षण भर बाद ही मैंने गाड़ी का एक्सीलेटर दबा दिया और आगे बढ़ गया। बावले प्रशंसकों से निपटने का हुनर मैं सचमुच नहीं जानता हूँ।"

एक बार जब इसी तरह एक नौजवान को समीर की बिल्डिंग में घुसने से रोका गया था तो वह इतना आक्रामक हो गया कि उसने एक पत्थर उठाते हुए चौकीदार को धमकी दे डाली कि अगर उसे समीर से मिलने से रोका गया तो उस पत्थर को चौकीदार के माथे पर दे मारेगा। संयोग से आसपास से गुज़रते हुए कुछ लोगों के हस्तक्षेप से मामले को निपटाया गया। "ऐसा एक बार नहीं, बल्कि तीन–तीन बार हुआ और तीन अलग–अलग लोगों के साथ हुआ," अपनी बात कहना जारी रखते हैं, "लेकिन ऐसा कभी–कभार ही होता है और इन स्थितियों से निबटा जा सकता है। आप रोज़–ब–रोज़ के बेनामी फ़ोन कॉल्स का क्या करेंगे? और, उन ऊलजलूल सवालों का क्या जवाब देंगे, मसलन मैं दिखने में कैसा हूँ, क्या मेरी कोई गर्लफ्रेंड है, क्या मैं फ़ोन करने वाली महिला से किसी जगह मिल सकता हूँ, वह मुझे छूकर देख सकता हूँ? ये वे प्रशंसिकाएँ हैं जो मुझे उदयपुर, इटावा, मुरादाबाद, राँची जैसे दूर–दराज शहरों से फ़ोन करती हैं। शायद मैं ज़िन्दगी में इन जगहों पर कभी जा भीं पाऊँगा। बहरहाल, मैंने अब ऐसे फ़ोन उठाने बन्द कर दिये हैं। अगर कोई ऐसा आदमी मुझे कॉल करता है जो एक गीतकार, गीतकार या अदाकार बनना चाहता है और मेरी सलाह का तलबगार हो तब मैं थोड़ी बुद्धि से काम लेता हूँ और उसे ऐसी तरक़ीब से समझाता हूँ ताकि उसकी भावनाएँ आहत नहीं होने पायें, लेकिन मैं उन बेनाम फ़ोन कॉल्स का क्या

करूँ जिनका सामना मेरे परिवार को किसी भी समय करना पड़ता रहता है? कई बार तो फ़ोन करने वाला शख़्स गाली–गलौज करने या धमकी देने पर उतारू हो जाता है। ऐसी स्थिति में क्या मुझसे अपने टेलीफ़ोन की लाइनें काट देनी चाहिये?"

•••

ज़ाहिर–सी बात है, सेलिब्रेटी होने की कीमत तो किसी न किसी रूप में अदा करनी ही पड़ती है। प्रसिद्धि अपने साथ जो पहचान, लोकप्रियता, प्रशंसा और सम्मान लाती है, वे किसे अच्छी नहीं लगतीं? एक तरफ़ आप चाहते हैं कि आपके लिए ज़िन्दगी के सारे रास्ते खुल जायें, आपको पार्टियों और सार्वजनिक आयोजनों में आमन्त्रित किया जाये, जहाँ आप जाएँ वहाँ आपको चाहने वालों की लम्बी–चौड़ी भीड़ मौजूद रहे, और दूसरी तरफ, आपकी अपनी निजता भी पूरी तरह सुरक्षित बची रहे, किसी सिरफिरे का बेनाम फ़ोन कॉल वक़्त–बेवक़्त आपके जीवन के एकान्त को बाधित नहीं करे और किसी अन्य कारण से आपको परेशानी न हो–इस बात की कल्पना करना बेमानी है। समीर इन दोनों स्थितियों में सन्तुलन स्थापित करना जान गये हैं। उन्हें पता है, इसके अलावा कोई अन्य विकल्प है भी नहीं। वे यह भी समझते ऐसे असंख्य लोग हैं जिनकी महत्त्वाकांक्षा उनके जैसा बनने की है। एक बात यह भी है कि कई फ़िल्मी सितारों की तरह पुलिस और निजी सुरक्षाकर्मियों का हथियारबन्द जत्था अगर उनके के साथ भी चलता होता तो शायद ऐसी स्थितियों से बचा जा सकता था।

लेकिन ये सब ख़ुद को दिलासा देने वाली बातें हैं। "सफलता का सबसे तक़लीफ़देह पक्ष यह है कि आपके साथ काम करने वाले लोग ही आपकी टाँग खींचने लगते हैं। एक साथ काम करने वाले समकालिकों के बीच स्वस्थ प्रतियोगिता अलग बात है, लेकिन दूसरे की क़ामयाबी से जलने–भुलने की प्रवृत्ति बिल्कुल अलग बात है। पीठ पीछे निन्दा–शिकायत से लेकर भितरघात और बेबुनियाद इलज़ाम से लेकर मनगढ़न्त मुक़दमे–मैंने अपने जीवन में यह सब कुछ देखा–झेला है। मैं इन सबसे सुरक्षित निकल पाया, इसकी बस एक यही वजह थी कि मैंने जानते–बूझते किसी का भी अहित आज तक नहीं किया–न तो नैतिकता के स्तर पर और न ही भावनात्मकता और पेशेगत स्तर पर। इसलिये मेरे और मेरे काम पर जब भी उँगलियाँ उठायी गयीं, लोगों ने उस पर ध्यान नहीं दिया, लेकिन यह बात तो है कि बुरे तजुर्बे आपके दिलोदिमाग़ पर बुरा असर तो डालते ही हैं।"

ऐसा ही एक विवाद डेविड धवन की फ़िल्म *मैंने प्यार क्यों नहीं किया* (2005) के गीत *'साजन तुमसे प्यार की लड़ाई में, टूट गयीं चूड़ियाँ कलाई में'* को लेकर हुआ था। इसे समीर ने लिखा था, लेकिन इस लोकगीत के मुखड़े को निदा फ़ाज़ली ने धवन की फ़िल्म की घोषणा होने से पहले से ही फ़िल्मस राइटर्स एसोसियेशन में रजिस्टर्ड करा रखा था। उन्होंने दावा किया कि इस गीत पर उनका कॉपीराइट था। समीर के नाम एक अदालत ने नोटिस जारी कर दिया और यह साबित करने की ज़िम्मेदारी भी उन पर ही डाल दी कि गीत की पंक्तियों का उपयोग करके उन्होंने बौद्धिक सम्पदा क़ानून का उल्लंघन नहीं किया था। यह क़िस्मत की बात थी कि 1930 में ही लिखे जा चुके एक पाकिस्तानी गीत के रूप में उनके पास इस गाने का ओरिजिनल वर्शन उपलब्ध था जिसके मूल टेक्स्ट को समीर ने यह कहते हुए एसोसिएशन के सामने प्रस्तुत कर दिया कि ख़ुद फ़ाज़ली ने ख़ुद इस गीत से प्रेरित होकर अपने नाम से एक गीत लिखा था। हक़ीक़त भी यही थी, लिहाज़ा फ़ाज़ली का यह आरोप कि समीर ने उनके गीत का मुखड़ा चुराया था, न केवल दुर्भावनापूर्ण और निराधार साबित हुआ, बल्कि सरासर झूठा भी निकला।

समीर इस बात का खुलासा करते हुए लिखते हैं, "दरअसल होता यह है कि जब आप कोई गीत लिखते हैं तो आपके अवचेतन में पहले से अंकित कुछ विचार और भावनाएँ उस गीत में अभिव्यक्त होते हैं। इन भावनाओं और विचारों को आपने विविध स्रोतों से अपने भीतर आत्मसात् किया होता है। यह प्रक्रिया सालोंसाल चलती रहती है, लेकिन आप ख़ुद इससे अनभिज्ञ होते हैं। कई दफ़ा किताबों में पढ़े गये या लोगों से बात–व्यवहार में सुने गये कुछ ख़ास मुहावरों और जुमलों का जाने–अनजाने आपके दिलो–दिमाग़ पर ऐसा असर होता है कि लिखने के क्रम में उनका प्रकटीकरण बड़े स्वाभाविक रूप में हो जाता है। इस पूरी प्रक्रिया पर आपका कोई नियन्त्रण नहीं रहता। यही वजह है कि ग़ालिब और फ़ैज़ के इस्तेमाल किए गये मुहावरों और जुमलों की नकल हम अलग–अलग गीतकारों और शायरों द्वारा सैंकड़ों बार होती हुई देख चुके हैं। मिसाल के तौर पर, आप एक सामान्य पंक्ति ले लें *'मुझे नींद न आये, मुझे चैन न आये'* (*दिल*–1990)। यह पंक्ति कहीं से भी मौलिक नहीं कही जा सकती है। मुझसे पहले भी अनेक बार यह बात दोहरायी जा चुकी है, और मेरे बाद भी यह कई–कई बार दोहरायी जाती रहेगी। ऐसे में किसी का भी यह इल्ज़ाम कि मैंने इस पंक्ति को किसी पूर्व–प्रकाशित पुस्तक से शब्दशः चुराया है, पूरी तरह से ग़लत और ग़ैरवाज़िब होगा।"

ज़ाहिर–सी बात है कि इस तरह के आरोप–प्रत्यारोप हमारे पेशे में एक सामान्य बात है। शीर्ष पर रहे हर एक गीतकार और शायर पर नकलची होने के आरोप कभी न कभी लगते रहे हैं जबकि ऐसी पंक्तियाँ या मुखड़े लिखने की प्रेरणा उन्हें किसी दूसरी जगह से मिली होती है। मिसाल के लिए, मजरूह सुल्तानपुरी साहब को लिया जा सकता है जिनकी *'पता पत्ता, बूटा बूटा' एक नज़र* (1972) को अपनी पंक्ति बता कर गीत लिखने के एवज़ में ख़ूब खिंचाई की गयी थी। ठीक उसी तरह सदाबहार रोमांटिक गीत *'तेरी आँखों के सिवा दुनिया में रखा क्या है'* (*चिराग*–1969) भी किसी दूसरे गीतकार का लिखा हुआ था। "ऐसे मामलों में गीतकार सिर्फ़ मुखड़े उधार लेता है, जिसे बॉलीवुड की बोलचाल में वह बुनियाद कहा जाता है जिस पर गीतकार अपने विचारों की इमारत खड़ी करता है।" समीर विस्तार से बताते हैं। अब तो इस रचनात्मक असर को बहुत स्वाभाविक माना जाने लगा है और बॉलीवुड ने इसे क्षम्य और स्वीकार्य भी समझ लिया है।

"दुर्भाग्य से, लोग यह नहीं समझते हैं कि जिसे वे आमतौर पर नकल कहते हैं, दरअसल वह एक सामान्य प्रभाव है और हिन्दी फ़िल्म उद्योग में यह रचनात्मक प्रभाव (कहानी, पटकथा, गीत और संगीत के क्षेत्र में) एक सहज बात है।" समीर कहते हैं। "आप ही बताइए कि एक टिपिकल हिन्दी फ़िल्म में ऐसे कितनी सिचुएशंस होते हैं जिनके लिए गीत लिखे जाते हैं? गिनती की सिर्फ़ पाँच या सात! हम जो गीत सुनते हैं, उनमें हर दूसरा गाना रोमांटिक होता है और जिस सिचुएशन में वे फ़िल्माये जाते हैं वे भी बहुत हद तक मिलती–जुलती होती हैं। अब उन गीतकारों को याद कीजिये जिन्हें वे गीत लिखने का काम दिया जाता है। वे उन गीतों में कितनी विविधता लाने में सक्षम हैं और एक गीत को दूसरे से अलग कैसे लिख सकते हैं? मुझे अच्छी तरह याद है जब नामवर साहिर लुधियानवी को आलोचकों ने फ़िल्म *दाग़* (1973) में लिखे उनके गीत *'जब जी चाहे नयी दुनिया बसा लेते हैं लोग, एक चेहरे पे कई चेहरे लगा लेते हैं लोग'* के लिए अपना निशाना बनाया था। बहरहाल, साहिर ने उनके आरोपों का कोई जवाब देना मुनासिब नहीं समझा। इसलिए जब क़तील शिफाई पाकिस्तान से भारत आये तो उनसे यह पूछा गया कि उन्होंने साहिर को अपनी लिखी लाइनें इस्तेमाल करने की इजाज़त कैसे दे दी, तब क़तील का जवाब बहुत सीधा–सादा था– "साहिर जी को मेरी पंक्ति बहुत अच्छी लगी। उन्होंने मुझे फ़ोन किया और मैंने उन पंक्तियों को उनने गीत में इस्तेमाल करने की इजाज़त दे दी।" अब चूँकि लोगों को सच का पता नहीं है, और न उन्होंने अपनी तरफ़ से सच जानने

की, कोई कोशिश भी की, लेकिन दूसरों पर इल्ज़ाम लगाने की आदत से बाज़ आना भी लोगों को ज़रूरी नहीं लगता है। मेरे विचार से कोई भी स्वाभिमानी गीतकार कभी किसी दूसरे की नक़ल नहीं करेगा और दुनिया के सामने उसे अपने लिखे हुए गीत के रूप में पेश नहीं करेगा।"

इसलिए किसी भी तरह के विवाद से बचने के लिए अब समीर जब किसी नयी फ़िल्म का गीत लिखने का अनुबन्ध करते हैं तो पहला शब्द लिखने से पहले वे अपने सभी जानकर स्रोतों से गहरी पड़ताल कर आश्वस्त हो लेने का प्रयास कर लेते हैं कि उनके लिखे गीत को नयी सिचुएशन और नयी धुन के साथ फ़िल्माया जायेगा। साथ ही, वे फ़िल्म के निर्देशक, संगीत निर्देशक और निर्माता के दिलो–दिमाग़ के साथ–साथ उन अभिनेता–अभिनेत्रियों की छवियों को भी ध्यान में रखते हैं जिन पर उस गीत को फ़िल्माया जाना है, ताकि नया गीत फ़िल्म की उस सिचुएशन के मुताबिक़ लिखा जा सके और संगीतबद्ध होने के बाद एक विशिष्ट आस्वाद के साथ सुनने वालों के कानों तक पहुँच सके। चूँकि समीर की शैली बेहद सहज और सादगीपूर्ण है, लिहाज़ा उसमें वैचारिक अतिक्रमण और पहले लिखे जा चुके किसी गीत से तुलना की सम्भावना कम–से–कम हो जाती है। अलबत्ता यह ग़ौरतलब है भाषा की सादगी और सहजता के बाद भी अर्थ की प्रभावोत्पादकता और समग्रता में कोई कमी नहीं दिखती है।

"दरअसल मेरी कोशिश भी यही रहती है अंशों की तुलना में योगफल अधिक असरदार और महत्त्वपूर्ण हो," समीर अपनी बात को स्पष्ट करते हुए कहते हैं, "उदाहरण के रूप में *कुछ कुछ होता है* (1998) में मेरा ज़ोर इस बात पर था कि शीर्षक गीत के लिए एक रोमांटिक गाना लिखा जाए, लेकिन उसमें 'प्यार' शब्द का इस्तेमाल नहीं हो। इसकी वजह यह थी कि उस फ़िल्म के दोनों ही क़िरदार, जिनकी भूमिका शाहरुख़ ख़ान और काजोल ने निभायी थी, जितना अधिक एक–दूसरे की तरफ़ आकर्षित होते हैं, उतना ही वे लफ़्ज़ों के जरिये एक–दूसरे से अपने मुहब्बत का इजहार करने से बचते हैं। वे अपने अहसासों को खुद में ज़ब्त किये रहते हैं, मानो दोनों के दिल में एक–दूसरे के लिए इकतरफ़ा मोहब्बत हो। अब इस स्थिति को मैंने इस पंक्ति में दर्ज़ किया–*'तुम पास आये, यूँ मुस्कुराये।'* अर्थ बिल्कुल साफ़ है कि दोनों एक–दूसरे की ओर आकर्षित हैं। या फिर दूसरा गीत–*'ये लड़की है दीवानी, है दीवानी'* ही ले लीजिये, जो उनके बीच के आपसी आकर्षण की तस्दीक़ करता है। कोई भी व्यक्ति जब इन गीतों के लफ़्ज़–दर–लफ़्ज़ का विश्लेषण करेगा तो उसे इनमें महान जैसा कुछ भी नहीं मिलेगा, लेकिन जब इन गीतों का आकलन

फ़िल्म के परिप्रेक्ष्य में रख कर किया है जाये और ख़ास तौर पर अव्यक्त प्रेम के फलने–फूलने के सन्दर्भ में किया जाये, तब इन गीतों का महत्त्व पूरी तरह से स्पष्ट होता है। मेरा यह दृढ़ मानना है कि किसी भी गीत को एक विचार का केवल एक संवाहक होना चाहिए या फ़िल्म के उद्देश्य का एक अनुषांगिक अंश होना चाहिये। इसे शब्दों के अर्थहीन अतिभार से बचना चाहिए, अन्यथा कोई गीत फ़िल्म से सर्वथा मुक्त एक भिन्न सृजन दिखने लगेगा और दर्शकों का ध्यान फ़िल्म के केन्द्रीय भाव से भटक कर इसकी ओर जाने की सम्भावना उत्पन्न हो जायेगी।

उसूलों के इतने पक्के होने और सतर्कता बरतने के बावजूद समीर के कॅरियर में भी ऐसे कई मौक़े आये हैं जब अपने लिखने को लेकर उन्हें इल्जामों का सामना करना पड़ा है और अजीबोग़रीब स्थितियों से गुज़रना पड़ा है। उदाहरण के तौर पर पहली दफ़ा एक बड़े विवाद के घेरे में वे राज कँवर की फ़िल्म *हमको दीवाना कर गये* (2006) के प्रदर्शन के बाद आये। यह विवाद *'तुम न आते तो अच्छा था, आ के न जाते तो अच्छा था, तुम जाते–जाते जाना हमको दीवाना कर गये.'* को लेकर उठा था। इस गीत को लेकर अचानक किसी ने इल्ज़ाम लगा दिया कि यह मुखड़ा एक मशहूर पाकिस्तानी गीत से चुराया गया है। जल्दी ही मामले ने तूल पकड़ लिया। समीर इस पूरे मामले से हतप्रभ थे। ज़ेहन पर बहुत ज़ोर डालने के बाद भी उन्हें यह याद नहीं आ रहा था कि उन्होंने जो लिखा था उसे किसी और की जुबानी कहीं सुना, या कहीं और पढ़ा ही था। तस्वीर तब साफ़ हुई जब राज कँवर ने प्रेस को यह बताया कि उन्होंने ख़ुद समीर को यह मुखड़ा देते हुए उसे एक गीत के तौर पर विकसित करने का अनुरोध किया था। यह वाक़या कमोबेश वैसा ही था जैसा निर्माता केदार शर्मा ने 1964 में *चित्रलेखा* को ईस्टमैन कलर में बनाते हुए किया था। उन्होंने तुलसीदास का एक दोहा *मना तू काहे ना धीर धरता अब, धीर धरे सब करजा सुधरता* लिया और अपने गीतकार साहिर से उस दोहे पर गीत लिखने के लिए कहा। मोहम्मद रफ़ी के गाये क्लासिक *'मन रे, तू काहे न धीर धरे..'* का जन्म यहीं हुआ। इस गाने को रोशन ने संगीतबद्ध किया था।

"फ़िल्म उद्योग में यह एक प्रचलित प्रथा है," समीर स्पष्ट करते हैं, "राज कँवर ने उन पंक्तियों को कहीं पढ़ा या सुना होगा और जब वे पटकथा पर काम कर रहे होंगे तब किसी सिचुएशन को प्रभावशाली बनाने की नीयत से उन्हें इन पंक्तियों की याद आ गयी होगी, और उन्होंने यह बात मुझे भी बता दी। कई बार ऐसा भी होता है कि जब निर्देशक अपनी पटकथा पर काम करता है तो वह किसी चालू जुमले से

आकर्षित होकर यह महसूस करता कि उस उस जुमले को एक लोकप्रिय गीत में ढाला जा सकता है। यह पूरी तरह उसके अधिकार में है कि वह अपने गीतकार से ऐसी कोई गुज़ारिश करे। कभी–कभार ऐसा भी होता है कि संगीतकार किसी धुन को गुनगुनाने के क्रम में कोई ख़ास पंक्ति गीतकार को सुनाता है, जिसे गीतकार एक पूरे गाने में तब्दील कर डालता है। जयकिशन जी अपने गीतकारों को अपनी तरफ़ से कोई पंक्ति सुझाने के मामले में मशहूर थे। बाद के सालों में लक्ष्मीकान्त ने भी इस हुनर को खूब आजमाया। अनु मलिक, आनन्द–मिलिन्द, नदीम–श्रवण, हिमेश रेशमिया ने भी परम्परा को आगे बढ़ाने का काम किया। कई बार तो गीत ऐसे ही सामूहिक प्रयासों से जन्मते हैं। एक गीतकार के रूप में मुझे कभी–कभार मुखड़े दे दिये जाते हैं और उनके आधार पर मुझसे गीत लिखने का आग्रह किया जाता है। हर बार मैं यह नहीं पूछ सकता कि जो मुखड़ा मुझे दिया गया है उसका वास्तविक स्रोत क्या है। ऐसा करना अपने साथ काम करने वाले लोगों के पेशेगत नैतिकता पर सवाल उठाने जैसा है और राज कँवर जैसे निर्देशक, जिनके साथ मैं पिछले बीस सालों से काम कर रहा हूँ, की किसी बात पर शक करने की बात तो मैं सपने में भी नहीं सोच सकता हूँ। जब मैं ख़ुद ही उस पाकिस्तानी गीत से अनजान था तो मैं उन पर किसी तरह का शक कैसे कर सकता था?"

जब समीर अतीत में झाँकते हैं तो उन्हें महसूस होता है कि किसी भी रचनात्मक क्षेत्र में दो–चार ऐसे ईर्ष्यालु लोग होते ही हैं जो आपके काम में ख़ामियाँ तलाशने के सिवा कुछ नहीं जानते। उनके मामले में तो अनजान के बेटे होने की वजह से वे पहले दिन से ही लोगों की निगाहों में थे। शुरू–शुरू में तो इस प्रवृत्ति ने उनके लिए सकारात्मक और नकारात्मक, दोनों ही रूपों में प्रभावित किया। लोगबाग़ उनकी अनदेखी नहीं करते थे और उनके पिता के समकालीन गीतकार फ़िल्म उद्योग में नये आये दूसरे गीतकारों की तुलना में उनके साथ थोड़ी इज़्ज़त से पेश आते थे। इस बात ने दूसरे सम्भावनाशील गीतकारों की बनिस्बत उनको एक शुरुआती लाभ पहुँचाया, लेकिन जब गुणवत्ता की बात आती थी तब फ़िल्म जगत् का एक बड़ा तबका उनके गीत लेखन को बहुत गम्भीरता से नहीं लेता था। कुछ लोग तो उनके गीत लेखन को सिर्फ़ उनकी फ़ुर्सत का शगल मानते थे। जब उन्होंने यह साबित कर दिया कि वे अपने लिए एक निश्चित जगह के हक़दार हैं और सिर्फ़ लोगों के चाहने या न चाहने भर से उनके इरादे में कोई बदलाव नहीं आने वाला है, तो धुनों पर अनुसार गीत की पंक्तियाँ लिखने की उनकी योग्यता पर सवाल

उठाये गये। कुछ संगीतकारों ने तो उन्हें अपने सामने बैठाकर उनसे अपने मुताबिक़ पंक्तियाँ लिखा कर उनकी जाँच भी ली।

समीर द्वारा हिट गीत देने और उन गीतों के क़ामयाबी की सूची पर तेज़ी के साथ ऊपर चढ़ने के बहुत पहले से ही उनके आलोचकों ने उनकी विद्वेषपूर्ण तुलना उनके पिता से करनी शुरू कर दी थी। कुछ लोग मानते थे कि पिता के रचनात्मक व्यक्तित्व का कोई असर समीर पर नहीं पडा था जबकि दूसरी तरफ़ कइयों का मानना था कि अपने पिता के गीतों से अत्यधिक प्रेरित होकर ही उन्होंने अपने गीत लिखे थे। लेकिन इस बार समीर इस पारस्परिक तुलना की जाल में फँसने वाले नहीं थे। कभी–कभी तो लगता था कि अनजान का प्रशंसक होने के बावजूद उन्होंने उनके गीतों की लेखन–शैली के अनुकरण से पूरी तरह मुक्त हो चुके थे। उन्होंने स्मरण में बनी रहने वाली सहज पंक्तियाँ लिख कर अपने लिए गीत–लेखन का एक स्वतन्त्र रास्ता चुना। ऐसा भी कई बार हुआ कि उन्होंने *बैरी सावन* (1984) और *तीसरा किनारा* (1986) जैसी फ़िल्में करने से इसलिये मना कर दिया कि वे इन फ़िल्मों का श्रेय अपने पिता के साथ साझा करने को तैयार नहीं थे। आख़िर सैद्धान्तिक उद्देश्यों से समीर और अनजान दो अलग–अलग पेशेवर लोग थे, एक–दूसरे से स्वतन्त्र। ऐसे में किसी के इस आरोप से क्या फ़र्क़ पड़ता था कि पिता अपने पुत्र की मदद कर रहा है।

इतनी सतर्कता के बाद भी उनके आलोचक उनमें मीनमेख निकालने की अपनी आदतों से बाज़ नहीं आये। समीर पर ये इल्जाम भी बार–बार लगाए गये कि उनके गीत कोई और लिखता है। "ऐसे आरोप आनन्द बक्षी साहब को भी अपने जीवन में झेलने पड़े।" समीर बताते हैं, "लोगबाग़ यह मानने को क़तई तैयार नहीं थे कि कोई अकेला आदमी इतनी ज़्यादा तादाद में भी गीत लिख सकता सकता था। मुझे ख़ुद हैरत होती थी कि कोई एक आदमी अपने दम पर 600 फ़िल्मों में गाने कैसे लिख सकता है! लेकिन अब मैं यह जानता हूँ कि यह कोई असम्भव काम नहीं है बशर्ते आप अपने काम के प्रति पूरी तरह समर्पित हों और लेखन के सिवा किसी और काम में ख़ुद को नहीं खपा रहे हों। मैंने अपने जीवन में इन्हीं नैतिक मूल्यों का निर्वहन किया है। दुर्भाग्य से लोग यह नहीं समझते और आप पर बेवजह आरोप लगाने का काम करते रहते हैं।"

एक बार समीर का साक्षात्कार लेने वाले एक पत्रकार ने उन पर सीधा आरोप लगाते हुए पूछ लिया, "मुझे आपसे यह शिकायत है कि आपने पैसे देकर कुछ ऐसे गीतकार रखे हैं जो आपके गीत लिखने का काम करते हैं, लेकिन उनके काम का श्रेय आप ले जाते हैं।" उस पत्रकार ने छूटते ही कहा.

समीर ने कुछ पल उसे ग़ौर से देखा और फिर उसी के अन्दाज़ में जवाब दिया, "मुझे भी आपसे एक शिकायत है। मुझे बताया गया है कि आपके प्रेम–सम्बन्ध श्रीदेवी के साथ हैं।"

उस पत्रकार की बोलती बन्द हो गयी, "आप ऐसा कैसे कह सकते हैं?" उसने ग़ुस्से में मुझसे पूछा।

"तब आप कैसे यह इल्ज़ाम लगा सकते हैं कि मेरे गीत कोई और लिखता है?" समीर ने सवाल किया।

"यह सिर्फ़ एक आरोप है।" वह हकलाने लगा।

"लेकिन आपके पास इसका कोई सबूत है?" समीर ने पूछा। "कोई भी आदमी किसी पर कोई आरोप लगा सकता है। यह एक आज़ाद मुल्क है और यहाँ प्रधानमन्त्री और राष्ट्रपति पर भी दोषारोपण करने से कोई किसी को नहीं रोक सकता है, लेकिन आप प्रेस के एक ज़िम्मेदार प्रतिनिधि हैं। यह आपका नैतिक दायित्व है कि ठोस सबूत के बिना किसी पर कोई इल्ज़ाम न लगायें। क्या आप ऐसे एक भी आदमी को जानते हैं जिसने मेरे गीत लिखे हों या मेरे लिए काम किया हो? अगर नहीं जानते तो बक़वास करना बन्द कीजिये!"

•••

बहरहाल, ये कुछ बुरी यादें और दुर्भाग्यपूर्ण घटनाएँ हैं जिन्हें समीर भूल जाना चाहेंगे, लेकिन उन पलों के साथ जीते रहना उनकी विवशता है। इस पूरे घटनाक्रम का एकमात्र सकारात्मक पहलू यह है कि उनके पास उन ख़ुशग़वार यादों की कोई कमी नहीं जिन्हें वे जीवन भर अपने साथ रखना चाहते हैं। उनमें तो कुछ यादें इतनी ख़ूबसूरत हैं जिन्हें लफ़्ज़ों में बयान नहीं किया जा सकता है और न उन्हें किसी के साथ साझा ही किया जा सकता है। मसलन, कई दिनों की मग़ज़मारी के बाद सही मुखड़े का अचानक ज़ेहन में कौंध जाना या अनुभूतियों को बिल्कुल उसी प्रभाव के साथ अभिव्यक्त करने के लिए एकदम सटीक मुहावरे का सूझ जाना जो संगीत की ध्वनियों पर पूरी तरह फ़िट हो या उस भूले–बिसरे शब्द का अचानक याद आ जाना जिसकी तलाश पिछले कई दिनों से थी या रिकॉर्डिंग के बाद 70 मिमी के पर्दे पर अपने लिखे गीतों पर किसी बड़े सितारे का होंठ हिलाते देखना।

उनके गीत की तारीफ़ में दादी अम्मा सरीखी किसी औरत के बिना दाँतों वाले मुँह पर खिंची मुस्कुराहट हो या अभी–अभी चलना सीखे किसी बच्चे की बेतरतीब ठुमक हो या किसी चालू लेकिन क़ामयाब गाने पर हैरानी–से फटी हुई किसी दोस्त की चौड़ी आँखें हों या गीत के

मतलब जाने बिना उनके बोल गुनगुनाने वाला कोई विदेशी टूरिस्ट हो या भीड़भाड़ सड़क पर ट्रैफ़िक में फँसी किसी गाड़ी के स्टीरियो में बजते समीर के किसी गीत के साथ गुनगुनाता हुआ टैक्सी ड्राइवर हो–समीर की ज़िन्दगी में ये रोज़मर्रा के वाक़ये हैं, लेकिन इन साधारण से लम्हों को जीते हुए उन्हें जो जादुई ख़ुशी हासिल होती है, वह बेशक़ीमती है। समीर के लिए हर दिन, एक नया दिन है।

समीर की स्मृतियाँ ऐसे अनेक लोगों की प्रशंसाओं से रौशन हैं जो उनके जीवन में हमेशा महत्त्वपूर्ण और विशेष सम्मान के पात्र रहे। ऐसी ही एक शख़्सियत सुनील दत्त थे। अपने वक़्त के सदाबहार और शानदार अदाकार, फ़िल्म–निर्माता और लोकसभा के सदस्य ने *आशिक़ी* (1990) के प्रदर्शित होने के फ़ौरन बाद समीर को एक खत लिखा था, "कई सालों के बाद मैंने इतने सुन्दर बोल वाले सुरीले गीत सुने हैं। यह जानकर मुझे ख़ास तौर पर ख़ुशी हुई कि इन गीतों को हमारे फ़िल्म उद्योग की एक नयी और युवा टीम ने रचा है। इस फ़िल्म में मेरा पसन्दीदा गीत *'साँसों की ज़रूरत है जैसे...'* है। लेकिन मैंने 'आशिक़ी' के दूसरे गाने भी सुने और मुझे वे भी बहुत अच्छे लगे। आप मेरे बेटे संजय से भी पूछ सकते हैं कि इन दिनों मेरी कार में जो इक़लौता कैसेट है, वह 'आशिक़ी' का है। बढ़िया काम करते रहिये और ऐसे ही बेहतरीन गीत हम सुनने वालों तक पहुँचाते रहिये। हमारी शुभकामनाएँ हमेशा आपके साथ हैं।"

इसी तरह मशहूर लेखक और साहित्यकार डॉ। राही मासूम रज़ा भी *दीवाना* (1992) के गीत सुनकर समीर के प्रशंसक बन गये थे। समीर के नाम लिखे अपने खत में उन्होंने ख़ासतौर पर *'तेरी उम्मीद तेरा इन्तज़ार करते हैं, ऐ सनम हम तो सिर्फ़ तुमसे प्यार करते हैं'* गीत का ज़िक्र किया था। "कितना सहज और मर्मस्पर्शी गीत है!" उन्होंने लिखा था। "अपनी भावनाओं को व्यक्त करने का इतना असरदार और आसान तरीक़ा बहुत दुर्लभ है और यह गुण केवल उन होनहार रचनाकारों के भीतर होता है जिनका अपने विचारों और भाषा पर पूरा नियन्त्रण होता हैं। मैं साफ़–साफ़ देख पा रहा हूँ कि आपको अभी बहुत दूर तक जाना है। एक बेहद सुनहरा भविष्य आपकी प्रतीक्षा में खड़ा है।"

ठीक इसी तरह उनके पास बाबा आम्टे का भी एक पत्र है जिसमें उन्होंने समीर की प्रशंसा करते हुए ख़ुद को उनका 'घनघोर प्रशंसक' बताया है। उन्हें अपने आशीर्वचनों से अनुग्रहीत करते हुए और उनके प्रति गहरे प्रशंसा–भाव से भरे, मैगससे पुरस्कार से सम्मानित इस सुप्रसिद्ध सामाजिक कार्यकर्ता ने तो यहाँ तक लिखा, "मेरे घर में सिर्फ़ आपके लिखे गाने ही बजाये जाते हैं।"

लेकिन समीर की सबसे बड़ी सम्पत्ति वे शब्द हैं जो उनके पिता ने *वंश* (1992) के प्रदर्शन के बाद कहे थे। अनजान ने लता मंगेशकर–एस.पी. बालासुब्रमनियम का गाया डुएट, *'आके तेरी बाँहों में हर शाम लगे सिन्दूरी, मेरे मन को महकाये तेरे तन की कस्तूरी'* गीत सुनने के बाद वे ख़ुद पर काबू नहीं रख सके और उन्होंने समीर को अपने पास बुलाकर कहा था कि उन्हें समीर के पिता होने का गर्व है। ज़ाहिर–सी बात थी कि तब तक अनजान के मन में भी इस बात को लेकर संशय था कि उनके बेटे ने साहित्यिक रचनात्मकता की तुलना में बाज़ार के दबावों से समझौता कर लेने का आसान तरीक़ा चुन लिया था। लेकिन उस अकेले गीत ने अनजान को अपनी राय पर दोबारा सोचने के लिए मजबूर कर दिया था। "बेटा," उन्होंने कहा था, "आज मैं अपनी सभी चिन्ताओं से मुक्त हो गया हूँ। इस गीत को सुनने के बाद अब मेरे मन में इस बात को लेकर कोई संशय नहीं रहा कि तुम मेरा नाम हमेशा के लिए रौशन रखोगे। यह सच में गीत–लेखन का बेहतरीन नमूना है। तुम सही अर्थों में हमारे परिवार के सम्मान और गौरव का प्रतीक हो। अब मैं ख़ुशी–ख़ुशी गीत लिखने के अपने काम से रिटायर हो सकता हूँ।''

भरे हुए मन के साथ समीर ने अपने पिता के पैर छुए थे और उनसे आशीर्वाद लिया था। दुनिया का कोई पुरस्कार, प्रशंसा और धन–दौलत गर्व से भरे एक पिता के कहे हुए इन सीधे–सादे शब्दों का मुक़ाबला नहीं कर सकते थे।

उपसंहार

बम्बई के अभिजात्य उपनगरीय इलाक़े लोखंडवाला में स्थित समीर के सुसज्जित डुप्लेक्स अपार्टमेंट में जब आप दाख़िल होते हैं तो सबसे पहले आपका सामना करीने से सजाकर रखे गये पुरस्कारों, डिस्कों, ट्रॉफ़ियों, प्रतिमाओं और स्मारिकाओं से होता है। ये घर के चप्पे–चप्पे में मौजूद हैं। बड़े और छोटे अलग–अलग आकारों और प्रकारों में–ख़ूबसूरत बक़्सों में बन्द, नक्काशीदार फ्रेमों में जड़े हुए, शीशे की आलमारियों के भीतर सजे हुए, शेल्फों पर कतार में रखे हुए और ऊँची–ऊँची ताख़ पर थोड़ी बेतरतीबी से रखे हुए। ज़ाहिर है, हर सुबह कोई उन सबकी नियमित झाड–़पोंछ करता है ताकि उनकी चमक बरक़रार रहे, लेकिन उनकी सही–सही गिनती कोई नहीं बता सकता है। उनकी तादाद 100 के आस–पास हो सकती है या 200 के क़रीब भी या फिर 500! सही–सही कोई नहीं जानता है।

और, किसी को इनकी गिनती से लेना–देना भी क्या है, क्योंकि मायानगरी की सफलताओं से जुड़ी इस चमक–धमक के पार देखें तो यह पूरी तरह से एक ग़ैर–फ़िल्मी घर है। किसी भी बनावटीपन और दिखावे से दूर, वास्तविकता की ठोस जमीन पर टिका और परम्पराओं से बँधा हुआ। उनके दरवाज़े पर आने वाले हर व्यक्ति का गर्मजोशी से स्वागत किया जाता है, उन्हें चाय–पानी के लिए पूछा जाता है और उन्हें बड़े–से ड्राइंगरूम में बिठाया जाता है ताकि वे सहज महसूस करें। ज़ाहिर–सी बात है, समीर अपनी जड़ों को भूले नहीं हैं और लगातार वक़्त की किल्लत रहने के बाद भी थोड़ी देर के लिए ही सही, लेकिन हर एक मेहमान से निजी तौर पर मिलना नहीं भूलते हैं। उनके बच्चे– संचिता, सुचिता और दोनों के नन्हे–से भाई सिद्धेश–ने विनम्रता और शिष्टता जैसे गुण अपने पिता से सीखे हैं और फ़िल्मी दुनिया के दूसरे बच्चों की तरह उनमें रत्तीभर भी अहंकार का भाव नहीं है। वे सभी दृष्टि से शालीन बच्चे हैं, नाज़–नख़रों से मुक्त और बड़ों के प्रति आदरभाव से भरे हुए। आप इसका श्रेय बनारस की संस्कृति को भी दे सकते हैं जो उन्हें विरासत में हासिल हुई है, लेकिन समीर अपने बच्चों की परवरिश का पूरा श्रेय

अपनी पत्नी अनिता को देते हैं। घर–परिवार की छोटी–से–छोटी बातों का खयाल वही रखती हैं।

"वे मेरे जीवन का दूसरा पहलू हैं," समीर कहते हैं, "हमारी पारम्परिक शादी है। वे एक ग़ैरफ़िल्मी परिवार से आती हैं। उनके घरवाले मूलतः गोरखपुर के हैं और अब बम्बई में रहकर अपना व्यवसाय करते हैं। शुरू में उनको लेकर मैं थोड़ा चिन्तित रहता था कि क्या वे फ़िल्म व्यवसाय के असुरक्षा–बोधों के मुताबिक़ ख़ुद को ढाल पायेंगी, ख़ास कर ऐसी स्थिति में जब मैं अपने कॅरियर में बहुत बेहतर नहीं कर पा रहा था, लेकिन जब से वे मेरे जीवन में आयीं, सबकुछ बदल गया। मुझे न सिर्फ़ अच्छा काम मिलने लगा, बल्कि शादी के महज तीन साल के भीतर मेरे कॅरियर का ग्राफ भी तेज़ी–से बढने लगा। मेरी जन्म–कुण्डली भी यही बताती है कि मेरी पत्नी मेरे जीवन में हर तरह की सफलताएँ लेकर आयेगी। लेकिन इन सभी बातों से ऊपर मैं उन्हें जिस चीज़ का श्रेय देता हूँ, वह यह है कि उन्होंने बिना किसी शिकायत के मेरी ज़िन्दगी की बागडोर सँभाली और मेरे बूढ़े होते माता–पिता की देख–रेख की। ख़ास तौर मेरे उन्होंने अन्तिम दिनों में मेरे बीमार पिता का जिस तरह से ख़याल रखा, वह अद्‌भुत था जबकि उस समय मेरे बच्चे भी छोटे थे। उन्होंने बच्चों के साथ–साथ मेरे परिवार को भी बख़ूबी सँभाला। इसलिए मैं उन्हें अपने जीवन का 'दूसरा मोर्चा' कहता हूँ। अगर वे मेरे जीवन में नहीं होतीं तो मैं वहाँ कभी नहीं पहुँच पाता जहाँ आज मैं हूँ। मेरी सफलता में उनकी भूमिका अद्वितीय है। लोग कहते हैं कि अगर आपका घरेलू जीवन कठिनाइयों से भरा हो तो यह आपके व्यावसायिक जीवन को भी प्रभावित करता है। उन्होंने मेरे जीवन में ऐसा नहीं होने दिया।"

अनिता उनकी बातों पर मुस्कुराती हैं, लेकिन बहुत गरिमा के साथ वे समीर की सफलता का श्रेय लेने से हिचकती हैं, "ये आज जो भी हैं, अपनी ही कड़ी मेहनत और अपनी माँ और पिता के आशीर्वाद की वजह से हैं। उनकी क़ामयाबी के शुरुआती दिनों में मुझे यह देखकर थोड़ा–बुरा ज़रूर लगता था कि वे अपने परिवार को पर्याप्त समय नहीं दे पाते थे। मुझे उनसे कुछ कहने के लिए कई–कई दिनों तक इन्तज़ार करना पड़ता था, लेकिन आख़िरकार उन्हें वक़्त नहीं मिलता था और मेरे मन की बात मन में ही रह जाती थी। वे अपने काम में बेतरह डूबे रहते थे। अब मुझे यह महसूस होता है कि काम का जीवन में कितना महत्त्व है?"

अनिता आदतन एक मितभाषी महिला हैं, "ऐसा नहीं है कि मेरे पिता को हमारी चिन्ता नहीं है या वे परिवार की जिम्मेदारियों के प्रति

असंवेदनशील हैं। उन्हें हमारी ख़ूब चिन्ता रहती है। हर रात जब वे अपना काम ख़त्म कर जब घर लौटते हैं, तब वे सबसे पहले हमारी ही खोज–ख़बर लेते हैं। कई बार उनके लौटते–लौटते इतनी देरी हो चुकी होती है कि हम सो चुके होते हैं। ऐसे में वे हमारी माँ से हम सब के बारे में बारी–बारी से पूछते हैं। मैंने उन्हें अक्सर घरेलू विषयों पर माँ के साथ खाने की मेज़ पर बातचीत करते हुए सुना है। वे जब भी फुर्सत में होते हैं, हमारे साथ समय ज़रूर बिताते हैं। पिछले साल दिवाली की छुट्टियों में वे हमें सिंगापुर और बैंकाक घुमाने ले गये थे।

"मेरी भी दिली ख़्वाहिश होती है कि काश! मेरे पिता के पास भी इतना वक़्त होता कि वे पेरेंट–टीचर मीट्स के मौक़े पर जा पाते," संचिता अपनी बात जारी रखती हैं, "बेशक लोग जानते हैं कि मेरे पिता कौन हैं, लेकिन हर बार जब कोई उनके नाम का ज़िक्र करते हैं तब मैं छुप जाना चाहती हूँ। किसी मशहूर हस्ती की औलाद होने की सबसे बड़ी मुश्किल यह है कि आप सब लोगों की नज़रें आप पर ही टिकी होती हैं और मुझे यह बिल्कुल पसन्द नहीं है। मैं चाहती हूँ कि मेरे साथ सामान्य बच्चों जैसा व्यवहार किया जाए। दोस्तों के बीच हम उनके गानों की चर्चा ज़रूर करते हैं। *हम 'झलक दिखला जा' अक्सर* (2005), *और कितने अरमान, फिर हेराफेरी* (2006) की बारे में बातें करते हैं। कभी–कभी मेरे दोस्त मुझसे पूछते हैं क्या मेरे पास कोई ख़ास सीडी है? उनका इशारा किसी रिलीज़ होने वाली फ़िल्म के गाने की तरफ़ होता है। वे शायद उसे सबसे पहले सुनना चाहते हैं। लेकिन यह बात तो हर एक युवा पर लागू होती है।"

और, उनकी माँ?

"मैं आज भी घाटकोपर के अपने बचपन के दोस्तों के सम्पर्क में हूँ। लेकिन वे सभी अब शादी–वादी करके अलग–अलग जगहों पर सैटल हो चुके हैं। कभी–कभी वे मुझे फ़ोन करके या ख़त लिख कर बताते रहते हैं कि उन्हें मेरा फलाँ गीत अच्छा लगा और फलाँ ख़राब लगा। इस तरीक़े से हमारे बीच संवाद बना रहता है, लेकिन एक बात वे मुझसे हमेशा कहते हैं कि उन्होंने कभी कल्पना नहीं की थी कि मैं ऐसे परिवार में विवाह करूँगा और उसके बाद मेरी क़िस्मत इस तरह से बदलेगी। मुझे भी लगता है कि यह नियति ही है, जिसके कारण मैं यहाँ पहुँचा और मुझे वे सभी चीज़ें मिलीं जिनके बारे में मैंने जीवन में सोचा था।"

लेकिन बातचीत ख़त्म होने से पहले संचिता निर्णायक लहज़े में कहती है, "मेरे लिए मेरे पिता ही मेरे आदर्श हैं। वे जैसे हैं, वे जितने

समर्पण के साथ अपना काम करते है, वे जैसे लोगों से व्यवहार करते हैं, – हर दृष्टि से वे एक आदर्श पिता, एक आदर्श पति, एक आदर्श पुत्र, एक आदर्श दोस्त हैं। वे मेरे जीवन के आदर्श व्यक्ति हैं और मैं उनकी ही तरह होना चाहती हूँ–पूरी तरह से।"

फ़िल्मोग्राफ़ी

समीर के हिन्दी फ़िल्मों की सूची

क्रम सं.	फ़िल्म का नाम	प्रदर्शन का वर्ष	संगीत निर्देशक	गानों की सं.
1.	बेख़बर	1983	उषा खन्ना	1
2.	एक बार चले आओ	1983	चाँद परदेसी	1
3.	अब आएगा मजा	1984	आनन्द–मिलिन्द	5
4.	दूर–दूर पास–पास	1985	श्याम सागर	2
5.	इन्सानियत के दुश्मन	1986	अनु मलिक	1
6.	जलवा	1986	आनन्द–मिलिन्द	2
7.	लव 86	1986	लक्ष्मीकान्त–प्यारेलाल	1
8.	पीछा करो	1986	आनन्द–मिलिन्द	5
9.	तन–बदन	1986	आनन्द–मिलिन्द	5
10.	तीसरा किनारा	1986	श्याम सागर	2
11.	इन्साफ़ कौन करेगा	1987	लक्ष्मीकान्त–प्यारेलाल	3
12.	जवाब हम देंगे	1987	लक्ष्मीकान्त–प्यारेलाल	3
13.	कुदरत का क़ानून	1987	लक्ष्मीकान्त–प्यारेलाल	4
14.	मेरा लहू	1987	अनु मलिक	1
15.	आख़िरी अदालत	1988	अनु मलिक	1
16.	बीवी हो तो ऐसी	1988	लक्ष्मीकान्त–प्यारेलाल	4
17.	गुनाहों की शतरंज	1988	अनिल मोहिले	6
18.	कब तक चुप रहूँगी	1988	बप्पी लाहिरी	1
19.	क़ातिल	1988	लक्ष्मीकान्त–प्यारेलाल	4
20.	शिव गंगाध्रति कामदेव	1988	चित्रगुप्त	2
21.	शिव–शक्ति	1988	आनन्द–मिलिन्द	5

22.	वो फिर आएगी	1988	आनन्द–मिलिन्द	5
23.	अब मेरी बारी	1989	आनन्द–मिलिन्द	4
24.	बदनाम	1989	अजयस्वामी	1
25.	दो क़ैदी	1989	लक्ष्मीकान्त–प्यारेलाल	3
26.	हम भी इंसान हैं	1989	बप्पी लाहिरी	3
27.	इलाक़ा	1989	नदीम–श्रवण	2
28.	मैं तेरा दुश्मन	1989	लक्ष्मीकान्त–प्यारेलाल	1
29.	मुजरिम	1989	अनु मलिक	1
30.	पाप का अन्त	1989	बप्पी लाहिरी	1
31.	रखवाला	1989	आनन्द–मिलिन्द	6
32.	ताक़तवर	1989	अन्नू मलिक	4
33.	आशिक़ी	1990	नदीम–श्रवण	8
34.	आतिशबाज़	1990	लक्ष्मीकान्त–प्यारेलाल	5
35.	आज़ाद देश के गुलाम	1990	लक्ष्मीकान्त–प्यारेलाल	5
36.	अपमान की आग	1990	नदीम–श्रवण	1
37.	बाप नम्बरी बेटा दस नम्बरी	1990	नदीम–श्रवण	5
38.	बाग़ी	1990	आनन्द–मिलिन्द	6
39.	बंगला नम्बर 666	1990	अनु मलिक	4
40.	छोटू का बदला	1990	दीपेन चटर्जी	4
41.	दीवाना मुझ–सा नहीं	1990	आनन्द–मिलिन्द	5
42.	दिल	1990	आनन्द–मिलिन्द	8
43.	हक़	1990	आनन्द–मिलिन्द	4
44.	हत्यारिन	1990	नरेश शर्मा	3
45.	जवानी ज़िन्दाबाद	1990	आनन्द–मिलिन्द	5
46.	जंगल लव	1990	आनन्द–मिलिन्द	6
47.	कफ़न	1990	आनन्द–मिलिन्द	2
48.	ख़तरनाक	1990	अनु मलिक	
49.	महासंग्राम	1990	आनन्द–मिलिन्द	6
50.	मेरा पति सिर्फ़ मेरा है	1990	आनन्द–मिलिन्द	4
51.	मुक़द्दर का बादशाह	1990	विजू शाह	5
52.	स्वर्ग	1990	आनन्द–मिलिन्द	5
53.	तक़दीर का तमाशा	1990	आनन्द–मिलिन्द	4
54.	तेरी तलाश में	1990	नरेश शर्मा	5
55.	थानेदार	1990	बप्पी लहिरी	3
56.	ज़ख़्मी ज़मीन	1990	आनन्द–मिलिन्द	4

57.	आई मिलन की रात	1991	आनन्द–मिलिन्द	9
58.	अफ़साना प्यार का	1991	बप्पी लाहिरी	1
59.	अंजलि	1991	इलैयाराजा	5
60.	डांसर	1991	आनन्द–मिलिन्द	9
61.	दिल है कि मानता नहीं	1991	नदीम–श्रवण	6
62.	दो मतवाले	1991	लक्ष्मीकान्त–प्यारेलाल	2
63.	हमने प्यार किया	1991	अमर–उत्पल	5
64.	जान की क़सम	1991	नदीम–श्रवण	5
65.	जंगल क्वीन (जंगल की रानी)	1991	आनन्द–मिलिन्द	4
66.	मजबूर लड़की	1991	किशोर सिंह	4
67.	मीना बाज़ार	1991	नरेश शर्मा	3
68.	मीरा का मोहन	1991	अरुण पौडवाल	1
69.	नसीबवाला	1991	बप्पी लाहिरी	1
70.	फूल और काँटे	1991	नदीम–श्रवण	5
71.	प्रेम जंग	1991	हंसलेखा	6
72.	प्रेम क़ैदी	1991	आनन्द–मिलिन्द	6
73.	प्यार का साया	1991	नदीम–श्रवण	7
74.	कुर्बान	1991	आनन्द–मिलिन्द	7
75.	रूहानी ताक़त	1991	नरेश शर्मा	3
76.	साजन	1991	नदीम–श्रवण	7
77.	साथी	1991	नदीम–श्रवण	5
78.	सड़क	1991	नदीम–श्रवण	9
79.	सपनों का मन्दिर	1991	लक्ष्मीकान्त–प्यारेलाल	4
80.	सौगंन्ध	1991	आनन्द–मिलिन्द	6
81.	सोने की ज़ंजीर	1991	आनन्द–मिलिन्द	7
82.	त्रिनेत्र	1991	आनन्द–मिलिन्द	11
83.	आज का गुण्डाराज	1992	आनन्द–मिलिन्द	6
84.	अभी–अभी	1992	आनन्द–मिलिन्द	6
85.	अधर्म	1992	आनन्द–मिलिन्द	6
86.	अनाम	1992	नदीम–श्रवण	7
87.	असली हक़दार	1992	ओंकार	8
88.	बाज	1992	आनन्द–मिलिन्द	5
89.	बलमा	1992	नदीम–श्रवण	6
90.	बेटा	1992	आनन्द–मिलिन्द	6

91. बोल राधा बोल	1992	आनन्द–मिलिन्द	7
92. दामिनी	1992	नदीम–श्रवण	5
93. दीदार	1992	आनन्द–मिलिन्द	7
94. दीवाना	1992	नदीम–श्रवण	8
95. दिल का क्या क़सूर	1992	नदीम–श्रवण	3
96. घर जमाई	1992	आनन्द–मिलिन्द	5
97. ग़ज़ब तमाशा	1992	आनन्द–मिलिन्द	7
98. इंसान बना शैतान	1992	नरेश शर्मा	2
99. इन्तहा प्यार की	1992	आनन्द–मिलिन्द	9
100. जागृति	1992	आनन्द–मिलिन्द	8
101. जान से प्यारा	1992	आनन्द–मिलिन्द	7
102. जीना–मरना तेरे संग	1992	दिलीप सेन–समीर सेन	2
103. जिगर	1992	आनन्द–मिलिन्द	4
104. जुनून	1992	नदीम–श्रवण	6
105. कल की आवाज़	1992	नदीम–श्रवण	10
106. किसमें कितना है दम	1992	बप्पी लाहिरी	2
107. मेरे साजन साथ निभाना	1992	आनन्द–मिलिन्द	6
108. मिस्टर बाँड	1992	आनन्द–मिलिन्द	7
109. पायल	1992	नदीम–श्रवण	8
110. पर्दा है पर्दा	1992	आनन्द–मिलिन्द	4
111. क़ैद में है बुलबुल	1992	आनन्द–मिलिन्द	7
112. सपने साजन के	1992	नदीम–श्रवण	5
113. सोने की लंका	1992	आनन्द–मिलिन्द	7
114. तिलक	1992	आनन्द–मिलिन्द	5
115. वंश	1992	आनन्द–मिलिन्द	7
116. याद रखेगी दुनिया	1992	आनन्द–मिलिन्द	5
117. जुल्म की हुकूमत	1992	दिलीप सेन–समीर सेन	4
118. आदमी खिलौना है	1993	नदीम–श्रवण	8
119. आईना	1993	दिलीप सेन–समीर सेन	7
120. आजा मेरी जान	1994	राहुल देव बर्मन	1
121. अनाड़ी	1993	आनन्द–मिलिन्द	8
122. अंजाम	1993	आनन्द–मिलिन्द	10
123. भाग्यवान	1993	आनन्द–मिलिन्द	1
124. चन्द्रमुखी	1993	आनन्द–मिलिन्द	8
125. धनवान	1993	आनन्द–मिलिन्द	6

126. धरतीपुत्र	1993	नदीम–श्रवण	7
127. दिल है बेताब	1993	लक्ष्मीकान्त–प्यारेलाल	1
128. दिल तेरा आशिक़	1993	नदीम–श्रवण	7
129. दिव्यशक्ति	1993	नदीम–श्रवण	7
130. गेम	1993	आनन्द–मिलिन्द	5
131. गोपाला	1993	अनु मलिक	1
132. गुरुदेव	1993	राहुल देव बर्मन	1
133. हम हैं राही प्यार के	1993	नदीम–श्रवण	5
134. इनसानियत के देवता	1993	लक्ष्मीकान्त–प्यारेलाल	3
135. जीवन की शतरंज	1993	आनन्द–मिलिन्द	6
136. कैसे–कैसे रिश्ते	1993	नदीम–श्रवण	5
137. क़ायदा क़ानून	1993	आनन्द–मिलिन्द	7
138. कृष्णावतार	1993	नदीम–श्रवण	6
139. मैडम एक्स	1993	अनु मलिक	1
140. महाकाली	1994	बप्पी लाहिरी	2
141. परदेसी	1993	आनन्द–मिलिन्द	5
142. परवाने	1993	आनन्द–मिलिन्द	6
143. पहचान	1993	आनन्द–मिलिन्द	6
144. प्लेटफ़ॉर्म	1993	आनन्द–मिलिन्द	6
145. क़सम तेरी क़सम	1993	नरेश शर्मा	1
146. रंग	1993	नदीम–श्रवण	7
147. सैनिक	1993	नदीम–श्रवण	6
148. सलामी	1993	नदीम–श्रवण	5
149. संग्राम	1993	नदीम–श्रवण	7
150. सन्तान	1993	आनन्द–मिलिन्द	8
151. शक्तिमान	1993	चन्नी सिंह	6
152. शतरंज	1993	आनन्द–मिलिन्द	6
153. श्रीमान आशिक़	1993	नदीम–श्रवण	5
154. तड़ीपार	1993	नदीम–श्रवण	8
155. वक़्त हमारा है	1993	नदीम–श्रवण	7
156. ज़माने से क्या डरना	1993	आनन्द–मिलिन्द	8
157. ज़ोरदार	1993	अनु मलिक	1
158. आग	1994	दिलीप सेन–समीर सेन	6
159. आतिश	1994	नदीम–श्रवण	8
160. अन्दाज़	1994	आनन्द–मिलिन्द	1

161. अन्त	1994	आनन्द–मिलिन्द	6
162. बेताज बादशाह	1994	आनन्द–मिलिन्द	9
163. छोटी बहू	1994	नदीम–श्रवण	7
164. दिलवाले	1994	नदीम–श्रवण	7
165. दुनिया झुकती है	1994	आनन्द–मिलिन्द	5
166. ईना मीना डीका	1994	आनन्द–मिलिन्द	7
167. एक्का राजा–रानी	1994	आनन्द–मिलिन्द	8
168. गोपी किशन	1994	आनन्द–मिलिन्द	6
169. इन्साफ़ अपने लहू से	1994	लक्ष्मीकान्त–प्यारेलाल	1
170. जय किशन	1994	आनन्द–मिलिन्द	6
171. क्रान्ति क्षेत्रा	1994	नदीम–श्रवण	3
172. क्रान्तिवीर	1994	आनन्द–मिलिन्द	6
173. लाडला	1994	आनन्द–मिलिन्द	7
174. मदहोश	1994	आनन्द–मिलिन्द	6
175. महा शक्तिशाली	1994	आनन्द–मिलिन्द	7
176. मिलन	1994	आनन्द–मिलिन्द	6
177. राजा बाबू	1994	आनन्द–मिलिन्द	7
178. साजन का घर	1994	नदीम–श्रवण	9
179. संगदिल सनम	1994	आनन्द–मिलिन्द	6
180. स्टंटमैन	1994	आनन्द–मिलिन्द	6
181. सुहाग	1994	आनन्द–मिलिन्द	7
182. तीसरा कौन	1994	आनन्द–मिलिन्द	7
183. उधार की ज़िन्दगी	1994	आनन्द–मिलिन्द	7
184. ये दिल्लगी	1994	दिलीप सेन–समीर सेन	7
185. ये मंझधार	1994	नदीम–श्रवण	7
186. ज़ख़्मी दिल	1994	ऋषिराज	7
187. आन्दोलन	1995	नदीम–श्रवण	7
188. अंगरक्षक	1995	आनन्द–मिलिन्द	7
189. अनोखा अन्दाज़	1995	नदीम–श्रवण	5
190. बरसात	1995	नदीम–श्रवण	6
191. कुली नम्बर वन	1995	आनन्द–मिलिन्द	6
192. फ़रार	1995	आनन्द–मिलिन्द	7
193. ग़द्दार	1995	नदीम–श्रवण	5
194. गॉड एंड गन	1995	आनन्द–मिलिन्द	5
195. हिम्मत	1994	आनन्द–मिलिन्द	6

196. हम दोनों	1995	आनन्द–मिलिन्द	7
197. जय विक्रान्ता	1995	आनन्द–मिलिन्द	6
198. जल्लाद	1995	आनन्द–मिलिन्द	6
199. जनमकुंडली	1995	आनन्द–मिलिन्द	6
200. कर्त्तव्य	1995	दिलीप सेन–समीर सेन	6
201. क़िस्मत	1995	आनन्द–मिलिन्द	6
202. मेरी मोहब्बत मेरा नसीब	1995	आनन्द–मिलिन्द	6
203. नया प्यार	1995	नदीम–श्रवण	2
204. निशाना	1995	जतिन–ललित	5
205. रघुवीर	1995	दिलीप सेन–समीर सेन	5
206. राजा	1995	नदीम–श्रवण	8
207. साजन की बाँहों में	1995	नदीम–श्रवण	7
208. सम्बन्ध	1995	नदीम–श्रवण	7
209. सनम हरजाई	1995	उषा खन्ना	5
210. सरहद	1995	सुखविन्दर	6
211. ताक़त	1995	आनन्द–मिलिन्द	7
212. तक़दीरवाला	1995	आनन्द–मिलिन्द	8
213. ज़माना दीवाना	1995	नदीम–श्रवण	9
214. अग्निसाक्षी	1996	नदीम–श्रवण	6
215. अजय	1996	आनन्द–मिलिन्द	10
216. आर्मी	1996	आनन्द–मिलिन्द	6
217. बम्बई का बाबू	1996	आनन्द–मिलिन्द	8
218. बन्दिश	1996	आनन्द–मिलिन्द	6
219. दानवीर	1996	आनन्द–मिलिन्द	6
220. दुश्मनी	1996	आनन्द–मिलिन्द	6
221. एक था राजा	1996	आनन्द–मिलिन्द	7
222. हिम्मतवर	1996	नदीम–श्रवण	4
223. जीत	1996	नदीम–श्रवण	7
224. खिलौना	1996	नरेश शर्मा	2
225. लालची	1996	दिलीप सेन–समीर सेन	7
226. लोफ़र	1996	आनन्द–मिलिन्द	5
227. माफ़िया	1996	आनन्द–मिलिन्द	6
228. मिस्टर बेचारा	1996	आनन्द–मिलिन्द	5
229. मुक़द्दर	1996	आनन्द–मिलिन्द	6
230. पापी गुड़िया	1996	नरेश शर्मा	5

231. राजा हिन्दुस्तानी	1996	नदीम–श्रवण	8
232. रक्षक	1996	आनन्द–मिलिन्द	1
233. साजन चले ससुराल	1996	नदीम–श्रवण	5
234. विजेता	1996	आनन्द–मिलिन्द	6
235. बेताबी	1997	विशाल भारद्वाज	5
236. भाई	1997	आनन्द–मिलिन्द	8
237. एक फूल तीन काँटे	1997	जतिन–ललित	3
238. हीरो नं. 1	1997	आनन्द–मिलिन्द	7
239. हमको इश्क़ ने मारा	1997	आदेश श्रीवास्तव	8
240. इन्साफ़	1997	आनन्द–मिलिन्द	6
241. इतिहास	1997	दिलीप सेन–समीर सेन	8
242. जीवन युद्ध	1997	नदीम–श्रवण	6
243. जुदाई	1997	नदीम–श्रवण	7
244. कौन सच्चा कौन झूठा	1997	राजेश रोशन	6
245. क्रान्तिपथ	1997	राम शंकर	5
246. लहू के दो रंग	1997	आनन्द–मिलिन्द	7
247. मृत्युदाता	1997	आनन्द–मिलिन्द	6
248. मोहब्बत	1997	नदीम–श्रवण	6
249. सनम	1997	आनन्द–मिलिन्द	9
250. शपथ	1997	आनन्द–मिलिन्द	6
251. सूरज	1997	आनन्द–मिलिन्द	6
252. तराजू	1997	राजेश रोशन	7
253. उड़ान	1997	राजेश रोशन	6
254. यशवन्त	1997	आनन्द–मिलिन्द	7
255. ज़मीर	1997	आनन्द–मिलिन्द	7
256. ज़िद्दी	1997	दिलीप सेन–समीर सेन	7
257. अचानक	1998	दिलीप सेन–समीर सेन	6
258. आंटी न। 1	1998	आनन्द–मिलिन्द	6
259. बड़े मियाँ छोटे मियाँ	1998	विजू शाह	7
260. बनारसी बाबू	1998	आनन्द–मिलिन्द	7
261. बारूद	1998	आनन्द–मिलिन्द	6
262. छोटा चेतन	1998	आनन्द–मिलिन्द	1
263. चाइना गेट	1998	अनु मलिक	4
264. दूल्हे राजा	1998	आनन्द–मिलिन्द	6
265. घरवाली बाहरवाली	1998	अनु मलिक	1

266. गुलाम	1998	जतिन–ललित	3
267. हिटलर	1998	दिलीप सेन–समीर सेन	6
268. कुछ–कुछ होता है	1998	जतिन–ललित	8
269. महाराजा	1998	नदीम–श्रवण	6
270. मदर 98	1998	दिलीप सेन–समीर सेन	8
271. नसीब	1998	नदीम–श्रवण	6
272. प्यार किया तो डरना क्या	1998	जतिन–ललित	5
273. प्यार तो होना ही था	1998	जतिन–ललित	5
274. सात रंग के सपने	1998	नदीम–श्रवण	6
275. सलाखें	1998	दिलीप सेन–समीर सेन	7
276. सर उठा के जियो	1998	आनन्द–मिलिन्द	6
277. सोल्ज़र	1998	अनु मलिक	7
278. आ अब लौट चलें	1999	नदीम–श्रवण	8
279. आया तूफ़ान	1999	बप्पी लाहिरी	6
280. बादशाह	1999	अनु मलिक	4
281. बीवी नं. 1	1999	अनु मलिक	6
282. चेहरा	1999	अनु मलिक	6
283. दाग़–द फ़ायर	1999	राजेश रोशन	8
284. (ग़ैर	1999	आनन्द–मिलिन्द	6
285. हसीना मान जायेगी	1999	अनु मलिक	6
286. होगी प्यार की जीत	1999	आनन्द–मिलिन्द	8
287. हम आपके दिल में रहते हैं	1999	अनु मलिक	9
288. जानवर	1999	आनन्द–मिलिन्द	9
289. काला साम्राज्य	1999	आनन्द–मिलिन्द	6
290. कोहराम	1999	दिलीप सेन–समीर सेन	1
291. माँ क़सम	1999	आनन्द–मिलिन्द	4
292. मन	1999	संजीव–दर्शन	9
293. मेला	1999	राजेश रोशन, अनु मलिक	5
294. राजाजी	1999	आनन्द–मिलिन्द	8
295. संघर्ष	1999	जतिन–ललित	7
296. संन्यासी मेरा नाम	1999	आनन्द–मिलिन्द	6
297. सरफ़रोश	1999	जतिन–ललित	3
298. शूल	1999	शंकर–एहसान–लॉय	4
299. सिलसिला है प्यार का	1999	जतिन–ललित	8

300. सिर्फ़ तुम	1999	नदीम–श्रवण	9
301. सूर्यवंशम	1999	अनु मलिक	7
302. तबाही–द डिस्ट्रॉयर	1999	तबुन सूत्रधार	1
303. तलाशी	1999	आनन्द–मिलिन्द	7
304. वास्तव	1999	जतिन–ललित	8
305. आग़ाज़	2000	अनु मलिक	7
306. बिच्छू	2000	आनन्दराज आनन्द	6
307. अब तो आजा साजन मेरे	2000	आनन्द–मलिक	8
308. बादल	2000	अनु मलिक	7
309. चल मेरे भाई	2000	आनन्द–मिलिन्द	8
310. चोरी–चोरी चुपके–चुपके	2000	अनु मलिक	8
311. दीवाने	2000	संजीव–दर्शन	8
312. ढाई अक्षर प्रेम का	2000	जतिन–ललित	10
313. धड़कन	2000	नदीम–श्रवण	7
314. फ़र्ज़	2000	नदीम–श्रवण, उत्तम सिंह, आदेश श्रीवास्तव, अनु मलिक 8	
315. घात	2000	अनु मलिक	7
316. फ़िज़ा	2000	अनु मलिक	2
317. हर दिल जो प्यार करेगा	2000	अनु मलिक	9
318. हेरा–फेरी	2000	अनु मलिक, ललित सेन बाली सागू	7
319. हे राम	2000	इलैयाराजा	6
320. जालसाज़	2000	दिलीप सेन–समीर सेन	6
321. जोरू का गुलाम	2000	आदेश श्रीवास्तव 6	
322. जोश	2000	अनु मलिक	4
323. जंग	2000	अनु मलिक	6
324. जंगल	2000	संदीप चाउटा	6
325. क़सूर	2000	नदीम–श्रवण	6
326. खिलाड़ी 420	2000	संजीव दर्शन	7
327. कुँवारा	2000	आदेश श्रीवास्तव	8
328. मिशन कश्मीर	2000	शंकर–एहसान–लॉय	3
329. पापा दी ग्रेट	2000	एम.एम. क्रीम	1

330. शिकारी	2000	आदेश श्रीवास्तव	5
331. स्निप	2000	आशुतोष पाठक–ध्रुव घाणेकर	3
332. सुल्तान	2000	बप्पी लाहिरी	1
333. तेरा जादू चल गया	2000	इस्माइल दरबार	7
334. आशिक़	2001	संजीव–दर्शन	8
335. अजनबी	2001	अनु मलिक	8
336. अलबेला	2001	जतिन–ललित	6
337. दीवानापन	2001	आदेश श्रीवास्तव	7
338. दिल ने फिर याद किया	2001	आदेश श्रीवास्तव	6
339. एक रिश्ता– द बांड ऑफ लव	2001	नदीम–श्रवण	8
340. हद	2001	विजू शाह	9
341. हम हो गये आपके	2001	नदीम–श्रवण	7
342. इत्तेफ़ाक़	2001	दिलीप सेन–समीर सेन	6
343. कभी ख़ुशी कभी ग़म	2001	जतिन–लतिन, आदेश श्रीवास्तव, सन्देश शाण्डिल्य	9
344. कुछ खट्टी कुछ मीठी	2001	अनु मलिक	8
345. लज्जा	2001	अनु मलिक	6
346. मानसून वेडिंग	2001	अनु मलिक	1
347. मुझे कुछ कहना है	2001	अनु मलिक	8
348. पागलपन	2001	राजू सिंह	8
349. प्यार ज़िन्दगी है	2001	बाली ब्रह्मभट्ट	4
350. राज़	2001	नदीम–श्रवण	8
351. रहना है तेरे दिल में	2001	हैरिस जयराज, शेखर, अनु मलिक आदेश श्रीवास्तव, आनन्दराज आनन्द	11
352. शरारत	2001	साज़िद–वाज़िद	6
353. तेरा मेरा साथ रहे	2001	आनन्दराज आनन्द	8
354. आपको पहले भी कहीं देखा है	2002	निखिल–विनय	5
355. आवारा पागल दीवाना	2002	अनु मालिक	6
356. अब के बरस	2002	अनु मलिक	8

357. अँखियों से गोली मारे	2002	आनन्द–मिलिन्द	4
358. अंश	2002	नदीम–श्रवण	8
359. चलो इश्क़ लड़ायें	2002	हिमेश रेशमिया	7
360. देवदास	2002	इस्माइल दरबार	1
361. दिल है तुम्हारा	2002	नदीम–श्रवण	9
362. एक और एक ग्यारह	2002	शंकर–एहसान–लॉय	8
363. हाँ मैंने भी प्यार किया	2002	नदीम–श्रवण	7
364. हम तुम्हारे हैं सनम	2002	नदीम–श्रवण, निखिल–विनय	4
365. जानी दुश्मन – एक अनोखी कहानी	2002	आनन्द–मिलिन्द	5
366. जीना सिर्फ़ मेरे लिए	2002	नदीम–श्रवण	7
367. कर्ज़–दी बर्डेन ऑफ ट्र्थ	2002	संजीव–दर्शन	6
368. कहता है दिल बार–बार	2002	जतिन–ललित	7
369. कुछ तुम खो कुछ हम कहें	2002	अनु मलिक	7
370. लव एट टाइम स्क्वायर	2002	आदेश श्रीवास्तव	1
371. माँ तुझे सलाम	2002	साज़िद–वाज़िद	6
372. मवाली नं. 1	2002	डी. एस. 1	
373. ओम जय जगदीश	2002	अनु मलिक	8
374. शक्ति–द पॉवर	2002	अनु मलिक	1
375. सोच	2002	जतिन–ललित	5
376. टाडा	2002	दिलीप सेन–समीर सेन	2
377. तलाश	2002	संजीव–दर्शन	9
378. द लीजेंड ऑफ़ भगत सिंह	2002	ए.आर. रहमान	10
379. तुमसे अच्छा कौन है	2002	नदीम–श्रवण	8
380. वाह तेरा क्या कहना	2002	जतिन–ललित	6
381. यह दिल आशिक़ाना	2002	नदीम–श्रवण	9
382. ये दिल	2002	नदीम–श्रवण	9
383. अन्दाज़	2003	नदीम–श्रवण	8
384. बाग़बान	2003	आदेश श्रीवास्तव	8
385. दिल का रिश्ता	2003	नदीम–श्रवण	9
386. दम	2003	संदीप चौथा	2
387. फुटपाथ	2003	नदीम श्रवण	

		हिमेश रेशमिया	7
388. हंगामा	2003	नदीम–श्रवण	7
389. हवा	2003	दिलीप सेन–समीर सेन	1
390. इंडियन बाबू	2003	नदीम श्रवण	8
391. इन्साफ़–दी जस्टिस	2003	निखिल–विनय	6
392. इश्क़ है तुमसे	2003	हिमेश रेशमिया	7
393. इश्क़ विश्क़	2003	अनु मलिक	10
394. जाल	2003	आनन्दराज आनन्द	4
395. जॉगर्स पार्क	2003	ताबुन सूत्रधार	1
396. काश आप हमारे होते	2003	आदेश श्रीवास्तव	8
397. ख़ुशी	2003	अनु मलिक	6
398. कैसे कहूँ कि प्यार है	2003	विजू शाह	5
399. कुछ तो है	2003	अनु मलिक	7
400. मुम्बई से आया मेरा दोस्त	2003	अनु मलिक	5
401. नई पड़ोसन	2003	शंकर–एहसान–लॉय	6
402. ओम	2003	अमर मोहिले	6
403. परवाना	2003	संजीव–दर्शन	5
404. पुलिस फोर्स–एन इनसाइड स्टोरी	2003	आनन्द–मिलिन्द	6
405. पथ	2003	निखिल–विनय	3
406. क़यामत	2003	नदीम–श्रवण	9
407. राजा भैया	2003	नदीम–श्रवण	3
408. सुनो ससुरजी	2003	आनन्द–मिलिन्द	6
409. तस्वीर	2003	आदेश श्रीवास्तव	6
410. तेरे नाम	2003	हिमेश रेशमिया	10
411. ज़मीन	2003	हिमेश रेशमिया	6
412. ज़िन्दादिल	2003	नदीम–श्रवण	8
413. आबरा का डाबरा	2004	हिमेश रेशमिया	6
414. आन	2004	अनु मलिक	6
415. अब तुम्हारे हवाले वतन साथियो	2004	अनु मलिक	9
416. ऐतराज़	2004	हिमेश रेशमिया	8
417. असम्भव	2004	विजू शाह	5
418. बर्दाश्त	2004	हिमेश रेशमिया	6

419. चेहरा	2004	निखिल–विनय, राम सम्पत	2
420. धूम	2004	प्रीतम	7
421. दिल माँगे मोर	2004	हिमेश रेशमिया	7
422. दिल ने जिसे अपना कहा	2004	हिमेश रेशमिया	4
423. हलचल	2004	विद्या सागर	6
424. फ़िदा	2004	अनु मलिक	5
425. जूली	2004	हिमेश रेशमिया	8
426. कौन है जो सपनों में आया	2004	निखिल–विनय	7
427. खाक़ी	2004	राम संपत	11
428. कृष्णा कॉटेज	2004	अनु मलिक	1
429. लव इन नेपाल	2004	अनु मलिक, निखिल–विनय, विशाल शेखर	6
430. मस्ती	2004	आनन्दराज आनन्द	5
431. मुझसे	2004	अनु मलिक	1
432. मुस्कान	2004	निखिल–विनय	11
433. फिर मिलेंगे	2004	शंकर–एहसान–लॉय, निखिल–विनय	3
434. रुद्राक्ष	2004	शंकर–एहसान–लॉय, विशाल–शेखर	3
435. रन	2004	हिमेश रेशमिया	8
436. शर्त–दी चैलेंज	2004	अनु मलिक	7
437. शीन	2004	नदीम–श्रवण	6
438. शुक्रिया	2004	हिमेश रेशमिया, विशाल–शेखर देवेन्द्र–योगेन्द्र	8
439. सूर्या	2004	आदेश श्रीवास्तव	6
440. टार्जन–द वंडर कार	2004	हिमेश रेशमिया	7
441. तुम–ए डेंजरस ऑब्सेशन	2004	हिमेश रेशमिया	6
442. तुम–सा नहीं देखा	2004	नदीम–श्रवण	8
443. वादा	2004	हिमेश रेशमिया	8
444. ज़मीर	2004	जतिन–ललित, निखिल–विनय	5

445. अब... बस	2005	डब्बू मलिक	7
446. आशिक़ बनाया आपने	2005	हिमेश रेशमिया	5
447. अक्सर	2005	हिमेश रेशमिया	5
448. अनजाने–द अननोन	2005	हिमेश रेशमिया	6
449. बरसात	2005	नदीम–श्रवण	8
450. बेवफ़ा	2005	श्रवण–श्रवण	8
451. ब्लैकमेल	2005	हिमेश रेशमिया	9
452. चाँद–सा रौशन चेहरा	2005	जतिन–ललित	7
453. क्लासिक–डांस ऑफ लव	2005	बप्पी लाहिरी	3
454. चिंगारी	2005	आदेश श्रीवास्तव	4
455. दीवाने हुए पागल	2005	अनु मलिक	8
456. दोस्ती	2005	नदीम–श्रवण	7
457. एक अजनबी	2005	अमर मोहिले	2
458. ऐलान	2005	अनु मलिक	6
459. फॅमिली– टाइज ऑफ ब्लड	2005	राम सम्पत	8
460. गरम मसाला	2005	प्रीतम	8
461. गुमनाम – दी अननोन	2005	नदीम–श्रवण	9
462. इन्सान	2005	हिमेश रेशमिया	7
463. जाने क्या होगा	2005	निखिल–विनय	5
464. क़सक	2005	एम.एम. क्रीम	9
465. खुल्लमखुल्ला प्यार करें	2005	आनन्द–मिलिन्द	8
466. कोई आप–सा	2005	हिमेश रेशमिया	8
467. कोई मेरे दिल में है	2005	निखिल–विनय	1
468. कुछ मीठा हो जाये	2005	हिमेश रेशमिया	7
469. क्या कूल हैं हम	2005	अनु मलिक	5
470. क्योंकि... इट इज़ फेट	2005	हिमेश रेशमिया	8
471. लकी–नो टाइम फ़ॉर लव	2005	अदनान सामी	9
472. मैं ऐसा ही हूँ	2005	हिमेश रेशमिया	9
473. मैंने प्यार क्यूँ किया	2005	हिमेश रेशमिया	7
474. मेरे जीवन साथी	2005	नदीम–श्रवण	7
475. मोहब्बत हो गयी है तुमसे	2005	संजीव–दर्शन	1
476. निगहेबान–द थर्ड आई	2005	हिमेश रेशमिया	5
477. नो एंट्री	2005	अनु मलिक	8
478. प्यार में ट्विस्ट	2005	जतिन–ललित	4

479. शादी नं. 1	2005	अनु–मलिक	5
480. सिलसिले	2005	हिमेश रेशमिया	7
481. वक़्त–द रेस अगेंस्ट टाइम	2005	अनु मलिक	5
482. यक़ीन	2005	हिमेश रेशमिया	7
483. ज़मानत	2005	विजू शाह	6
484. 36 चाइना टाउन	2006	हिमेश रेशमिया	6
485. आपकी ख़ातिर	2006	हिमेश रेशमिया	7
486. आत्मा	2006	निखिल–विनय	4
487. आहिस्ता–आहिस्ता	2006	हिमेश रेशमिया	1
488. अनकही	2006	प्रीतम	4
489. एंथोनी कौन है?	2006	हिमेश रेशमिया	6
490. बनारस – ए मिस्टिक लव स्टोरी	2006	हिमेश रेशमिया	9
491. बनाना ब्रदर्स	2006	जयदेव कुमार	4
492. चुप–चुप–के	2006	हिमेश रेशमिया	6
493. दिल दिया है	2006	हिमेश रेशमिया	8
494. हमको दीवाना कर गये	2006	अनु मलिक, हिमेश रेशमिया	11
495. हुस्न–लव एन बिट्रेयल	2006	आदेश श्रीवास्तव	4
496. मेरा दिल ले के देखो	2006	जतिन–ललित	5
497. नक्शा	2006	हिमेश रेशमिया	5
498. फिर हेराफेरी	2006	हिमेश रेशमिया	6
499. प्यारे मोहन	2006	अनु मलिक	8
500. रॉकी	2006	हिमेश रेशमिया	6
501. शादी से पहले	2006	हिमेश रेशमिया	8
502. टॉम डिक एंड हैरी	2006	हिमेश रेशमिया	6
503. यूँ होता तो कैसा होता	2006	विजू शाह	3

समीर के हिन्दी फ़िल्मों की सूची (अप्रदर्शित और बन्द हो गईं फ़िल्में)

क्रम सं.	फ़िल्म के नाम	संगीतकार	गानों की संख्या
1.	अन्दाज़ तेरा मस्ताना	आनन्द–मिलिन्द	7
2.	किसी से दिल लगा के देखो	राजेश रोशन	6
3.	मैना	नरेश शर्मा	4
4.	मोहब्बत–मोहब्बत	आनन्द–मिलिन्द	5
5.	सच्चा प्यार	आनन्द–मिलिन्द	6
6.	शक्तिशाली	आनन्द–मिलिन्द	6

. समीर के भोजपुरी फिल्मों की सूची

क्रम	फ़िल्मों के नाम	साल	संगीतकार	कुल सं.
1.	बलमा नादान	1982	श्याम सागर	1
2.	बैरी सावन	1984	श्याम सागर	1
3.	मायाभा महतारी	1984	चित्रगुप्त	9
4.	गंगा मैया तोहार किरिया	1985	चित्रगुप्त	6
5.	घर गृहस्थी	1986	चित्रगुप्त	9
6.	तुलसी सोहे हमार अंगना	1986	चित्रगुप्त	6
7.	बँसुरिया बाजे गंगा तीर	1986	श्याम सागर	4
8.	बिटिया चलल ससुराल	1987	चित्रगुप्त	5
9.	चम्पा चमेली	1987	चित्रगुप्त	1
10.	गंगा कहे पुकार के	1987	चित्रगुप्त	9
11.	गोदना	1987	चित्रगुप्त	6
12.	हमरी दुल्हनिया	1987	चित्रगुप्त	7
13.	सजनवा बैरी भयले हमार	1987	चित्रगुप्त	10
14.	पिया टूटे ना पिरतिया हमार	1989	ओंकार	11
15.	बिरहिन जनम जनम के	1992	आनन्द–मिलिन्द	2
16.	हमार बेटवा	1992	चित्रगुप्त	5
17.	सावरिया	1993	ओंकार	1
18.	सोहागन	1997	नदीम–श्रवण	6

19. गंगा जइसन पावन पिरातिया हमार	2004	ओंकार	10
20. माई का बिटुआ	2005	अल्ताफ़ राजा	11
21. गंगा हमार माई		चित्रगुप्त	9
22. रखिह लाज हमार		चित्रगुप्त	4

मराठी फिल्में

1. नो प्रॉब्लम	2005	अजय तिवारी	1

समीर के निजी अल्बम (ग़ैर–फिल्मी)

क्रम सं.	अल्बम के नाम	साल	कलाकार	संगीत निर्देशक	गाने
1.	शाबाश शैरोन	1984	शैरोन प्रभाकर	आनन्द–मिलिन्द	8
2.	शरारत	1984	शैरोन प्रभाकर	आनन्द–मिलिन्द	8
3.	आप की यादें	1986	वेरियस आर्टिस्ट्स	नदीम–श्रवण	1
4.	डांसिंग सिटी	1986	बप्पी लाहिरी एंड अदर्स	बप्पी लाहिरी	2
5.	प्यार–प्यार	1986	वेरियस आर्टिस्ट्स	नदीम–श्रवण	2
6.	हरे रामा हरे कृष्णा	1987	ज्योत्स्ना हार्डिकर	अनिल मोहिले	7
7.	ओ स्वीटहार्ट	1987	अमित कुमार	अमित कुमार	3
8.	मिथुन– दी इंडियन जैक्सन	1989	मिथुन चक्रवर्ती	नदीम–श्रवण	4
9.	सयेशा	1994	नदीम, अलका याज्ञिक	नदीम–श्रवण	8
10.	बन्नो	1997	सपना अवस्थी	सपना अवस्थी	8
11.	हाय अजनबी	1997	नदीम एंड अदर्स	नदीम श्रवण	8
12.	जानम	1996	सपना मुखर्जी	विजू शाह	8
13.	पगला कहीं का	1997	अनुराधा एंड अदर्स	आनन्द–मिलिन्द, ताबुन	2

14. ऐरा –ग़ैरा नत्थू खैरा	1998	सुनिधि चौहान	राजू सिंह	8
15. गुज़रे ज़माने	1998	वेरियस आर्टिस्ट्स	एम.एम. क्रीम	6
16. याद पिया की आने लगी	1998	फाल्गुनी पाठक	ललित सेन	7
17. अहसास	1999	अनुराधा एंड अदर्स	लुइस–शंकर	8
18. पिया से मिलकर आये नैन	2000	हेमा सरदेसाई	जवाहर वट्टल	8
19. हाय मेरा दिल	2000	सपना मुखर्जी, राजेश रोशन	एल.आई. राज (लेसली लेविस)	9
20. मैया आ जाना	2000	अनुराधा एंड अदर्स	आदेश श्रीवास्तव	8
21. खोया–खोया चाँद	2001	बाबुल सुप्रियो एंड अदर्स	साजिद–वाजिद	10
22. सजना	2001	हेमा सरदेसाई	जवाहर विट्ठल	9
23. चूड़ियाँ	2002	अनुराधा पौडवाल	ललित सेन	8
24. तेरा चेहरा	2002	अदनान सामी	अदनान सामी	9
25. मुझे पिया की याद आने लगी	2003	प्रीति एंड पिंकी	डब्बू मलिक	10
26. तेरा मेरा दिल	2003	रूप जौहरी एंड अदर्स	हिमेश रेशमिया, हैरी आनन्द, निखिल–विनय	10
27. माशूका	2006	कुमार शानू, अलका याज्ञिक	बप्पी लाहिरी	8
28. तेरी क़सम	2004	अदनान सामी		
29. आप का .. सावन्त	2005	अभिजीत बिड्डू, हरदीप सिद्धू प्रेमपाल हंस एंड अभिजीत सावंत अदर्स		10
30. आपका सुरूर	2006	हिमेश रेशमिया	हिमेश रेशमिया	10
31. मेरे साथ सारा जहाँ	2006	संदीप आचार्य	संदीप चौटा	3
32. देबोजित	2006	देबोजित	बिड्डू	5

समीर के संगीतकार

क्रम सं.	संगीतकार	हिन्दी फ़िल्म (फ़िल्म / गाने)	क्षेत्रीय फ़िल्म (फ़िल्म / गाने)	निजी अल्बम अल्बम / कुल गाने
1.	ए.आर. रहमान	01 / 10		
2.	आदेश श्रीवास्तव	16 / 84	01 / 08	
3.	अदनान सामी	01 / 09	02 / 18	
4.	अजय स्वामी	01 / 01		
5.	अजय तिवारी	01 / 01		
6.	अल्ताफ़ राजा	01 / 11		
7.	अमर मोहिले	02 / 08		
8.	अमार–उत्पल	01 / 05		
9.	अमित कुमार	01 / 03		
10.	आनन्दराज आनन्द	05 / 24		
11.	आनन्द–मिलिन्द	146 / 899	01 / 02	01 / 03
12.	अनिल मोहिले	01 / 06	01 / 07	
13.	अनु मलिक	60 / 301		
14.	अरुण पौडवाल	01 / 01		
15.	आशुतोष पाठक– द्रुव घाणेकर	01 / 03		
16.	बाली ब्रह्मभट्ट	01 / 04		
17.	बप्पी लाहिरी	11 / 24	02 / 10	
18.	बिड्डू	02 / 09		
19.	चाँद परदेशी	01 / 01		
20.	चन्नी सिंह	01 / 06		
21.	चित्रगुप्त	01 / 02	13 / 86	
22.	डी. एस.	01 / 01		
23.	डब्बू मलिक	01 / 07	01 / 10	
24.	दीपेन चटर्जी	01 / 04		
25.	देवेन्द्र–योगेन्द्र	01 / 02		
26.	दिलीप सेन–समीर सेन	19 / 102		

27. हंसलेखा	01/06		
28. हरदीप सिद्धू– प्रेमपाल हंस	01/04		
29. हैरिस जयराज	01/07		
30. हैरी आनन्द	01/01		
31. हिमेश रेशमिया	41/258	02/19	
32. इलैयाराजा	02/08		
33. इस्माइल दरबार	02/08		
34. जयदेव कुमार	01/04		
35. जतिन–ललित	20/116		
36. जवाहर वट्टल	02/17		
37. किशोर सिंह	01/04		
38. एल.एल. राज (लेसली लेविस)	01/08		
39. ललित सेन	01/01	02/15	
40. ललित सेन–बाली सागू	01/01		
41. लक्ष्मीकान्त–प्यारेलाल	15/44		
42. लुईस–शंकर	01/08		
43. एम.एम. क्रीम	02/10	01/08	
44. नदीम–श्रवण	89/588	01/06	05/23
45. नरेश शर्मा	09/28		
46. निखिल–विनय	13/51	01/01	
47. ओंकार	01/08	03/22	
48. प्रीतम	03/19		
49. राहुल देव बर्मन	02/02		
50. राजेश रोशन	06/36	01/02	
51. राजू सिंह	01/08	01/08	
52. राम सम्पत	03/20		
53. रामशंकर	01/05		
54. ऋषिराज	01/05		
55. साज़िद–वाजिद	01/07	01/10	
56. सन्दीप चाउटा	02/12	01/03	
57. सन्देश शाण्डिल्य	01/01		
58. संजीव–दर्शन	08/53		
59. सपना अवस्थी	01/08		

60. शंकर–एहसान–लॉय	06 / 24		
61. शेखर	01 / 01		
62. श्याम सागर	02 / 02	03 / 06	
63. सुखविन्दर	01 / 06		
64. ताबुन सूत्रधर	02 / 02	01 / 01	
65. उषा खन्ना	02 / 06		
66. उत्तम सिंह	01 / 06		
67. विद्या सागर	01 / 06		
68. विजू शाह	07 / 34	01 / 08	
69. विशाल भारद्वाज	01 / 05		
70. विशाल–शेखर	03 / 05		
	532 / 2930	**23 / 134**	**37 / 2**

(*) कुछ फ़िल्मों और अल्बमों में संगीतकारों के बदले जाने से उनके गीतों में जिन संगीतकारों को श्रेय दिया गया है, उनकी संख्या में बढ़ोत्तरी हुई है। इस आधार पर यहाँ उल्लिखित फिल्मों और अल्बमों की संख्या वास्तविक क्रमशः 532 और 37 के बदले क्रमशः 503 और 32 होनी चाहिये।

आभार

इस पुस्तक का श्रेय मैं अपने निकट मित्र और फिल्मों के प्रसिद्ध संगीतशास्त्री विश्वास नेरुकर को देता हूँ, जिन्होंने मुझे समीर पर लिखने के लिए उत्साहित किया और उनसे मेरा परिचय कराया। आवरण पर और अलग–अलग अध्यायों से पहले छापने के लिए आकर्षक तस्वीरें उपलब्ध कराने के लिए गौतम राजाध्यक्ष का भी बहुत आभारी हूँ। विभिन्न अवसरों पर ली गयी तस्वीरों के उपयोग की अनुमति देने के लिए प्रसाद संवतसरकार, राजू जोशी और नितिन चिटनिस के प्रति भी मन में गहरी कृतज्ञता का बोध है। पुस्तक की सुरुचिपूर्ण रूपरेखा और मोहक पृष्ठ–सज्जा के लिए मैं सुश्री नूतन असगांवकर के प्रति भी अपना हार्दिक धन्यवाद प्रेषित करता हूँ।

मैं अपनी जीवनसंगिनी भास्वती का भी शुक्रगुज़ार हूँ। उसने धैर्य के साथ मेरी पाण्डुलिपि के एक–एक शब्द को ध्यानपूर्वक पढ़ने में अपने घण्टों लम्बे रतजगों की तनिक भी परवाह नहीं की।

लेकिन इन सबसे अधिक मैं समीर और उनके परिवार, खास तौर पर उनकी पत्नी, माँ, बेटियों संचिता और सुचिता और बेटे सिद्धेश का आभारी हूँ, जिन्होंने कई हफ़्तों तक अपने हर इतवार की सुबह मेरे नाम कर दी थी। उनसे मिली अमूल्य जानकारियों के बिना इस पुस्तक की कल्पना करना भी एक मुश्किल काम था।

– डेरेक बोस

चित्रावली

तीसरे 'फ़िल्मफ़ेयर' पुरस्कार के साथ, जो 'हम हैं राही प्यार के' फ़िल्म के लिए प्राप्त हुआ था।

शंकर, एहसान, लॉय के साथ फ़िल्म 'दस' की रिकॉर्डिंग के दौरान।

अपने पिता की किताब 'मैं गंगा तट का बंजारा' के लोकार्पण के अवसर पर अमिताभ बच्चन के साथ।

बायें से : पूजा भट्‌ट, रवीना टंडन, पद्‌मिनी कोल्हापुरे, टूटू शर्मा और संगीतकार आनन्द के साथ फ़िल्म मुहूर्त पर।

माननीय विष्णुकान्त शास्त्री जी द्वारा पुरस्कार से सम्मानित किये जाते हुए।

इंटर कॉलेज, वाराणसी में हरिश्चन्द्र–यात्रा के दौरान 1995 में लिया गया फ़ोटो।

संगीतकार राजेश रोशन के साथ।

जाफ़र अली नक़बी और तत्कालीन राष्ट्रपति श्री प्रणब मुखर्जी के साथ।

फ़िल्म 'क्रिश–3' के संगीत–लोकार्पण के दौरान (बायें से) राकेश रोशन, राजेश रोशन, ऋतिक रोशन, कंगना रनौत और विवेक ओबेरॉय के साथ।

आनन्द–मिलिन्द के साथ।

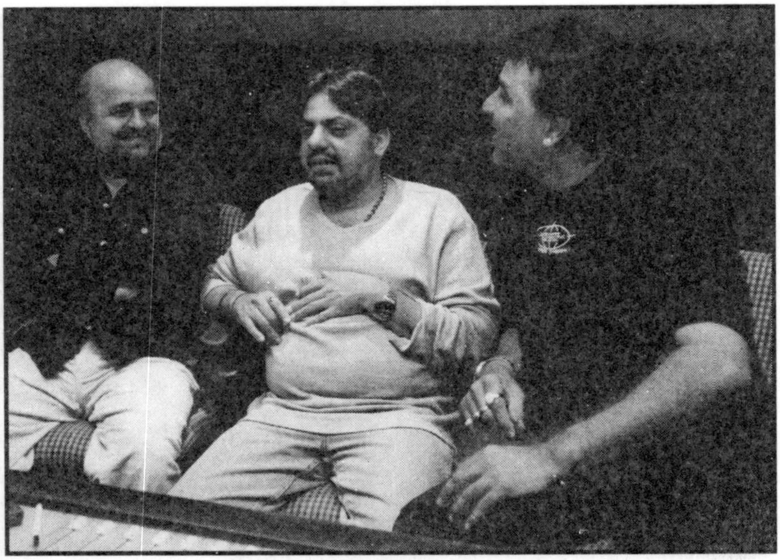

'हर दिल जो प्यार करेगा' फ़िल्म के दौरान राज कँवर और अनु मलिक के साथ।

फ़िल्म 'सनम हरजाई' के संगीत–लोकार्पण के अवसर पर जितेन्द्र और सावन कुमार के साथ।

फ़िल्म 'दशावतारम्' की संगीत–रिकार्डिंग के दौरान (बायें से) रोहित कुमार, हिमेश रेशमिया, कमल हासन के साथ।

बायें से : समीर, बप्पी लहरी, एवं अन्य।

अदनान सामी के साथ 'तेरा चेहरा' की रिकॉर्डिंग के दौरान।

अपने पचासवें जन्मदिन पर गायिका सपना मुखर्जी, संगीतकार आनन्द, पत्नी अनिता पाण्डेय, बेटा सिद्धेश, छोटी बेटी शुचिता, बड़ी बेटी संचिता के साथ।

महाराष्ट्र के कद्दावर नेता सुशीलकुमार शिंदे, मशहूर लेखक विश्वास पाटील, कंगना रनौत, राजेश रोशन, उत्तम सिंह आदि के साथ 'रज्जो' फ़िल्म के संगीत–लोकार्पण के अवसर पर।

संगीतकार आनन्द जी के साथ

फ़िल्म 'तेरे नाम' की रिकॉर्डिंग के दौरान हिमेश रेशमिया के साथ।

फ़िल्म 'सुहाग' के मुहूर्त पर (बायें से) समीर जी, इन्दर कुमार, रमेश तौरानी, कुकू कोहली, अरुणा ईरानी और रेखा।

कपिल शर्मा शो के दौरान कृष्णा और कुमार सानू के साथ।

नदीन–श्रवण के साथ (फ़िल्म 'साजन' के लिए) 'फ़िल्मफ़ेयर पुरस्कार' के दौरान।

जावेद अख़्तर के जन्मदिन–उत्सव में समीर जी, संगीतकार ललित पण्डित, रेखा और संगीतकार आनन्द।

पद्म भूषण ज़ाकिर हुसेन के साथ।

वहीदा रहमान के साथ।

प्रधानमन्त्री श्री नरेन्द्र मोदी की कविता 'अभी तो सूरज उगा है' पर विचार–गोष्ठी में न्यूज़ नेशन चैनल पर अशोक चक्रधर, सन्तोष आनन्द, समीर जी एवं अन्य।

हिमेश रेशमिया के साथ रेडियो मिर्ची सम्मान समारोह में अल्का याग्निक और अनु मलिक के साथ।

माधुरी दीक्षित और डॉ. नेने के साथ जावेद अख़्तर के जन्मदिन समारोह में।

आनन्द जी भाई को सम्मानित करते हुए।

बायें से : संगीत–लोकार्पण कार्यक्रम में समीर जी, प्यारेलाल शर्मा, आनन्द जी, अदाकार प्रेम चोपड़ा एवं अन्य।

ए.आर. रहमान के साथ 'द लेजेंड ऑफ़ भगत सिंह' की रिकार्डिंग के दौरान.।